会社訴訟・紛争実務の基礎

ケースで学ぶ実務対応

三笘 裕・荒井紀充・中野智仁 ──── 編著

有斐閣

はしがき

　本書は，平成27年4月から翌年3月までの1年間にわたり法学教室に連載された「会社訴訟・紛争実務の基礎」に，新たに書き下ろした内容を追加してとりまとめたものである。序章から第6章までが法学教室連載分であり，本書に収録するあたり，若干の手直しやアップデートを行っている。新たに書き下ろした第7章（買収防衛策を巡る紛争）及び第8章（企業買収関係の紛争）は，やや応用編に属する内容であったので，連載時は割愛したが，近年社会的にも注目度が高いテーマを取り扱っている。これらとは別に，コラムという形で，本文では取り上げなかったが，実務的には興味深い事項について若干の考察を加えている。

　企業法務分野の案件を日常的に取り扱っている弁護士が本書の執筆にあたっている。企業法務や商事訴訟については，既に多数の良著があり，理論的にも精緻な議論が展開されているため，従来と同じ切り口で我々が改めて執筆しても，付加価値は小さいが，分野をまたいだ形で具体論に踏み込めば，従来にない，多少なりとも面白いものが書けるのではないかというのが，本書のコンセプトである。法学教室に連載していたことからもわかるとおり，本書の想定する主たる読者層は，法律を勉強する学生であるが，企業法務案件にこれから取り組もうと思っている弁護士や企業の法務関係者の方が読んでも，読み応えのあるレベルの内容を盛り込んだつもりである。

　本書では，できるだけ具体的かつ臨場感のある事例を設定し，いずれかの当事者目線で紛争への対処方法を記載している。当事者目線での事例設定なので，全ての事実関係が最初からわかっているわけではなく，事態が進展したり，証拠収集を進めたりする過程で少しずつ事実関係が判明し，とるべき対処も変わってくることがありうる。また，事例設定では，会社法上，あちこちに散らばって規定されている諸制度を有機的に統合して，紛争の攻防に使用していることがわかるように心がけた。事例によっては，特定の裁判例を下敷きにして

いるものもあるが，その場合であっても，出てくる論点の量が適切になるよう適宜アレンジを加えている。

　本書は，2つの視点を常に意識しながら執筆に当たった。まず1点目は，実体法と手続法の交錯である。実体法上は当方の言い分が正しくても，それを手続法上実現できなければ，画に描いた餅になってしまう。事前・事後の救済手段を見据えて，証拠収集方法も含めて，いつどのような措置がとれるのかを常に考えておく必要がある。2点目は，交渉の手段としての紛争解決手続の利用である。通常の訴訟・紛争では，過去に生じた事象の是非や法的責任を事後的に判断するが，企業法務分野では，全体の交渉の過程で，仮処分手続が出てきたり，訴訟手続が出てきたりする。そして，これらの紛争解決手段で取り上げられる事実関係や証拠は，交渉の着地点を見据えながら，リアルタイムに双方が作っていくという同時性が，通常の訴訟・紛争と異なっている特徴である。

　企業法務の分野は，法令改正が頻繁であり，プラクティスも日々変化している。本書執筆中においても，法令改正があり，その内容はできる限り盛り込んだつもりである。企業法務の仕事は，法令改正に伴う知識の更新のみならず，日々流動する生の事実と格闘する必要がある点で，苦労も多いが，興味が尽きることもない。本書がその面白さにどの程度迫れたかは心許ないが，より多くの方に企業法務の仕事に興味を持っていただけるきっかけとなるのであれば，光栄である。

　　平成29年3月

　　　　　　　　　　　　　　　　　　　　　編著者を代表して

　　　　　　　　　　　　　　　　　　　　　　三笘　　裕

目次

序章 総論──本書の趣旨及び会社訴訟・紛争の特徴 ─── 1
- Ⅰ. はじめに ………………………………………………………………… 1
- Ⅱ. 会社訴訟・紛争の実例 ………………………………………………… 1
- Ⅲ. 会社訴訟・紛争の特徴 ………………………………………………… 4
- Ⅳ. 本書の目的 ……………………………………………………………… 7

第1章 取締役の選任に関する紛争 ─── 11
【Case 1-1】 株主提案権，株主名簿閲覧，株主総会検査役選任　11
- Ⅰ. 方法の検討 …………………………………………………………… 12
- Ⅱ. 株主提案権 …………………………………………………………… 13
  1. 株主提案権の行使（13）　2. 役員選任に係る株主提案議案の取扱い（15）
- Ⅲ. 株主名簿閲覧・謄写請求 …………………………………………… 16
- Ⅳ. 株主総会検査役選任の申立て ……………………………………… 18

【Case 1-2】 利益供与，委任状争奪戦　20
- Ⅴ. 利益供与 ……………………………………………………………… 20
  1. 問題の所在（20）　2. 違法な利益供与（21）
- Ⅵ. 委任状争奪戦（プロキシーファイト） …………………………… 23
  1. 委任状勧誘規制の概要（23）　2. 委任状争奪戦における実務上の問題（24）

【Case 1-3】 株主総会のリハーサル　26
- Ⅶ. 株主総会のリハーサルの実施 ……………………………………… 26

【Case 1-4】 株主総会の受付対応　27
- Ⅷ. 株主総会当日の受付での対応 ……………………………………… 27

　　　　【Case 1-5】　株主総会の議事進行，株主総会決議取消しの
　　　　　　　　　　訴え　28
　Ⅸ．株主総会における出来事〜株主総会決議取消しの訴え …………31
　　　1．X社のとるべき手段（31）　2．株主総会の議事進行上の留意点
　　　（31）　3．証拠の収集手段（35）　4．決議取消しの訴えにおける手
　　　続的要件（37）　5．裁量棄却（39）
　Ⅹ．選任された取締役の行為への対応 ………………………………………39

第2章　取締役の解任・退任に関する紛争 ───── 41
第1節　不当解任に関する紛争 ……………………………………………41
　　　　【Case 2】　不当解任を理由とする損害賠償請求訴訟　41
　Ⅰ．Y社に対する法的手段の検討 ……………………………………………43
　　　1．解任決議の効力を争う手段（43）　2．会社法339条2項に基づ
　　　く損害賠償請求（44）
　Ⅱ．A社に対する法的手段の検討 ……………………………………………50
第2節　退職慰労金に関する紛争 …………………………………………50
　　　　【Case 3】　退職慰労金請求訴訟　50
　Ⅰ．Y社に対する請求 ……………………………………………………………51
　　　1．退職慰労金請求（51）　2．その他のY社に対する請求（52）
　Ⅱ．Y社の取締役に対する損害賠償請求 ……………………………………53
第3節　違法行為を行う取締役への対応に関する紛争 …………55
　　　　【Case 4-1】　取締役の違法行為の差止請求訴訟及び仮処分　55
　Ⅰ．取締役の違法行為の差止請求訴訟及び仮処分 …………………………57
　　　1．総論（57）　2．判決及び仮処分の効力（58）
　　　　【Case 4-2】　取締役解任の訴え，取締役の職務執行停止・
　　　　　　　　　　職務代行者選任の仮処分　59
　Ⅱ．取締役の職務全般に対する訴訟及び仮処分 ……………………………60
　　　1．株主総会決議による取締役の解任（60）　2．取締役解任の
　　　訴え（60）　3．取締役の職務執行停止の仮処分・職務代行者

選任の仮処分（64）

第3章　取締役の対会社責任に関する紛争 ─── 69

【Case 5-1】　情報・証拠の収集（取締役会議事録の閲覧・謄写請求，会計帳簿の閲覧・謄写請求，計算書類の閲覧・謄本交付請求等）　69

Ⅰ．はじめに …………………………………………………… 71
Ⅱ．情報・証拠の収集 ………………………………………… 72
　1．取締役会議事録の閲覧・謄写請求（72）　2．会計帳簿の閲覧・謄写請求（75）　3．計算書類の閲覧・謄本交付請求（76）　4．その他の情報・証拠収集手段（76）

【Case 5-2】　株主代表訴訟の提起　77

Ⅲ．X 社の採り得る手段 ……………………………………… 77
Ⅳ．株主代表訴訟の形式的要件 ……………………………… 78
　1．原告適格（78）　2．提訴請求の実施（79）　3．会社の対応（80）　4．株主代表訴訟の提起（81）

【Case 5-3】　株主代表訴訟の手続　81

Ⅴ．株主代表訴訟の手続 ……………………………………… 82
　1．X 社（原告）の手続（82）　2．Y₁ ら（被告）の手続（82）　3．Z 社（会社）の株主代表訴訟への関与について（83）　4．他の株主の株主代表訴訟への関与について（84）

Ⅵ．株主代表訴訟の判決後の手続 …………………………… 84
　1．X 社（原告）が勝訴した場合（84）　2．X 社（原告）が敗訴した場合（85）　3．判決の効力（85）

【Case 5-4】　経営判断原則　86

Ⅶ．経営判断原則 ……………………………………………… 87
　1．経営判断原則の内容（87）　2．経営判断原則の適用場面（89）

【Case 6-1】　取締役の監視・監督義務，内部統制システム構築義務　91

Ⅷ. 監視・監督義務 …………………………………………………… 92
　1. 内部統制システム構築義務（92）
　　【Case 6-2】 取締役の監視・監督義務，内部統制システム
　　　　　　　　構築義務　94
　2. 内部統制システム構築義務の具体的な内容（94）　3. 監視・監督
　義務（96）

第4章　取締役の第三者責任に関する紛争 ───────── 101
　　【Case 7-1】 取締役に対する責任追及手段　101
Ⅰ. とり得る法的手段の検討 ………………………………………… 103
　1. 請求対象の検討（103）　2. 請求手段の検討（104）
　3. 訴訟提起にあたっての手続上の問題点（106）
　　【Case 7-2】 会社法429条1項に基づく責任　108
Ⅱ. 会社法429条1項に基づく責任の実体上の問題点 ……………… 109
　1. 各要件の検討（109）　2. Rの責任（名目的取締役の責任）（113）
　3. 主張立証責任（114）

第5章　新株発行に関する紛争 ──────────────── 115
第1節　新株発行差止めに関する紛争 ……………………………… 115
　　【Case 8-1】 新株発行差止めの仮処分　115
Ⅰ. 新株発行差止請求 ………………………………………………… 117
　1. 救済手段（117）　2. 新株発行差止めの仮処分の手続（119）
　3. 新株発行の差止事由（121）　4. 保全の必要性（122）
　5. 仮処分の効果（123）　6. 不服申立手続（123）
　　【Case 8-2】 新株の有利発行・不公正発行　125
Ⅱ. 第三者割当ての有利発行 ………………………………………… 127
Ⅲ. 不公正発行 ………………………………………………………… 129
第2節　新株発行の有効性に関する紛争 …………………………… 131
　　【Case 9】 新株発行無効の訴え　131

Ⅰ. 救済手段 ……………………………………………………………… 134
Ⅱ. 新株発行無効の訴え ………………………………………………… 135
 1. 新株発行無効の訴えの手続（135）　2. 新株発行の無効事由（139）　3. 議決権行使禁止の仮処分の申立て（142）

第6章　MBOに関する紛争 ──────────── 145

  【Case 10-1】　MBO　145
Ⅰ. MBOの概要 ………………………………………………………… 146
 1. MBOとは（146）　2. MBOにおける主な手続（147）
  【Case 10-2】　スクイーズアウトの手続　150
Ⅱ. 公開買付け及びその後の全部取得条項付種類株式を利用する
  スクイーズアウトの手続 ……………………………………………… 152
 1. 公開買付けの手続の概要（152）　2. 全部取得条項付種類株式を利用するスクイーズアウトの手続の概要（154）
  【Case 10-3】　MBOに対する少数株主の救済制度　156
Ⅲ. MBOにおける少数株主の救済制度 ……………………………… 156
 1. 各種救済制度（156）　2. 手続の選択（157）　3. 取得価格決定申立て（会社172条）の手続（158）
  【Case 10-4】　取得価格決定申立手続，「公正な価格」の意義　160
Ⅳ. 取得価格の決定 ……………………………………………………… 161
 1. 総論（161）　2. 公正な価格（161）
Ⅴ. 上訴制度 ……………………………………………………………… 169
  【Case 10-5】　MBOにおける取締役の責任，取得価格決定申立制度との関係　170
Ⅵ. 取締役の責任 ………………………………………………………… 170
 1. 総論（170）　2. 会社法429条1項の責任（171）
Ⅶ. 取得価格決定申立制度との関係 …………………………………… 175

第7章 買収防衛策を巡る紛争 ─────────── 179

【Case 11-1】 買収防衛策総論　179

Ⅰ．敵対的買収と買収防衛 ································ 180
 1．買収防衛策総論（180）　2．金融商品取引法上の規制との
 関係（181）

【Case 11-2】 買収防衛策の内容，買収防衛策を巡る裁判例　183

Ⅱ．買収防衛策の内容 ···································· 187
 1．買収防衛策の設計（187）　2．買収防衛策を巡る裁判例（187）
 3．Y 社の買収防衛策の内容（189）

【Case 11-3】 対抗措置の発動に関する紛争　191

Ⅲ．X 社の選択した手続に係る形式的要件・訴訟要件 ········· 194
 1．本件株主総会決議2について（194）　2．本件株主総会決議1に
 ついて（198）

Ⅳ．差止事由・無効事由の有無 ···························· 199
 1．法令違反について（200）　2．「著しく不公正な方法」の
 判断（202）

第8章 企業買収関係の紛争 ─────────── 205

【Case 12-1】 基本合意書　205

Ⅰ．基本合意書の概要 ···································· 206
 1．基本合意書の位置付け（206）　2．基本合意書締結後の
 流れ（207）

【Case 12-2】 独占交渉義務条項に基づく差止請求　208

Ⅱ．情報提供又は協議を行うことの差止めを求める仮処分 ······ 209
 1．本件基本合意書の条項違反を理由とする仮処分の申立て（209）
 2．UFJ グループの協働事業化を巡る仮処分事件を踏まえた検討（209）

【Case 12-3】 損害賠償請求　218

Ⅲ．損害賠償請求 ······································· 218
 1．法律構成（218）　2．本件最終契約協議条項及び本件独占交渉

条項に基づく義務の存否（219）　　3．損害の範囲（219）
　　　【Case 12-4】　取締役の責任　222
　Ⅳ．株主代表訴訟 ……………………………………………………… 222

判例索引　　227
事項索引　　231

Column
①　株主提案権の濫用　（14）
②　上場企業の株主総会　（34）
③　解任後に新たに明らかになった事情は解任についての「正当な理由」
　　となるか　（47）
④　取締役会議事録の作成　（74）
⑤　経営判断原則とデュー・ディリジェンス　（90）
⑥　マネジメント・ボードからモニタリング・ボードへ　（98）
⑦　仮処分事件のスケジュール　（124）
⑧　近時のキャッシュ・アウト事情　（148）
⑨　公開買付けとスケジュールの決め方　（153）
⑩　「公正な価格」に関する裁判例　（176）
⑪　M&A 実務と多種多様な法源　（182）
⑫　差止請求権　（215）

編著者・執筆者紹介

編著者

三笘　裕　　MITOMA, Hiroshi

〔略歴〕
1991 年　東京大学法学部卒業
1993 年　長島・大野法律事務所（現 長島・大野・常松法律事務所）入所
1998 年　Harvard Law School 卒業（LL.M.）
1998 年〜 1999 年　Cleary, Gottlieb, Steen & Hamilton LLP（New York）勤務
2004 年〜 2007 年　東京大学大学院法学政治学研究科助教授
現在　長島・大野・常松法律事務所パートナー
〔著作〕
宍戸善一＝後藤元編著『コーポレート・ガバナンス改革の提言──企業価値向上・経済活性化への道筋』（共著）（商事法務，2016 年）
長島・大野・常松法律事務所編『アドバンス会社法』（共著）（商事法務，2016 年）
江頭憲治郎＝中村直人編著『論点体系会社法(2)』（共著）（第一法規，2012 年）・同編著『論点体系会社法（補巻）』（共著）（第一法規，2015 年）
森本滋編『会社法コンメンタール(17)』（共著）（商事法務，2010 年）

荒井紀充　　ARAI, Norimitsu

〔略歴〕
1993 年　早稲田大学法学部卒業
1995 年　長島・大野法律事務所（現 長島・大野・常松法律事務所）入所
2001 年　University of Washington School of Law 卒業（LL.M.）
1999 年〜 2000 年　通商産業省（現 経済産業省）産業政策局産業組織課勤務
2001 年〜 2002 年　Steinhart & Falconer（現 DLA Piper US LLP）（San Francisco）勤務
現在　長島・大野・常松法律事務所パートナー
〔著作〕
長島・大野・常松法律事務所編『M&A を成功に導く　法務デューデリジェンスの実務〔第 3 版〕』（共著）（中央経済社，2014 年）
長島・大野・常松法律事務所＝あずさ監査法人編『会計不祥事対応の実務──過年度決算訂正事例を踏まえて』（共著）（商事法務，2010 年）

「買収防衛策と『訴訟リスク』」（共著）企業会計 2006 年 10 月号

中野智仁　　NAKANO, Tomohito

〔略歴〕
2006 年　慶應義塾大学法学部法律学科卒業
2009 年　慶應義塾大学大学院法務研究科卒業
2010 年　長島・大野・常松法律事務所入所
2017 年　野澤・中野法律事務所（横浜）開設
現在　野澤・中野法律事務所パートナー
〔著作〕
「判例研究(9)特許法第 102 条第 2 項の適用要件――知的財産高等裁判所特別部平成 25 年 2 月 1 日判決（平成 24 年（ネ）第 10015 号特許権侵害差止等本訴，損害賠償反訴請求控訴事件）」（共著）知財研フォーラム 93 号（2013 年）
「判例研究(16)訂正の再抗弁を主張するに当たっての訂正審判請求又は訂正請求の要否――知的財産高等裁判所第 2 部平成 26 年 9 月 17 日判決（平成 25 年（ネ）第 10090 号・特許権侵害差止等請求控訴事件）」（共著）知財研フォーラム 100 号（2015 年）

執筆者（50 音順）

後藤徹也　　GOTO, Tetsuya

第 2 章第 1 節・第 2 節，第 3 章，第 5 章，第 7 章
〔略歴〕
2011 年　慶應義塾大学法学部法律学科卒業
2012 年　長島・大野・常松法律事務所入所
現在　長島・大野・常松法律事務所アソシエイト
〔著作〕
長島・大野・常松法律事務所編『公開買付けの理論と実務〔第 3 版〕』（共著）（商事法務，2016 年）
長島・大野・常松法律事務所編『アドバンス会社法』（執筆協力）（商事法務，2016 年）

澤田将史　　SAWADA, Masashi

第 2 章第 1 節・第 2 節，第 3 章，第 5 章，第 7 章
〔略歴〕
2008 年　早稲田大学法学部卒業

2011 年　早稲田大学大学院法務研究科修了
2012 年　長島・大野・常松法律事務所入所
現在　文化庁長官官房著作権課勤務
〔著作〕
「2016 年　判例の動向」(共著) 高林龍ほか編『年報知的財産法 2016-2017』(日本評論社，2016 年)
「出版における中間生成物の所有権・著作権の帰属」(共著) 上野達弘＝西口元編著『出版をめぐる法的課題――その理論と実務』(日本評論社，2015 年)

高嶋　希　　　TAKASHIMA, Nozomu
第 1 章，第 2 章第 3 節，第 4 章，第 6 章，第 8 章
〔略歴〕
2009 年　東京大学法学部卒業
2011 年　東京大学法科大学院修了
2012 年　長島・大野・常松法律事務所入所
現在　長島・大野・常松法律事務所アソシエイト
〔著作〕
玉井裕子編集代表『合併ハンドブック〔第 3 版〕』(執筆協力) (商事法務，2015 年)
酒井竜児編著『会社分割ハンドブック〔第 2 版〕』(執筆協力) (商事法務，2015 年)
長島・大野・常松法律事務所編『不祥事対応ベストプラクティス――実例から読み解く最新実務』(共著) (商事法務，2015 年)

田島弘基　　　TAJIMA, Hiroki
第 1 章，第 2 章第 3 節，第 4 章，第 6 章，第 8 章
〔略歴〕
2010 年　東京大学法学部卒業
2012 年　長島・大野・常松法律事務所入所
現在　長島・大野・常松法律事務所アソシエイト
〔著作〕
「判例研究㉓均等の第 1 要件及び第 5 要件の解釈――知的財産高等裁判所(特別部)平成 28 年 3 月 25 日判決(平成 27 年(ネ)10014 号・マキサカルシトール事件)」(共著) 知財研フォーラム 107 号 (2016 年)

凡例

法令名の略語
有斐閣刊行の法令集の巻末に掲載されている「法令名略語」に従った。

判例集・法律雑誌の略語

民集	大審院・最高裁判所民事判例集
集民	最高裁判所裁判集民事
下民集	下級裁判所民事裁判例集
金判	金融・商事判例
ジュリ	ジュリスト
判時	判例時報
判タ	判例タイムズ

書籍文献の略語

江頭	江頭憲治郎『株式会社法〔第6版〕』(有斐閣, 2015年)
会社法コンメ	『会社法コンメンタール(1)〜』(商事法務, 2008年〜)
新版注釈	『新版注釈会社法(1)〜第4補巻』(有斐閣, 1985年〜2000年)
西岡=大門編	西岡清一郎=大門匡編『商事関係訴訟〔改訂版〕』(青林書院, 2013年)
類型別会社訴訟Ⅰ	東京地方裁判所商事研究会編『類型別会社訴訟Ⅰ〔第3版〕』(判例タイムズ社, 2011年)
類型別会社訴訟Ⅱ	東京地方裁判所商事研究会編『類型別会社訴訟Ⅱ〔第3版〕』(判例タイムズ社, 2011年)
類型別会社非訟	東京地方裁判所商事研究会編『類型別会社非訟』(判例タイムズ社, 2009年)
論点体系	江頭憲治郎=中村直人編著『論点体系会社法(1)〜補巻』(第一法規, 2012年〜2015年)

本書のコピー，スキャン，デジタル化等の無断複製は著作権法上での例外を除き禁じられています。本書を代行業者等の第三者に依頼してスキャンやデジタル化することは，たとえ個人や家庭内での利用でも著作権法違反です。

序章

総論
―― 本書の趣旨及び会社訴訟・紛争の特徴

Ⅰ．はじめに

　本書では，会社法が関係する訴訟及び紛争（本書において「会社訴訟・紛争」とはこの意味において用いる）に関する法律実務の基礎的な事項を，それぞれ設定する具体的な想定事例に沿って解説する。本書のテーマを会社訴訟に限定せずに紛争まで含めた理由は，実際の事案においては，経営支配権の帰属や経営陣の経営責任等を巡る一連の紛争の中で，紛争解決のための様々なツールの1つとして会社訴訟が利用されるケースが多いためである。したがって，本書でも，可能な限り，紛争の流れの中での会社訴訟の位置づけがわかるような形での解説を試みる予定である。

Ⅱ．会社訴訟・紛争の実例

　会社訴訟・紛争といった場合に，一体どのようなものをイメージするだろうか。具体的なイメージをつかむために，一時期世間を騒がせたブルドックソース事件（最決平成19・8・7民集61巻5号2215頁）を例にとって見てみよう。裁判所の決定文やプレスリリース等の公表資料をもとにこの事件の経緯を簡単にまとめると，概ね以下のとおりである。なお，日付はいずれも平成19年であ

る。

5月18日
東証二部上場のブルドックソース株式会社（以下「B社」という）の約10％の株式を買い占めていた米国系投資ファンドであるスティール・パートナーズ（以下「S社」という）は、B社の発行済株式全株を対象に、敵対的公開買付けを開始した。

5月25日
B社は、金融商品取引法に基づき、S社に対する質問事項を記載した意見表明報告書を関東財務局に提出した。

6月1日
S社は、金融商品取引法に基づき、B社からの質問事項に対する対質問回答報告書を関東財務局に提出した。

6月7日
B社取締役会は、S社からの対質問回答報告書を受けて、公開買付けに対して反対することを決議し、さらに、S社による公開買付けに対する対応策として、6月24日開催予定のB社定時株主総会の特別決議による承認に基づき、7月11日を効力発生日として新株予約権無償割当てを行うべく、定款変更及び新株予約権無償割当てを同定時株主総会に付議することを決定した。この新株予約権無償割当てが実行されると、S社関係者の保有するB社株式に割り当てられる新株予約権のみが有償で取得されることにより、S社の持株比率が大きく低下する仕組みになっていた。

6月8日
B社は、定時株主総会の招集手続及び決議方法の適法性を担保するため、東京地裁に総会検査役の選任を申し立てた。

6月13日
S社は、新株予約権無償割当ての差止め等を求めて、東京地裁に仮処分

命令の申立てを行った。

6月24日
B社は，定時株主総会を開催した。同総会では，S社を除く大多数の賛成を得て，いずれの議案も可決された。

6月28日
東京地裁は，S社による仮処分命令の申立てにつき却下決定を出した。

7月9日
東京高裁は，S社による即時抗告を棄却した。

7月11日
新株予約権無償割当ての効力が発生した。

8月7日
最高裁は，S社による特別抗告及び許可抗告をいずれも棄却した。

8月9日
B社は，S社関係者以外の株主の保有する新株予約権の取得条項を発動して普通株式を交付するとともに，S社関係者の保有する新株予約権の取得条項を発動して，取得対価として総額約21億円の支払を行った。

8月23日
同日まで買付期間が延長されていたS社による公開買付けは，ほとんど応募がない形で終了した。その後，S社はB社保有株を処分している。

　この事件の経緯で注目すべき点をいくつかあげてみよう。
　まず，5月18日からわずか約3か月間にいろいろな事象が矢継ぎ早に発生している。特に，仮処分手続についてみれば，第一審（東京地裁）は，6月13日に申し立てられてから15日後の6月28日に決定が出ており，抗告審（東京高裁）に至っては，わずか10日あまり後の7月9日に決定が出ている。これは7月11日に新株予約権無償割当ての効力が発生してしまうので，その前に結論を出そうとしたためと思われる。この短期間のうちに，債権者（S社）と債務者（B社）の双方から大量の主張書面と疎明資料の提出がなされていたも

のと思われる。

　また，仮処分手続外においても，6月7日以降，定時株主総会当日に向けて，B社及びS社の双方から，従業員や取引先を巻き込む形で，B社株主に対して議案への賛否についての働きかけが活発になされていた。そして，これらの経緯も，裁判所が判断を下す際に考慮要素として取り扱われており，事件の進行と並行して，裁判所の判断を左右する新たな事象が次々に生じている。この間，株主，従業員，取引先など利害関係者が多いこともあり，マスコミ報道などを通じて，事件の進展について多くの人たちの関心を集めることとなった。

　ところで，この事件全体の「損得勘定」を見てみると，また違う側面が見えてくる。仮処分事件で「敗北」したS社が経済的には相当額の利益を得た一方で，「勝利」したB社は，S社への新株予約権取得対価の支払及び裁判関連費用等で約28億円の特別損失を計上し，大幅な赤字に陥った（この事件が発生する前の段階では，連結ベースで約5億円の黒字予想であった）。そして，S社はこの事件で「アクティビスト」としての知名度を上げ，その知名度をその後の投資戦略に十二分に活用していくこととなった。そのため，この事件の全体を見た場合，誰が勝者で，誰が敗者だったのかについては，その後，様々な議論がなされるに至っている。

　以上のような事情については，純粋な法律論の観点から判決や決定を読んでいるだけではなかなか気づかないと思われるが，関連資料も含めてじっくり読んでいくと，このように各当事者の一挙手一投足が躍動的に感じられることも少なくない。会社訴訟・紛争のすべてがブルドックソース事件のような展開になるわけではないものの，通常の民事訴訟・紛争とは異なる面も多くあり，それに伴う独特の面白さとともに対応の難しさがあるといえる。

Ⅲ．会社訴訟・紛争の特徴

　典型的な民事訴訟においては，過去に起こった事件について，事実認定をした上で，法令を当てはめ，財産上の解決（多くの場合には金銭的な解決）が図られることになる。売買や請負等の契約に基づく代金請求，貸金返還請求，賃貸

借契約終了に基づく建物明渡請求，交通事故についての不法行為に基づく損害賠償請求，過払金についての不当利得返還請求など，いずれも上記の典型的な民事訴訟の性質を備えている。このようなタイプの民事訴訟においては，過去に何が起こったのかを「発見」していくという作業が中心となり，「事実を作り出す」ということはほとんどない。また，1つの訴訟が終われば，紛争はすべて解決するということが多い。

これに対して，会社訴訟・紛争は，現在生成中の出来事が紛争の対象となり，差止請求，無効の訴え，取消しの訴えなどによる非財産的な解決が求められる場合が少なくない。このことから，会社訴訟・紛争においては，証人尋問がそれほど頻繁には行われない，仮処分が用いられる頻度が高い，社会的には1つの紛争を巡って複数の法的手続（裁判所における手続と裁判所外における手続の双方を含む）が並行して進行することが多いといった特徴がある。そこで，1つの会社訴訟が終わったからといっても紛争全体が解決するとは限らず，大きな紛争のうちのごく一部のみが解決したに過ぎないという場合も多く見受けられる。また，紛争自体が現在も進行する中で，当事者及び代理人，さらには裁判所においても，リアルタイムでの迅速な判断を求められることが多いという点も特徴の1つといえるであろう。そして，当事者及び代理人からすると，例えば，どのような内容の取締役会決議を行うのか，あるいは，どのような形で公表するのかといった点について，これからとる行動が裁判所から見てどのような評価を受けるだろうかということを常に考えながら，裁判所から支持されるような「事実を作り出す」という場面も場合によっては出てくる。

なお，役員等の会社に対する損害賠償責任（会社423条）や役員等の第三者に対する損害賠償責任（会社429条）の履行を請求する訴訟は，上述の典型的な民事訴訟の性質を備えるものであるが，これらの訴訟は，現在生成中の出来事を対象とする紛争の一環として，その他の法的手続と並行して提起される場合がある。各種の市民運動や政治運動と密接なつながりを持つ形で株主代表訴訟（会社847条）が利用される場合もある。また，差止請求等の他の法的手段が終結した後に，あたかも総集編のように最後の手段として用いられる場合もある。このように現在生成中の出来事を対象とする紛争との関連を有すること

が多い点において，役員等の会社及び第三者に対する損害賠償責任の履行を請求する訴訟もまた，典型的な民事訴訟とはやや異なった性質を有するものといえる。

　また，会社訴訟は，判決に対世効が認められている場合や，判決に法的な意味での対世効はないとしても判決による事実上の影響を受ける当事者が多数いる場合が少なくない。とりわけ，株主という，経済的利害は共通することが通常でありながら，行動は様々である（他の株主と共同で行動する場合もあれば，他の株主に反対する行動をとる場合もあり，また多くの場合には特段の行動をとらない）主体が大勢存在することが，会社訴訟の特徴であるといえる。他にも，会社の債権者や従業員が多数存在することが通常である。そして，会社内においても，代表取締役，その他の取締役，監査役，担当者などといった異なる立場の者がおり，これらの個人の間や，会社という1つの法人とこれらの個人との間で利害が抵触する場合もある。さらに，親会社，子会社，関連会社が関係することもある。そのため，会社訴訟においては，共同訴訟が提起されたり，係属中に補助参加や共同訴訟参加がなされたりすることが珍しくない。加えて，訴訟外においても当事者や関係者の調整に労力を要することが少なくない（これは会社訴訟に限らず，会社が当事者である訴訟全般において見られる性質でもある）。これらの多数の当事者間の調整は，会社訴訟・紛争の難しさであるとともに，醍醐味であるともいえるであろう。

　さらに，東京地方裁判所と大阪地方裁判所には，会社訴訟を含む商事事件を専門的に取り扱う部があり，多くの商事事件については，このような専門的な知識及び経験を有する裁判官及び書記官の下で手続が進行するという点も，会社訴訟の特徴といえる。

　最後に，付随的な点ではあるが，会社訴訟・紛争においては，新たな論点を巡って判例・裁判例が確定していないことが少なくない。これは，施行から10年が経過したとはいえ会社法がなお新しい法律であることや，会社やその経済行為が時代に応じて発展・変容し続けていることに由来しているものと思われる。後者の一例として，本書の第5章で取り上げる買収防衛策として新株発行がなされる場合や，第6章で取り上げるMBOにおいて全部取得条項付種

類株式が用いられる場合など，会社法が典型的に予定している制度趣旨とは異なる目的で会社法上の制度が用いられることによって生じる会社訴訟・紛争も見られる。そして，このような会社訴訟・紛争について出された判例・裁判例に従って，その後に実務における一定のルールが形成されていくこともある。いずれにせよ，弁護士としては，当事者と協議の上で，新たな判例・裁判例を作る意気込みを持って対応することを要する場合があり得るし，そのような場合には，裁判所は当該案件についての判決がその後の実務における一定のルールを形成し得ることまで見越して判断を行うであろうことを踏まえた上で，未確定の論点について説得的な訴訟活動をすることが求められることになる。

Ⅳ. 本書の目的

本書では，会社訴訟・紛争を取り扱う弁護士の視点（つまり，裁判所の第三者的な視点ではなく，当事者の視点）から，会社法に関連する典型的な想定紛争事例を取り上げて，関連する法的手続やその中で問題になる典型的な論点等を概観するという形式をとる。これは，次のような理由によるものである。

第1に，現実の会社訴訟・紛争では，複数のとり得る手段が存在し，同時に複数の法的手続が進行することもあるためである。

例えば，取締役Aに業務執行に当たって任務懈怠ないし法令違反行為があると考える株主Bがいるとしよう。その場合，株主Bがとり得る手段は，以下のものを含む複数が考えられる。

①株主提案権（会社303条〜305条）を行使して，取締役Aの解任議案を株主総会に提案する。

②会社に対して，取締役Aに対する責任追及の訴え（会社423条1項）の提起を請求し，会社が同訴えを提起しない場合には，自ら株主代表訴訟を提起する（会社847条）。

③取締役Aの任務懈怠・法令違反行為により会社に著しい損害が生じるおそれがある場合には，当該行為の差止めを請求する（会社360条）。

④株主総会において取締役Aの解任が奏功しなかった場合には，取締役の解

任の訴え（会社854条）を提起する。

　これらの各手段を実施するに当たっては，様々な付随的な手段をとることが検討対象になる。例えば，株主提案権を行使する場合であれば，委任状勧誘をするために株主名簿の閲覧・謄写をすること（会社125条2項），株主総会の検査役の選任を申し立てること（会社306条）などが考えられる。また，取締役の行為の差止めを請求する場合には，通常訴訟の提起のほか，仮処分の申立ても選択肢の1つである（むしろ，差止請求は緊急を要することが通例であるから，仮処分を申し立てることがほとんどであろう）。さらに，取締役の責任追及を行う場合には，事前の準備として証拠資料を収集すべく，取締役会議事録の閲覧・謄写をすること（会社371条2項・3項），会計帳簿の閲覧・謄写をすること（会社433条）なども考えられる。

　そして，上記の各手段は択一的なものではなく，複数の手段を並行してとることも可能である。各手段1つひとつの中でも複数の法的手続が進行する可能性があるのに加えて，複数の手段が並行してとられることがあるため，会社訴訟・紛争においては，多数の法的手続が並行して進行することがよくある。そのような会社訴訟・紛争の実態や全体像を示すことが本書の目的の1つである。

　第2に，会社法に関連する裁判所の手続においては，通常の民事訴訟法などの規定のほかに，会社法が特別に定めた訴訟や非訟事件に関する規定も適用される場面が出てくるためである。上記第1の理由とも関連するが，本書は，会社法に関連する様々な訴訟手続や非訟事件手続の実際の紛争事例における用いられ方や，手続同士の連関を示すことも目的の1つとしている。

　第3に，紛争の場面における会社法の用い方のイメージを持つことは，会社法の理解を深めるに当たって有益ではないかと思われるためである。

　会社法に限らず，法律の条文には抽象的な内容しか規定されていないが，その条文が用いられる場面をイメージすることができれば，より明確にその条文の使い方を理解しやすくなることが多い。この点，例えば民法であれば，購入した物が不良品であった，アパートを借りる契約を結んだ，その際に連帯保証人を付けた，交通事故で怪我をしたなど，各条文が適用される場面には，自ら経験したことがあったり，少なくとも身近な例であって想像が及びやすかっ

りするものが多い。他方，会社法が適用される場面は，会社法を学ぶ多くの人にとって，自ら経験したことのあるものでも，身近に存在するものでもない。そのため，会社法については，抽象的な論点について理解できたとしても，これが問題になる場面のイメージが湧かないといった状態に陥りがちである。そこで，本書は，想定事例において会社法がどのように用いられるかを示すことによって，会社法が適用される場面を少しでも具体的にイメージできるようにすることを目的の1つとしている。

　以上の目的を達成するために，本書では，会社法に関連する典型的な紛争を想定事例として取り上げて，関連する法的手続やその中で問題になる典型的な論点等を概観するという形式をとることにした。そして，会社法の論点の網羅的な紹介や会社訴訟の総花的な解説に陥ることなく，時系列の進行に伴う紛争の展開，及び，各法的手続の連関やこれを選択する際の弁護士の基礎的な考え方などを明らかにすることに努めた。なお，本書で取り上げるテーマは，会社訴訟・紛争の類型を網羅的にカバーすることまでできているわけではないが，典型的な事例の大部分はカバーできていると考えている。本書で取り上げる論点の中には，いまだ判例や通説が確立されていないものも少なくないが，そのような論点も含めて具体的に解説している。そのため，本書において述べられる意見は，あくまで執筆者らの見解であり，所属事務所の見解を代表するものではないことはご了解いただきたい。

第1章

取締役の選任に関する紛争

【Case 1-1】 株主提案権，株主名簿閲覧，株主総会検査役選任

　Y社は，東証二部上場の株式会社（取締役会設置会社）であり，その株主数は約5000名である。Y社には，代表取締役Aを含めて取締役が4名（A，B，C，D）いるが，Dは社外取締役であり，Y社の経営の実権は事実上A，B，Cの3名が握っている。Y社の定款上，取締役の定員は4名とされている。

　近年の厳しい経営環境にさらされるとともに，業界では，Y社の経営手法が前時代的であるなどともささやかれており，Y社の業績は年々悪化している。このような状況のもと，3年ほど前からY社の発行済株式総数の約10％を保有するX社は，A，B，Cがこのまま取締役である限り，Y社の業績は悪化の一途を辿るであろうと考えている（他方でDは再任されても差し支えない人物と評価している）。A，B，C，Dは，約3か月後に開催される平成27年度Y社定時株主総会の終結をもって，2年間の取締役としての任期が満了するが，Y社は，同定時株主総会に，A，B，C，Dを再任する旨の議案を提出するであろうと思われる。

　そこで，X社は，これ以上Y社の業績が悪化し，自らが保有するX社株式の価値が下落することを防ぐ目的で，A，B，Cの再任を阻止し，Dに自らが適任と考える者3名（P，Q，R）を加えた4名をY社の取

締役に選任したいと考えている。

I．方法の検討

　X社の希望は，Y社の現任取締役のうちA，B，C（以下「Aら」という）を退任させて，代わりにP，Q，R（以下「Pら」という）を取締役に選任することである。任期満了が間近なので，よほどの特殊な事情がない限り，X社としては，Aらの任期満了を待ってPらを選任しようと考えることになろう。

　任期満了前にAらを解任するのも法律上は不可能ではないが，実務的にはハードルは高い。任期満了が間近なのに，わざわざ臨時株主総会の招集を請求して[1]，解任決議（会社339条1項・341条）を可決させるのは，それ自体時間を要するし，コストもかかる。そのような強引かつ煩瑣な方法について他の株主からの理解を得るのも困難かもしれない（他の株主からの反発で，解任決議への賛同が得られない結果となるかもしれない）。また，解任決議の可能性を背景として，Aらに対して辞任を迫るということも考えられないでもないが，X社にとって解任決議を目指すという選択肢を採ることが困難なことはAらにも判るため，容易に辞任に応じるとは考えにくい（また，Aら3名が辞任すると，後任の取締役が選任されるまで取締役の員数を欠く結果となってしまうので，依然としてAらが取締役としての権利・義務を有することとなる〔会社346条1項〕）。

　そこで，以下においては，X社が，Aらの任期が満了する平成27年度Y社定時株主総会において，Pらの選任を目指す場合について検討することにする。

---

1) X社は，総株主の議決権の100分の3以上の議決権を6か月前から引き続き有する株主（会社297条1項）に当たるので，株主総会の招集を請求することができる。

Ⅱ. 株主提案権

1. 株主提案権の行使

　平成 27 年度 Y 社定時株主総会では，Y 社から，A，B，C，D の 4 名を候補者とする取締役選任議案が提出されることが予想される。これに対して，X 社は，P，Q，R，D を A 社取締役として選任することを株主総会の目的とする株主提案を行い，Y 社が発送する平成 27 年度 Y 社定時株主総会の招集通知に株主提案の内容を記載するよう求めることとなろう（会社 303 条・305 条）。Y 社は公開会社かつ取締役会設置会社であるから，株主提案権の行使については，総株主の議決権の 100 分の 1 以上の議決権又は 300 個以上の議決権を 6 か月前から引き続き有すること，及び，株主総会の日の 8 週間前までに行うことという要件を満たす必要がある（会社 303 条 2 項・305 条 1 項）[2]。X 社は，前者の議決権に関する要件を満たしているので，あとは後者の要件を満たせばよい。しかし，株主総会の正式な開催日を株主が知るのは，通常，株主総会招集通知を通じてであり，株主に対する株主総会招集通知の発送は，株主総会の日の 2 週間前までに行うとされているのみであるため（会社 299 条 1 項），X 社は，通常，「定時株主総会の日」がいつであるかを正確に把握する前に株主提案権を行使せざるを得ない。そのため，X 社としては，Y 社が例年定時株主総会を開催している日などから平成 27 年度 Y 社定時株主総会のおおよその開催日を予想した上で，Y 社が例年よりも前倒しして定時株主総会を開催することに備え，自らが株主提案権を行使した日から同定時株主総会の開催日までの期間が 8 週間以上となるよう，注意を払わなければならない。この期間制限を守れなかった場合には，株主提案権の行使は不適法となる。その場合，X 社は，平成 27 年度 Y 社定時株主総会の招集通知に株主提案の内容を記載してもらうことをあきらめ，定時株主総会の当日に P らの取締役選任について議案修正動議を出すことを余儀なくされる（会社 304 条）。

---

　[2]　いずれの数値要件についても，定款による緩和が可能である（会社 303 条 2 項・305 条 1 項）。

なお、Y社のような上場会社においては、株主提案権のような少数株主権を株主が行使する際には、事前に証券会社等を通じて会社に対して個別株主通知を行うことが求められ、個別株主通知がなされてから4週間以内に株主提案権が行使される必要があることにも注意しなければならない（社債株式振替154条2項、同法施行令40条）。

Column① 株主提案権の濫用

　株主総会における株主提案権については、提案数に制限がなく、また、株主総会の決議事項であればいかなる事項についても提案が可能とされている。そこで、極めて多数の提案がなされ、あるいは、株主共同の利益に資するとは考えられないような提案が定款一部変更の提案の形をとることによりなされることがある。例えば、野村ホールディングス株式会社の平成24年定時株主総会においては、「貴社のオフィス内の便器はすべて和式とし、足腰を鍛錬し、株価四桁を目指して日々ふんばる旨定款に明記するものとする」という提案が、「定款一部変更の件」として株主から提出され、株主総会の招集通知に掲載された上で審議されている。しかし、このような株主提案までが招集通知に掲載され、また、株主総会の場において時間を割いて取り上げられるのが適切と考える論者の数は多くはあるまい。また、株主提案の数が非常に多い場合、それらをすべて招集通知に掲載すると招集通知が大部に過ぎるものとなり、また、株主総会の場においてかかる議題に関する審議に相当程度の時間が割かれることから、提案者以外の株主から苦情が寄せられるといったこともある。株主総会の実務を担当する者の目から見ると、一種の病理現象のように映ったとしても決して不思議なことではない。

　この点に関しては、HOYA株式会社が、特定の株主からの株主提案のうち、その一部を取り上げないこととした件につき、東京高裁は、株主提案に係る経緯やその内容などに照らして、当該株主の株主提案は、「個人的な目的のため、あるいは、控訴人会社を困惑させる目的のためにされたものであって、全体として株主としての正当な目的を有するものではなかったといわざるを得ない」とし、また、「提案の個数も、一時114個という非現実的な数を提案し、その後、控訴人会社との協議を経て20個にまで減らしたという経過からみても、被控訴人の提案が株主としての正当な権利行使ではないと評価されても致し方

ないものであった」として，かかる株主提案権の行使が権利濫用に当たると判断して，これを取り上げないこととした会社の判断を是認した（東京高判平成27・5・19金判1473号26頁。上告棄却及び上告不受理により既に確定）。

　この裁判例を前提とすると，株主提案が権利濫用に該当する場合にはこれを取り上げないという対応をすることが選択肢に含まれることとなる。一方で，適法な株主の提案を会社が無視したときは取締役等に対し過料の制裁が予定されている。また，取締役等に対して不法行為に基づく損害賠償請求がなされる可能性もある（前掲東京高判平成27・5・19は不法行為に基づく損害賠償請求の事例である）。しかるに，上記の裁判例は，汎用性のある判断基準を示すものではない。そこで，具体的な場面において特定の株主提案が権利濫用に当たるかどうかを判断するのは困難な作業となる場合も出てくる。保守的に対応しようとすれば，権利濫用に当たると考えられる株主提案であっても取り上げざるを得ないとの判断に傾く場合も出てくるであろう。株主総会の実務担当者としては対応に苦慮するところである。

2. 役員選任に係る株主提案議案の取扱い

　本件では，Y社の定款における定員上，Y社の提案（A, B, C, Dの選任）とX社の提案（P, Q, R, Dの選任）の候補者7名全員を取締役に選任することはできない。このような場合の採決方法について，会社法は特段の定めを置いておらず，議長の議事運営権限に委ねられていると考えられている。具体的には，以下のような方法が考えられる。

①会社提案であるA, B, C, Dの選任議案を採決し，可決された場合に，残りのP, Q, Rの選任議案は否決されたとする方法
②A, B, C, D, P, Q, Rの各候補者について採決し，過半数の賛成を得た候補者の中から得票数の多い順に定員4名に達するまで取締役を選任する方法

　①の採決方法を採った場合，Y社提案の4名の候補者全員が過半数の賛成

を得れば，これら4名のみが選任される。他方，②の採決方法を採った場合，過半数の賛成を得る候補者が定員の4名を超える場合があり，各候補者の得票数によっては，Y社の提案した候補者の一部とX社が提案した候補者の一部が選任される事態が生じ得る。そのため，会社側は，自らの提案した候補者のみが選任され，かつ，株主提案を正面から採決しないで済む可能性がある①の採決方法を採ることが多いが，公正な方法により採決したことを担保するため，通常，議長が①の採決方法によることを議場に諮り，株主に可決してもらう手順を踏む[3]。この場合，X社としては，議長が①の採決方法によることについて議場に諮ろうとする際に，②の採決方法によるべきとの手続的動議を提出することになろう。X社もY社も，そのような動議が提出されることを予想し，株主総会の出席者の議決権の過半数を目標にあらかじめ大株主等の一部の株主から，議事進行等に関する動議への対応も委任事項に含めた委任状を取得するよう試みることが多い（委任状と手続的動議の関係については後述する）。

Ⅲ. 株主名簿閲覧・謄写請求

通常，上場会社の株主が自らの議決権数のみで株主総会決議に必要な議決権数を確保していることはない。本件でも，X社は，Y社の発行済株式総数の約10％を保有するにとどまっているから，定時株主総会で自らの提案した議案が可決されるよう，他の株主に対して働きかける必要がある。その準備として，X社は，Y社の他の株主が誰であるかを把握すべく，株主名簿閲覧・謄写請求権（会社125条2項）を行使することになろう。なお，X社としては，議決権行使の勧誘をする対象者と定時株主総会において議決権を行使できる株主を一致させるために，同株主総会における議決権行使の基準日時点の株主名

---

3) 取締役選任決議の採決を各候補者別に行うか，全候補者一括で行うかについて手続的動議が提出された場合には，議場に諮って採決方法を決すべきという見解がある（中村直人編著『株主総会ハンドブック〔第4版〕』〔商事法務，2016年〕393頁）。また，①のような審議方法を採用したことの可否について，株主平等原則との関係で争われた事件として，名古屋高判平成12・1・19金判1087号18頁がある（結論としては，株主平等原則には違反しないとされている）。

簿の閲覧・謄写をするのが最も効率的であるから，このタイミングを見計らって会社への請求をするのが普通である。

　X社の株主名簿閲覧・謄写請求に対して，Y社が応じれば特段の問題は生じないが，会社法125条3項各号を理由として，Y社がX社の請求を拒絶する場合[4]には，X社は，Y社に対して，株主名簿閲覧・謄写請求訴訟を提起し[5]，又は，同仮処分を申し立てて，株主名簿の閲覧・謄写を求めることになる。議決権行使の勧誘等のために行う株主名簿閲覧・謄写は，時間的に切迫している状況のもとで請求することが多いため，実務では，多くの場合，通常訴訟ではなく仮処分が選択されている。仮処分命令の発令には，被保全権利と保全の必要性の疎明が必要であるが（民保13条2項），株主名簿閲覧・謄写請求仮処分は，同請求権に係る権利関係が確定しない段階で閲覧・謄写を求める断行の仮処分（仮の地位を定める仮処分の一種）であるため，保全の必要性として「争いがある権利関係について債権者に生ずる著しい損害又は急迫の危険を避けるため」に当該仮処分が必要であることを疎明しなければならない（民保23条2項）。委任状勧誘を目的として株主名簿の閲覧・謄写を請求するX社としては，保全の必要性を基礎付ける事情として，会社に対して既に株主提案権を行使したこと，訴訟外で閲覧・謄写請求したが会社に拒絶されたこと，定時株主総会が時間的に切迫していること，他の株主の情報を未だ把握しておらず，このままではX社がなし得る委任状勧誘が制約されること等の疎明を試みることになろう[6]。

---

4) 会社が株主の株主名簿閲覧・謄写請求を拒む根拠のうち，平成26年改正前の会社法125条3項3号（「請求者が当該株式会社の業務と実質的に競争関係にある事業を営み，又はこれに従事するものであるとき」）の意義については議論があったが，平成26年会社法改正（平成26年法律第90号）により，同号は削除されたため，当該改正法の施行日である平成27年5月1日以降は，その点が問題となることはない。

5) 訴訟外で閲覧・謄写請求を拒絶されたことは株主名簿閲覧・謄写請求訴訟を提起する要件ではないので，最初から訴訟提起することも可能である。

6) 東京高決平成20・6・12金判1295号12頁参照。

Ⅳ. 株主総会検査役選任の申立て

　本件のように、会社と株主との意見が対立しているような場合には、株主総会の運営において、平常時にはみられない混乱が生じる可能性がある。そこで、X社の立場からすると、Y社が違法な総会運営をしないよう牽制したいところであるし、違法な総会運営がなされた場合に後日問題とするための証拠を用意する必要があると考えるかもしれない。他方、Y社としても、株主総会の手続に違法があったなどという主張をされないようにしておきたい。このような両当事者のニーズを一定程度満たし得る制度が、株主総会検査役（会社306条。以下、単に「検査役」という）である。

　検査役の職務は、株主総会の招集手続及び決議方法に係る事実を調査し、その結果を書面又は電磁的記録にまとめて裁判所に報告することである（同条1項・5項）。この書面又は電磁的記録（以下「検査報告書」という）は、検査対象の株式会社及び検査役選任の申立人にも提供される（同条7項）。したがって、X社及びY社は、検査役の選任を申し立てることによって、株主総会の招集手続及び決議方法に違法があったか否かの基礎となる事実関係について、検査報告書という信用性の極めて高い資料を入手することができる。言うまでもなく、検査報告書は、後に株主総会決議取消しの訴え等が提起された場合に、重要な書証となるものである。また、株主総会の招集手続及び決議方法に違法があったか否かの法的判断は、検査役の職務ではないが、検査役の報告を受けた裁判所は、必要があると認める場合には、株主総会を招集すること及び／又は検査役の調査結果を株主へ通知することを検査の対象会社の取締役に命じなければならない（会社307条1項）。このように証拠として残るため、検査役選任の申立てには、間接的ではあるが、株主総会の招集手続及び決議方法の適法性を担保する事実上の効果も期待できる。

　本件では、X社・Y社双方が検査役の選任を申し立てることができる（会社306条1項・2項）。X社及びY社は、それぞれ検査役選任を申し立てることもできるが、その場合であっても、申立てごとに別々の検査役を選任する必要は

ないと解されている。また，検査役の公正性を保つために，X社及びY社と特別の関係がない弁護士が検査役として選任される運用がなされている。

　検査役選任申立事件は会社非訟事件であり，非訟事件手続法，非訟事件手続規則，会社法（第7編第3章「非訟」）及び会社非訟事件等手続規則が適用される。例えば，申立ては，当事者及び法定代理人並びに申立ての趣旨及び原因（非訟43条2項）のほか，検査の目的その他の会社非訟事件等手続規則2条に所定の事項を記載した申立書を提出して行う（非訟43条1項，会社非訟規1条）。申立ての原因としては，株主要件（会社306条1項・2項）の記載が必要である（疎明資料の提出も必要である）。これに加えて，実務上は，検査役候補者の人選などの裁判所の検討に資するべく，検査役選任を必要とする事情も併せて記載することが多い。検査役選任の裁判をするにあたっては，法律上は会社側の意見を聞く必要はないが（会社870条2項参照），実務上は，申立人が申立ての要件を満たしているかについて会社に反論の機会を与えるとともに，検査役が選任される場合を見越して，申立人，会社，検査役候補者及び裁判所の間で打ち合わせを行うために，審問期日が設定されることが通常である。検査役が選任された後も，株主提案を行った株主（検査役選任の申立人），会社及び検査役の間では，委任状の取扱いや採決方法等，株主総会の運営に関して争点になり得る事項について協議の場が設けられることが多い。その場において一定の合意が形成された場合には，その合意に従った運営がなされたか否かも検査役による調査の1つのポイントとなる。

　なお，検査役の費用及び報酬は，会社及び検査役の陳述を聞いた上で裁判所が決定するが（会社306条4項・870条1項1号），申立人は，裁判所の指示に従い，費用及び報酬に相当すると見込まれる額を予納する必要がある。もっとも，検査役の費用及び報酬は，終局的には会社が負担すべきものであるから，会社以外の者が申立人である場合には，申立人は，事後的に，会社に対して，予納した検査役の費用及び報酬を求償することができる。

【Case 1-2】 利益供与，委任状争奪戦

> X社は，Y社に対して株主提案権を行使して，P，Q，R，Dを取締役に選任することを平成27年度Y社定時株主総会の議案にし，招集通知に記載することを請求した。また，X社は，Y社に対して株主名簿の閲覧・謄写を請求したところ，Y社からは，X社の請求に応じた株主名簿が開示された。
>
> その後，Y社は，平成27年度Y社定時株主総会に向けて株主総会招集通知を株主に対して送付した。その際，Y社は，「『議決権行使』のお願い」と題する書面（書面α）を株主総会招集通知及び議決権行使書面に同封した上で発送した。書面αには，議決権を行使した株主に対しては金券500円分を贈呈する旨の記載がされていた。
>
> 一方，X社は，Y社が株主総会招集通知を発送した2日後に，X社を除く全株主に対して，X社を代理人とすることを内容とする委任状及び参考書類を発送した。参考書類には，委任状を返送した株主に対しては金券500円分を贈呈する旨が記載されていた。
>
> Y社は，X社による委任状及び参考書類の発送を受けて，株主総会招集通知を発送した5日後に，さらに「『議決権行使書面』ご返送のお願い」と題するはがき（書面β）を，X社を除く全株主に対して発送した。書面βにも，議決権を行使した株主に対しては金券500円分を贈呈する旨の記載がされていた。
>
> なお，X社は，株主総会招集通知を受領した後，速やかに検査役選任の申立てを行い，検査役Zが選任されている。

V．利益供与

1．問題の所在

本件では，議決権行使をした株主に対してY社が金券500円分を贈呈することとしている。X社は，これについて，違法な利益供与（会社120条1項）

に該当するとして,後に株主総会決議の適法性を争うことが考えられる。

2. 違法な利益供与

(1) 利益供与の考え方

会社法120条1項は,「株式会社は,何人に対しても,株主の権利の行使に関し,財産上の利益の供与(当該株式会社又はその子会社の計算においてするものに限る。以下この条において同じ。)をしてはならない」と規定している[7]。議決権行使を条件として株主1名につきQuoカード500円分を提供したことが会社法120条1項に違反するとして株主が株主総会決議の取消しを求めた東京地判平成19・12・6判タ1258号69頁(モリテックス事件判決)は,同条項を引用した上で,「同項の趣旨は,取締役は,会社の所有者たる株主の信任に基づいてその運営にあたる執行機関であるところ,その取締役が,会社の負担において,株主の権利の行使に影響を及ぼす趣旨で利益供与を行うことを許容することは,会社法の基本的な仕組に反し,会社財産の浪費をもたらすおそれがあるため,これを防止することにある。そうであれば,株主の権利の行使に関して行われる財産上の利益の供与は,原則としてすべて禁止されるのであるが,上記の趣旨に照らし,当該利益が,株主の権利行使に影響を及ぼすおそれのない正当な目的に基づき供与される場合であって,かつ,個々の株主に供与される額が社会通念上許容される範囲のものであり,株主全体に供与される総額も会社の財産的基礎に影響を及ぼすものでないときには,例外的に違法性を有しないものとして許容される場合があると解すべきである」と述べ,株主の権利の行使に関して行われる財産上の利益の供与であっても,一定の場合には違法性がなく許容されることを判示している。

(2) 違法性を検討する際に考慮される事情

その上でモリテックス事件判決は,違法な利益供与への該当性に関して,以下の事情等を考慮している。

---

7) 平成26年会社法改正で一部改正されているが,本件との関係では影響がない。

①個々の株主に対して供与されたQuoカードの金額が社会通念上許容される範囲であるか否か
②株主全体に供与されたQuoカードの総額が，直前の期の経常利益，総資産，純資産，中間配当及び期末配当の総額と比較して会社の財産的基礎に影響を及ぼすといえるか否か
③Quoカードの提供に関する記載と，会社提案に賛同する議決権行使の勧誘の記載とが，どの程度関連付けられているか
④過去において，株主総会に関連してQuoカードの提供等，議決権の行使を条件とした利益の提供を行っていたか否か
⑤議決権の行使比率が，例年と比較してどの程度変化したか
⑥会社に返送された議決権行使書面の記載内容

　これらに関する具体的事実を考慮した上で，モリテックス事件判決は，「本件贈呈は，本件会社提案へ賛成する議決権行使の獲得をも目的としたものであると推認することができ，この推認を覆すに足りる証拠はない」と認定し，本件贈呈は「株主の権利行使に影響を及ぼすおそれのない正当な目的によるものということはできないから，例外的に違法性を有しないものとして許容される場合に該当するとは解し得ず，結論として，本件贈呈は，会社法120条1項の禁止する利益供与に該当するというべきである」として，これを決議方法の法令違反（会社831条1項1号）の1つとして，株主総会決議を取り消した。
　本件においても，X社としては，同判決を参考にしつつ，Y社による金券の交付が，Y社の提案に賛成する議決権行使の獲得を目的としたものであって，株主の権利行使に影響を及ぼすおそれのない正当な目的によるものではないとして，決議方法の法令違反に当たると主張できないか検討することになろう。

(3) 株主による利益供与

　本件では，X社も他の株主を勧誘する際に金券の贈呈をすることとしてい

る。しかし，会社法が利益供与を禁止している主体は原則として会社（本件ではY社）であるため，本件におけるX社の行為について会社法上の利益供与の問題が生じることはない[8]。

VI. 委任状争奪戦（プロキシーファイト）

1. 委任状勧誘規制の概要

X社は，他のY社株主に対して，X社を代理人とする委任状を送付した上で，自らの提案に賛同するよう勧誘を行うことになるが，委任状の勧誘については，いわゆる委任状勧誘規制が定められている。委任状勧誘規制とは，「何人も，政令で定めるところに違反して，金融商品取引所に上場されている株式の発行会社の株式につき，自己又は第三者に議決権の行使を代理させることを勧誘してはならない」と規定する金融商品取引法194条を受けて，同法，同法施行令及び上場株式の議決権の代理行使の勧誘に関する内閣府令（「委任状勧誘府令」）が定める具体的規制を指す[9]。なお，Y社が委任状を送付する等して勧誘する場合には，Y社もこの委任状勧誘規制に服することとなる。

このような規制が定められている趣旨は，委任状勧誘が適切に行われなければ，取締役の利益のために悪用されたり，株主に誤解を生じさせたりする危険があり，また，株主から多数の議決権の代理行使を委任された者が，株主総会において自己の思うままに決議を行い，もって株価に影響をなさしめようとする可能性もあることから，かかる危険を防止し，株主が議決権行使の判断に必要な情報に基づいて，合理的な議決権行使をなし得るようにする必要があるた

---

8) ある株主が，株主の議決権行使に関して，他の株主に金銭を交付する等の利益供与をしても，「不正の請託」（会社968条1項1号・2項）がない限り罪とはならないと考えられている（江頭350頁）。

9) ここでは規制の詳細を網羅的に紹介することはしないが，委任状勧誘規制においては，委任状勧誘を行う際に，議案ごとの賛否欄を設ける（委任状勧誘府令43条）等の法定の様式に合致した委任状用紙及び参考書類を提供することが求められており（金商法施行令36条の2），原則として交付した委任状及び参考書類を直ちに金融庁長官に提出しなければならないと定められている（同施行令36条の3）。

めであると解されている[10]。

　次に，委任状勧誘規制に違反した委任状勧誘が行われた場合，それが株主総会決議の取消事由になるかという点については，委任状の勧誘が決議の前段階の事実行為であって，株主総会の決議の方法ということはできないことや，委任状勧誘府令の規定をもって株主総会の決議の方法を規定する法令ということはできないことから，決議方法の法令違反に該当するということはできず，また，当該事案の具体的な事情のもとでは決議方法に著しい不公正があったともいえないとして，株主総会決議の取消事由の存在を認めなかった裁判例がある（東京地判平成17・7・7判時1915号150頁）。もっとも，委任状勧誘規制に違反する行為があった場合，事案によっては，決議方法が著しく不公正なとき（会社831条1項1号）に該当して株主総会決議が取り消される余地はあると解されている[11]。

2. 委任状争奪戦における実務上の問題

(1) 議決権の各行使方法の優劣

　議決権の行使方法には，①株主本人が株主総会に出席して行使する方法，②委任状を交付した代理人に株主総会に出席してもらい，代理人を通して議決権を行使する方法，及び，③議決権行使書面[12]を事前に会社に提出することで行使する方法がある。

　このうち，議決権行使書面を提出した場合，議案に対する意思表示は認められても，議事進行等に関する手続的動議（議長不信任動議等のほか，前述の採決方法に関する動議も含む）に対する意思表示をしたとは認められない。また，株主が自ら又は代理人を通して株主総会に出席した場合には，一般に当該株主が事前に提出していた議決権行使書面は無効と判断される。他方，議事進行等

---

[10]　三浦亮太ほか『株主提案と委任状勧誘〔第2版〕』（商事法務，2015年）35頁。
[11]　尾崎悠一「判批」神田秀樹＝神作裕之編『金融商品取引法判例百選』（有斐閣，2013年）163頁。
[12]　Y社のように，議決権を行使できる株主が1000人以上存在する会社は，株主総会に出席しない株主が書面（議決権行使書面）によって議決権を行使することができるよう，原則として書面投票制度を採用しなければならない（会社298条2項）。

に関する手続的動議への対応も委任事項に含む委任状がある場合，手続的動議に対しても，代理人を通して議決権を行使することができる。そのため，本件のように手続的動議が出されることが想定される株主総会の準備にあたっては，Y社は議決権行使書面のみならず，動議への対応も委任事項に含む委任状をあらかじめ株主から集めることも検討することになる。

(2) 委任状の取扱いに関する合意

本件のように，委任状争奪戦が行われている事案においては，株主から提出された委任状の有効性について争われることが想定されるため，どのような場合に委任状を有効とするかについて当事者間で合意することもある。例えば，委任状において「賛」及び「否」の両方の記載に丸がつけられている場合や「賛」及び「否」のいずれにも丸はつけられていないが「賛」に斜線が引かれている場合をどう扱うかなどといった，委任状の記載における株主の意思表示の解釈基準を合意することもある。また，代理権を証明するために提出された委任状が，委任者である株主の有効な意思に基づいて提出された委任状であることを確認するためには，原則として委任者である株主の議決権行使書面の提出を求めることとなるが，議決権行使書面が提出されない場合には，運転免許証やパスポートの写し等，株主本人から委任されたことが確認できる本人確認書類も併せて提出された場合に当該委任状を有効とする合意をすることもある[13]。

(3) 株主に交付された書面にあわせた勧誘方法の選択

本件において，X社は，自ら作成した委任状を株主に対して送付するとともに，他のY社株主に対して，Y社から受領した議決権行使書面を行使して自らの提案に賛成すること，又は，自らの提案に賛成の趣旨を記載した委任状をX社に返送することを働きかけることになる。その際，X社は，電話番号

---

[13] 多くの上場企業では，定款及び株式取扱規程で株主及び代理人の資格確認の方法を定めていることについて，松山遙『敵対的株主提案とプロキシーファイト〔第2版〕』（商事法務，2012年）52頁及び134頁参照。

を把握することができた株主に対しては，電話で自らの提案の内容を説明して勧誘することも少なくない。なお，前述のとおり，委任状による意思表示が議決権行使書面に優先するとする見解が一般的であるため，委任状勧誘を行う株主は，たとえ株主が議決権行使書面を既に会社に送付していても，改めて委任状の勧誘を行う意味がある。

なお，委任状争奪戦においては，対立するX社とY社から様々な書類が株主宛に送付されるため，株主において，書類の記載方法や返送方法に混乱が生じることも少なくない。そのため，委任状勧誘を行うにあたっては，書類の記載方法や返送方法をわかりやすく説明することが重要になる。

このように，X社はY社に対抗するために自らに賛同する株主を増やすための様々な手段を講じた上で株主総会当日を迎える。Y社も株主総会のリハーサルなどの準備を行った上で株主総会当日を迎えることになる。

【Case 1-3】 株主総会のリハーサル

> Y社は，例年，定時株主総会本番前にリハーサルを行っているが，X社による株主提案権の行使及び委任状争奪戦が行われている今年度は，リハーサルの回数を増やして，いつもよりも周到に準備を行った。

Ⅶ. 株主総会のリハーサルの実施

株主総会については，当日の運営を円滑に行うことを目的として，リハーサルを行うことが通常である。リハーサルでは，株主総会を所管する部署や弁護士等が事前に作成したシナリオに基づいて開会から閉会までの手続をひととおり実施することによって，議事の進行手順，時間配分の確認が行われるとともに，議長の議事整理，株主の質問に対する答弁や議長と壇上の後方に控える事務局との連携の練習等，株主総会の当日に問題になり得る事項についても，幅

広く確認が行われる。本件のように，株主提案権の行使及び委任状争奪戦が行われている株主総会においては，リハーサルもより入念に実施することになる。

【Case 1-4】 株主総会の受付対応

> X社は，平成27年度Y社定時株主総会に，今般の株主提案権行使の責任者であるM部長を出席させることにした。同株主総会の当日，Mは，受付において，事前にX社，Y社及び検査役Zとの間で合意されていた資格証明用の書類に加えて，X社が他の株主から取得した委任状を提出して，会場に入場した。

Ⅷ. 株主総会当日の受付での対応

　株主総会会場の受付においては，株主やその代理人を確実に入場させる一方で，それら以外の者を入場させないよう注意しなければならない。株主やその代理人を入場させず議決権を行使させなかった場合や，株主やその代理人でない者を入場させ議決権を行使させた場合，株主総会決議の取消事由にもなり得るためである[14]。なお，本件のような検査役が選任されている事案では，あらかじめ，株主提案を行った株主，会社及び検査役の間で株主資格や代理人資格の取扱いに関する合意がなされることが多い（Ⅳ.参照）。

　まず，株主資格を確認する方法については，会社法は特段の定めを置いていないが，事務処理上の便宜から，株主総会招集通知に同封される議決権行使書面を持参した者を株主と認めて入場させる取扱いが実務上一般的である。

　次に，代理人資格を確認する方法については，株主が代理人を通して議決権を行使しようとする場合，代理権を証明する書面（委任状）を会社に提出しな

---

[14]　株主の出席を不当に拒んだことが決議取消事由になり得ることについて最判昭和42・3・14民集21巻2号378頁，株主でない者に議決権を行使させることが決議取消事由となり得ることについて最判昭和30・10・20民集9巻11号1657頁参照。

ければならないとされている（会社310条1項）。これに加えて，**VI.2.(2)**で述べたとおり，通常は，委任者である株主の議決権行使書面の提出も求めている。なお，多くの会社では，代理人の資格について株主に限ると定款で定めているところ15)，Y社の定款に同様の規定があれば，受付担当者は，代理人資格の確認に加えて，来場した代理人が株主であることを，前述した株主資格の確認方法により確認することになる。

　X社のような法人株主について，法人の代表権限を有しない従業員が来場した場合は，議決権行使書面とともに社員証の提示をもって代理権の証明があったと取り扱うこともあれば，これに加えて，受任者たる従業員名が記載された委任状や職務代行通知書に法人代表者の真正な記名押印がなされていることを要求することもある。

【Case 1-5】　株主総会の議事進行，株主総会決議取消しの訴え

> 　Y社が株主に対して送付した株主総会招集通知には，参考書類中のBの取締役選任議案に関する項目（会社則74条2項）において，事業報告（会社則121条）には記載されているBの重要な兼職の記載が一部漏れていた。しかし，X社もY社も，この記載ミスに気づかずにいた。
>
> 　平成27年6月25日に平成27年度Y社定時株主総会が開催された。株主総会開催前に議決権行使書面及び委任状を集計したところ，Y社提案に賛成する議決権数もX社提案に賛成する議決権数も，議決権数の過半数に達しておらず，株主総会の会場における議決権行使によって採決の帰趨が定まることが判明した。また，株主総会開始時点で，Y社経営陣を支持する株主の出席者（委任状によるものを含む）の保有する

---

15)　定款において代理人の資格を株主に限ることは判例上も合理的とされている（最判昭和43・11・1民集22巻12号2402頁）。

議決権数が，全出席株主（委任状によるものを含む）の保有する議決権数の過半数に達していることが判明した。

　株主総会の冒頭，Aは，定款の規定に基づいて議長に就任する旨を述べ，株主総会の開会を宣言した上で，議事の進行はAの定めた方法に従ってほしいこと等を説明した。

　その後，AはX社から提案された議案を含む全議案を上程し，その内容を説明し，「質問は，1回のご指名につき，1問とさせていただきたいと存じます。」と述べた上で，質疑応答に移った。すると，Mが挙手をして立ち上がり，「議案の当事者である渦中のAが本株主総会の議長を務めることは不当だ！」と発言したため，Aは議長不信任の動議を提出する趣旨であるかを確認した上で議場に諮ったところ，Mの動議は否決された。

　質疑応答では，まず10名の一般株主から質問がなされた。一度に最大3問の質問をする株主もいたが，Aは質問を制限することなく応答した。合計15問の質疑応答がなされた後に，Mが挙手して質問をし始めた。Mは，Aらが主導した前時代的な経営手法によってY社の業績がいかに悪化したかについて自説を滔々と述べつつ，Y社の業績，過去にとられた具体的な経営施策の当否，今後の経営施策等について質問し，Aが回答した後，すぐに「関連質問であるが」と述べて質問を繰り返した。AとMのやりとりは約20分間に及び，Mの質問は全く尽きる気配がなかったが，5問目にさしかかったところで，議場の複数の方向から「長いぞ！　早くしろ！」「質問は1問だけじゃないのか！」などといった野次が飛んだ。Mは，野次を飛ばした株主の方をにらんだ後に，改めて質問を続けようとしたが，その隙にAは，「ただいまの株主様のご質問を含め，審議は十分に尽くしたと考えますので，採決に進むことにいたします。」と述べ，これに反対するMの発言を無視して，質疑応答を打ち切った。

　Aは，最初に会社提案であるA，B，C，Dを選任する議案の採決を行うことを説明し，議場に諮った。Mが「反対である。株主提案を先に採決すべきである。」と述べたが，Aは，M以外には議場から発言が

なかったことを確認し，自らが提案したとおりの採決方法を採用することが可決された旨宣言した上で，株主に対し，会社提案の各取締役候補者について賛否の欄を設けた投票用紙を配布し，記入を求めた。集計したところ，A，B，C，Dの獲得賛成票（議決権行使書面による賛成票も含む）が，いずれも出席議決権数（議決権行使書面による行使分を含む）の過半数を満たしていたため，Aは，Y社が提案した選任議案が可決され，定款上の取締役数の上限に達したことからX社の提案した選任議案のうち，P，Q，Rについて否決された旨述べた後，閉会の宣言をした。

　Mは，株主総会終了後に会場から立ち去ろうとした際，質疑応答打切りの直前に自分に野次を飛ばした2名の株主が，会社関係者以外立入禁止とされている衝立の奥のエリアでY社の総会担当者とおぼしき人たちと談笑しているのを目撃した。

　X社は，平成27年9月18日に，A，B，Cの取締役選任決議について株主総会決議取消しの訴えを提起した。X社は，株主総会決議取消事由として，①Y社の議決権行使株主に対する金券贈呈の申出が株主に対する利益供与の禁止（会社120条1項）に違反すること，及び，②Mの質問に対するAの回答が不明確かつ不十分であり，かつ社員株主と思しき者が野次を飛ばしたのを契機に不当に質疑応答が打ち切られたことが，取締役の説明義務違反に当たることを主張した。さらに，第2回口頭弁論期日終了後，X社は，準備書面の作成準備をしていたところ，招集通知の参考書類中のBの取締役選任議案に関する項目の記載漏れに気づいた。そこで，平成27年12月，X社は，この記載漏れについてもBの選任決議との関係で株主総会決議取消事由として主張を追加した。

Ⅸ. 株主総会における出来事〜株主総会決議取消しの訴え

1. Ｘ社のとるべき手段

　会社法は，株主総会決議について争う手続として，決議不存在確認の訴え（会社830条1項），決議無効確認の訴え（同条2項）及び決議取消しの訴え（会社831条）の3種類の訴訟類型を定めており，各訴訟類型に該当する事由はそれぞれ異なる。本件では，決議無効事由及び決議不存在事由は認め難いので，決議取消事由について検討する。

　株主総会決議取消事由は，会社法831条1項各号に列挙されている。本件で主張されている決議取消事由のうち，株主に対する利益供与（会社120条1項）については，Ⅴ. で検討しているので，以下では，説明義務違反を含む株主総会の議事進行上の留意点及び株主総会参考書類の記載漏れについて検討する。

2. 株主総会の議事進行上の留意点

(1) 動議対応

　会社法上，動議には議案修正動議（会社304条）と議事進行上の手続的動議がある。取締役選任議案に係る委任状争奪戦が行われた本件においては，本件のように，手続的動議として，議長であるＡの不信任動議が提出されたり，採決方法（会社提案先議・株主提案先議）についての動議が提出されたりすることが想定されよう。手続的動議は，議案修正動議と異なり，原則として，議場に諮ることなく，議事整理権（会社315条1項）を有する議長が自己の裁量で動議の処理を決定してよいとされているが[16]，手続的動議であっても，前述の議長不信任動議のほか，株主総会提出資料の調査者の選任動議（会社316条），

---

16) 手続的動議についても，議場に諮るべきとの見解もある（久保田衛「動議の取扱」酒巻俊雄監修・中央三井信託銀行証券代行部編『株主総会の法と実務』判夕臨時増刊1048号〔2001年〕86頁，株主総会実務研究会編『Q&A株主総会の法律実務』〔新日本法規出版，2006年〕1548頁〔久保利英明〕，質疑打ち切り動議につき山口幸五郎「株主総会の議事」大隅健一郎編『株主総会』〔商事法務研究会，1969年〕117頁）。

株主総会の延期・続行の動議（会社317条），会計監査人の出席要求動議（会社398条2項）については，議長の裁量で決定することができず，議場に諮る必要があると解されている。また，Ⅱ.2.で述べたとおり，取締役選任決議の採決を各候補者別に行うか又は全候補者一括で行うかについての動議を議場に諮ることの必要性には議論があるところである。適法な動議に対する議長の対応に問題があった場合には，決議方法が著しく不公正な場合に該当するとして株主総会決議の取消事由（会社831条1項1号）に当たり得るから，委任状争奪戦が行われた事案のように，株主から事後的に争われるリスクが大きい場合であって，とりわけ，委任状により会社側が議場の議決権の過半数を確保しているようなときには，一応議場に諮った上で採決するという対応をとることが望ましい。なお，株主総会の現場では，株主の発言が法令上認められている動議か，単なる不規則発言かを判別し難い場合も多い。そのような場合には，株主の真意を汲む必要があり，本件においてMの発言に対して発言の趣旨を確認した上で議長不信任の動議として処理したAの対応は適切であったといえよう。

(2) 株主の質問に対する説明義務

役員は株主の質問に対する説明義務を負っており（会社314条），この説明義務を懈怠すると決議方法の法令違反に該当し得るとされている[17]。説明義務は，株主総会の目的事項（決議事項，報告事項）に関して株主が合理的な理解及び判断を行うため必要な説明を受けることを保障したものであるから，その範囲は，株主が株主総会の目的事項について合理的に理解し，判断するために客観的に必要と認められる事項に限定されると解されている[18]。また，説明義務の程度については，平均的な株主が議決権行使の前提として合理的な理解及び判断をなし得る状態に達しているか否かで判断されると解されている。実務上は，株主総会の場において会社からの情報発信（IR）を行うという観点か

---

[17] 前田庸『会社法入門〔第12版〕』（有斐閣，2009年）372頁。
[18] 東京地判平成16・5・13金判1198号18頁。

ら，法律上の説明義務の範囲・程度を超えて，可能な限り幅広く，質問に対して回答することが多い。

(3) 質疑応答の打切り

議長に指名された答弁者が各質問に対して十分に説明を尽くし，審議が熟したといえる場合，さらに質問することを希望する株主がいたとしても，議長は質疑を打ち切ることも可能とされている[19]。不適切な時期に質疑を打ち切った場合には決議取消事由に該当し得るため，議長は，説明義務を果たしたか否かについて慎重に判断する必要があり，その判断にあたっては，質疑応答に入ってから経過した時間，既になされた質問の数や質問への説明内容，議場の様子（議場全体における質問を希望する株主の割合）などを総合的に勘案することになろう。また，突然質疑を打ち切るのではなく，事前に，「あと2，3問で質疑を終わらせていただこうと考えております。」と予告するなどの手続的な配慮をする工夫も実務上行われている。

本件では，Aは，Mの質問への回答を終えた上で，そのまま質疑応答自体も打ち切っている。まず，Mの質問の打切りについては，事前に，「他の株主様の質問もございますので，あと1問とさせていただきます。」などと予告することが望ましい。なお，Aは，質疑応答の冒頭で質問は1回の指名につき1問とする旨を述べているが，他の株主からの複数質問には対応しているのであるから，Mの質問のみ1問で打ち切ることは株主平等の観点から問題がある。また，質疑応答自体（審議過程）の打切りについては，Mの質問後の他の株主の状況（質問を希望する株主の有無等）を確認すべきであるし，上述の手続的な配慮をすることが望ましかったといえる。さらに，本件の質疑応答の打切りに関しては，そのきっかけとなった野次を飛ばしたのが，X社主張のとおりY社の社員株主であったとすると，このことも質疑応答の打切りの妥当性に影響し得る事情として問題になり得る[20]。

---

19) 大阪地判平成9・3・26資料版商事法務158号41頁。

(4) 採決

　質疑応答が終わると，採決に進む。出席株主の議決権行使の結果をどのような方法によって確認するかは，議長の裁量によって決めることができるが，実務上は，会社が事前に把握することができた議決権行使書面及び委任状における議決権数によって議決権行使の結果の確認方法を決することになろう。具体的には，議案を可決するために必要な数以上の議決権数が確保されていることが株主総会当日までに判明した場合や，結論を左右する議決権数を有している大株主による議決権行使の結果が明らかな場合には，簡便な方法である挙手又は拍手を選択することになろう。他方で，株主総会当日までに結論が明らかにならず，出席している株主の議決権の行使態様によって結果が変わり得る場合には，本件のように投票用紙による投票等正確に集計できる方法が選択されることになる。なお，得票の集計にあたっては，事前に提出された委任状及び議決権行使書面の取扱い，提出者の出席の有無等が問題となるが，その優劣関係についてはⅥ.2.(1)において述べたとおりである[21]。

Column② 上場企業の株主総会

　毎年6月後半になると，多数の上場企業で定時株主総会が行われる。株主総会は，上場企業のコーポレートガバナンスにおいて要となるものであり，開かれた株主総会あるいは対話型の株主総会の重要性が指摘されることも少なくない。しかし，マスコミで報道される定時株主総会の模様は，企業買収・経営統合や不祥事などでニュースになった企業が中心となりがちで，特殊な例が重

---

[20] 議長の議事進行に協力的な社員株主に議場前方の席を独占させたことについて必要性，妥当性に疑問が残るとした高松地判平成4・3・16判時1436号102頁や，「従業員株主らの協力を得て株主総会の議事を進行させる場合，一般の株主の利益について配慮することが不可欠であり，右従業員株主らの協力を得て一方的に株主総会の議事を進行させ，これにより株主の質問の機会などが全く奪われてしまうような場合には，取締役ないし取締役会に認められた業務執行権の範囲を越え，決議の方法が著しく不公正であるという場合もあり得る」とした大阪地判平成10・3・18判時1658号180頁参照。

[21] 委任状争奪戦のような会社提案と株主提案が相対立する事案においては，両提案が両立し得ない関係になることが少なくない。なお，株主提案に賛成して提出した委任状に係る議決権数を，会社提案に係る議案の採決に際して出席議決権数に算入するものとして取り扱うべきか否かに関しては，前掲東京地判平成19・12・6（モリテックス事件。積極）参照。

点的に報道されている傾向があり，上場企業の定時株主総会の一般的な姿についての認識が広く共有されているとは言い難い。そこで，公益社団法人商事法務研究会が毎年上場企業に対して行っているアンケート結果を参考に，上場企業の定時株主総会の一般的な姿について簡単に見てみよう。以下の数字は，特に断りがない限り，平成28年版の調査（商事法務2118号に掲載）に基づいている。

　上場企業の約73％が6月に定時株主総会を開催しており，なかでも，全上場企業の約58％の定時株主総会が平成28年6月23日（木），24日（金），28日（火），29日（水）の4日間に集中している。曜日の配列により毎年若干のバラツキはあるが，例年6月29日までの最終の火曜日から金曜日に集中する傾向がある。所要時間が2時間以上の上場企業は5％以下であり，平均所要時間は58分である。現実出席株主数（議決権行使書面・委任状による出席者及び役員を除いた出席株主）100名以下の上場企業が過半数を占め，上場企業の約4分の3が現実出席株主数200名以下である。過半数の上場企業において，現実出席株主の保有する議決権数は15％以下である一方で，やはり過半数の上場企業において，総議決権の50％超に相当する議決権行使書面及び委任状が定時株主総会の開催前に提出されている。定時株主総会における採決で議案の成否が決まるケースは稀であり，ほとんどのケースにおいて，定時株主総会が開会された時点で議案の成否は決まっていて，議場で賛成者数を数える必要が無いため，採決は拍手で行われる。株主提案権が行使される上場企業は3％以下であり，動議が提出される上場企業も3％以下である。約4分の3の上場企業で，議場で質問する株主数が5名以下となっており，質問が全くなかった上場企業も約4分の1にのぼる。

　定時株主総会について一般の人が持っているイメージと対比して，上記データはどのように映るであろうか。定時株主総会に限らないが，具体的なデータを前提に実態を理解し，その機能とあり方の議論を進めることが重要と思われる。

3. 証拠の収集手段

　決議取消しの訴えにおいては，株主である原告が取消事由の存在を主張・立

証しなければならないため、原告は、証拠に基づいて取消事由に関する主張を構成した上で訴訟を提起する必要がある。そこで、以下では、会社法上とり得る客観的証拠の収集手段として、議決権行使書面及び委任状の閲覧謄写請求と検査役の検査報告書を取り上げる。

(1) 議決権行使書面及び委任状の閲覧謄写請求

委任状争奪戦を経て株主総会決議が行われた場合には、議決権行使書面や委任状の有効性が問題となることが多く、例えば、無効な議決権行使書面や委任状を有効と取り扱っていた場合、取消事由を構成し得ることになる。会社は、議決権行使書面や委任状を株主総会の日から3か月本店に備置する義務があり（会社310条6項・311条3項）、株主はその閲覧謄写請求権を有するため（会社310条7項・311条4項）、X社は、議決権行使書面や委任状の取扱いに関する取消事由を把握している場合には、その裏付けとなる証拠資料を得る目的で、Y社に対して、議決権行使書面及び委任状の謄写申請を行うこととなろう。

(2) 検査役の検査報告書

本件では検査役Zが選任されているので、X社はZが作成した検査報告書の交付を受け（会社306条7項括弧書）、これを参照することができる。検査報告書は、招集手続や決議方法の違法性に関する資料として作成された中立的かつ信用性の高い資料であるから、これを書証とすることを前提として取消事由の存否を検討することが最も適切であるといえる。しかし、後述のとおり、決議取消しの訴えは、株主総会決議の日から3か月以内に訴訟提起しなければならないところ、検査報告書は、実務上、原則として株主総会後40日を目処に提出される運用とされている[22]。そのため、検査報告書を通常の運用どおり受領することができたとしても、出訴期限までの残り50日弱という限られた期間内に、検査報告書の内容を検討し、主張し得る全ての取消事由を把握した上で提訴しなければならないことになる。

---

22) 類型別会社非訟159頁［鈴木謙也］。

したがって，X社としては，検査報告書を待たずして，株主総会前の出来事や株主総会当日の議事運営に照らし，また，前述した収集可能な証拠に基づいて，取消事由を事前に検討しておき，検査報告書を受領した後に自己の認識との相違がないか，また，新たに取消事由となり得るものがないかを確認して提訴するという手順を経ることになろう。

4. 決議取消しの訴えにおける手続的要件

決議取消しの訴えは，会社の本店所在地を管轄する地方裁判所の専属管轄であるから（会社835条1項），X社は，Y社の登記事項証明書[23]を取得して本店所在地を確認した上で，訴訟を提起する。

次に，取消しの対象とする決議については，本件では，可決されたY社の会社提案に係る決議（A，B，C，Dの選任決議）と否決されたX社の株主提案に係る決議（P，Q，Rの選任決議）が存在するが，ある議案を否決する決議を取り消す訴えは不適法であると解されているため[24]，取消しの対象とする決議は，Y社の会社提案に係る選任決議である。そして，X社の請求どおり株主総会決議が取り消されたとしても，当然にX社の株主提案に係る決議が成立するわけでもない。

また，決議取消しの訴えにおける訴訟物は，取消事由の個数にかかわらず，取消しを求める対象の決議が同一であれば1個であると解されている[25]。そして，取締役選任決議は，選任される取締役ごとに1個の決議を構成する。本件において，X社は，Y社の会社提案に係る選任決議のうち，Dを除いたA，B，Cの選任決議について取消しを求めており，その場合の訴訟物の個数は3個である。

本件においてX社が主張している取消事由は，①株主に対する利益供与（決議方法の法令違反），②不当な質疑打切りを含む説明義務違反（決議方法の法

---

[23] 本店所在地を知っていたとしても，登記事項証明書は資格証明書として訴状に添付して提出する必要があるため，いずれにせよ取得することになる。
[24] 最判平成28・3・4民集70巻3号827頁。
[25] 秋山幹男ほか『コンメンタール民事訴訟法Ⅲ』（日本評論社，2008年）52頁。

令違反又は著しく不公正な方法による決議）及び③参考書類中のBの重要な兼職の記載漏れ（招集手続の法令違反）であり，①及び②は，A，B，Cの選任決議の取消事由として，③はBの選任決議の取消事由として主張されている[26]。しかし，決議取消しの訴えは，株主総会決議の日から3か月以内に訴訟提起しなければならず（会社831条1項柱書。この期間は除斥期間と解されている），当該期間を経過した後に新たな取消事由を追加主張することは許されないとされているため[27]，③の主張は，取消事由として認められない。

　決議取消しの訴えの被告となり得る者は，当該株式会社に限られているので（会社834条17号），本件ではY社となる。他方で，Aらの立場からすると，決議取消しの訴えの認容判決が確定した場合には対世効（会社838条）によってY社取締役の地位を失うことになるので，決議取消しの訴えにつき被告側に訴訟参加し，自らの主張を述べたいと考えるかもしれない。しかし，Aらは当事者適格を有しないため，共同訴訟参加することはできず[28]，補助参加することができるにとどまる（共同訴訟的補助参加[29]）。また，会社の組織に関する訴えは統一的な解決を必要とするため，本件でX社の他にAらの取締役選任決議の取消しを求めて提訴した株主がいる場合には，弁論及び裁判は併合して行われる（会社837条）。

　決議取消しの訴えを提起する株主は，決議時に株主であった者に限られない。他方，議決権を有しない株主は，原則として原告適格を有しないと解されている[30]。また，訴訟係属中に第三者に株式を譲渡した原告は原告適格を失い，株式の譲受人も原告たる地位を承継できるわけではないため[31]，X社が訴訟

---

[26] 取消事由は，攻撃防御方法の1つにすぎないと解されている。
[27] 最判昭和51・12・24民集30巻11号1076頁。
[28] 最判昭和36・11・24民集15巻10号2583頁。
[29] 最判昭和45・1・22民集24巻1号1頁。共同訴訟的補助参加人の訴訟行為は，主たる当事者の訴訟行為と抵触する場合であっても主たる当事者に有利なものである場合にはその効力が認められ，主たる当事者が上訴権を放棄しても共同訴訟的補助参加人は上訴できるなど，共同訴訟的補助参加人の地位は補助参加人の地位と異なる点がある（伊藤眞『民事訴訟法〔第5版〕』〔有斐閣，2016年〕667頁）。
[30] 弥永真生『リーガルマインド会社法〔第14版〕』（有斐閣，2015年）148頁。
[31] 江頭367頁。

提起後 Y 社株式の全てを譲渡した場合，他に提訴した株主がいなければ訴えは却下される。

5. 裁量棄却

仮に，取消事由が存在したとしても，株主総会の招集手続又は決議方法の法令又は定款違反の場合，①違反する事実が重大でなく，かつ，②決議に影響を及ぼさないものであるときには，裁判所は決議取消請求を棄却することができる（裁量棄却，会社 831 条 2 項）。

本件では，参考書類中の B の取締役選任議案に関する項目に B の重要な兼職の記載（会社則 74 条 2 項 2 号）が一部漏れていた点が取消事由として挙げられているが，事業報告にも役員の重要な兼職を記載する必要があり（会社則 121 条 7 号），Y 社の事業報告には B の重要な兼職の記載はあったのであるから，株主が招集通知を通読すれば把握できたといえることに照らすと，記載が漏れていた重要な兼職の内容にもよるが，仮にこれが除斥期間内に主張されていたとしても，上記①②の要件を満たし，裁量棄却される可能性がある[32]。

他方，V．で述べた，Y 社による金券の交付が違法な利益供与と認定された場合には，違反事実が重大であり，株主の権利行使に影響を与えたとして，裁量棄却される可能性は低いであろう[33]。

X．選任された取締役の行為への対応

取締役選任決議について決議取消しの訴えを提起するにあたっては，選任された取締役の行為への対応も検討しなければならない。すなわち，決議取消しの訴えが係属している間も取締役の職務執行権限は失われないため，代表取締

---

[32] 東京地判平成 26・4・17 金判 1444 号 44 頁では，株主総会の参考書類に社外取締役候補者が会社の代表取締役の配偶者である旨の記載がなかったことについて，会社 301 条 1 項，会社則 74 条 4 項 6 号ハに違反するとした上で，役員の名字や HP 上のプレスリリース等の記載から，株主は社外取締役候補者が代表取締役の配偶者であるという情報を取得することが可能であったとして，裁量棄却されている。

[33] 前掲東京地判平成 19・12・6（モリテックス事件）参照。

役AがY社を代表して行った行為は有効であって，Y社に効果が帰属する。決議取消しの訴えを認容する確定判決は遡及効を有するから（会社839条反対解釈），Aらの取締役選任決議を取り消す判決が確定すれば，株主総会の日以降にAらがY社取締役として行った行為の効果はY社に帰属しないこととなるが，その場合であっても，不実登記に関する善意の第三者の保護規定（会社908条2項）又は表見代表取締役や表見代理の規定（会社354条，民109条～112条）が適用されて，Aらの行為の効果がY社に帰属することとなる余地がある。

　そこで，AがY社を代表して行った行為がY社の財産的基礎を毀損している場合や毀損するおそれがある場合には，X社は，決議取消しの訴えの提起と並行して，違法行為差止めの仮処分（会社360条1項）[34]や取締役の職務執行停止・職務代行者選任の仮処分の申立てを検討することになる。仮処分前に行われたAの行為に関しては，事後的な損害賠償責任の追及ができるにとどまるので，仮処分の検討は早急に進める必要がある。

---

34) 6か月前から引き続き株式を有する株主である必要がある（ただし，定款による緩和が可能である）が，B社はこれを満たす。

第 2 章

取締役の解任・退任に関する紛争

第 1 節　不当解任に関する紛争

【Case 2】　不当解任を理由とする損害賠償請求訴訟

　A社は，米国に本拠を有するニューヨーク州法人であり，全米の都市部を中心にステーキ・ハウスを展開している。A社は，アジアの主要国にも進出しており，日本では，現地法人としてY社（株式会社）を設立して，事業を展開している。Y社は，A社がその株式の100％を保有するA社の完全子会社である。Y社の取締役の員数は定款で5名以内と定められているが，設立以来取締役は3名のみが選任されていた（任期は2年）。Y社の取締役の人選及び就任交渉等は，A社の海外事業本部が全て行っている。A社のステーキ・ハウスは，独自の方法で熟成させたアメリカン・ビーフのステーキを売りにしており，高級感のあるステーキ・ハウスとしてアメリカはもとより，進出先のアジアの各国でも高い知名度を有している。A社は，日本において，さらなる業績向上を図るために，ステーキ・ハウスとは異なる客層を狙って，アメリカン・ビーフを使ったカジュアルなハンバーガーショップを運営するという新事業を計画した。そして，A社は，平成24年3月には，新事業の立ち上げ及び展開を担当する責任者としてXをヘッドハン

ティングし，Ｘとの間でＹ社の取締役として任用する旨の任用契約を締結して，Ｙ社の４人目の取締役（従業員は兼務しない）に就任させた。Ｘは，平成26年３月にもＹ社の取締役に再任されている。

　Ｘが取締役に就任してから約３年が経過したが，Ｙ社の新事業は，ようやく僅少ながら黒字を計上する状態にはなったものの，Ａ社が予定していたほどの利益を上げるには至っていなかった。これについて，Ａ社の海外事業本部内には，メニュー開発や店舗展開の速度が遅く，その時々のトレンドをつかめていないことが新事業の成果が上がらない理由の１つであり，これはＸの指導力不足に起因するものと考える者が少なくなかった。また，Ｙ社の本業であるステーキ・ハウスも，後続の競合他社に押されて，業績が伸び悩むようになっていたため，Ａ社としては，Ｙ社全体の業務の再構築（リストラ）も検討しており，具体的には，Ｙ社を新事業から撤退させるとともに，ＸをＹ社の取締役から解任すべきとの声が高まっていた。他方，Ｘは，新事業がようやく黒字を計上するところまでこぎつけ，今後の成長も見込まれること，及び，メニュー開発・店舗展開に時間を要しているのは，自らの指導力不足ではなく，Ａ社によるＹ社の新事業に対する人的・金銭的投資の不足や，メニュー開発・店舗展開に当たって逐一Ａ社の承認を得なければならないという手続的な制約によるものであり，自らが解任されるいわれはないと考えており，Ａ社に対してことあるごとにこのことを主張していた。

　Ｘの主張にもかかわらず，結局，Ａ社は，平成27年２月末に，Ｙ社を新事業から撤退させること及びＸをＹ社の取締役から解任することを決定し，平成27年３月のＹ社定時株主総会でＸを解任する旨の株主総会決議がなされた。Ｘは，この解任が不当なものであると考えており，Ｙ社やＡ社に対して何らかの法的手段をとることができないか検討している。

I．Y社に対する法的手段の検討

1．解任決議の効力を争う手段

　取締役は，いつでも，株主総会の決議によって解任することができる（会社339条1項）。ここでは，取締役の解任の理由は問題とされておらず，例えば，解任に何らの理由がない場合であっても，株主総会決議（会社341条）さえなされれば，取締役は解任されることになる。従業員の解雇の場合であれば，客観的に合理的な理由を欠き，社会通念上相当であると認められない解雇は無効であることから（労契16条），労働契約上の地位の確認及び解雇期間中の賃金の支払を求める訴訟を提起し，あるいは，労働審判を申し立てることができる。これに対して，取締役の解任の場合には，解任された取締役は，株主総会決議による解任に「正当な理由」がない場合に，会社に対して，解任によって生じた損害の賠償を請求することができる（会社339条2項）のみであり，不当な解任であることを理由として，解任の効力を争うことはできないのである。そして，本件では，Y社はA社の完全子会社であるから，XはA社の意向1つによって，Y社の取締役から解任され得ることになる。

　他方，解任された取締役は，解任に係る株主総会決議に取消事由や無効事由が存在する場合やそもそも同決議が不存在である場合には，それらを理由として決議の効力を争うことが可能である（会社830条1項・2項，831条1項）。具体的な手段としては，解任決議の取消訴訟（会社831条1項），不存在確認訴訟（会社830条1項）又は無効確認訴訟（同条2項）の提起，あるいは，これらの訴訟を本案とする，取締役としての地位を仮に定める仮処分の申立てをすることが考えられる[1]。もっとも，本件では，A社がY社の株式を100％保有していることから，これらの手段によってXが最終的に解任を免れることは考え難い。

　なお，会社によっては，取締役に就任する者（本件におけるX）と会社（本

---

1) 新谷勝『会社訴訟・仮処分の理論と実務〔第2版〕』（民事法研究会，2011年）212頁参照。

件における Y 社）との間で取締役任用契約が締結される場合があり，同契約において取締役の任期の合意がなされることもある。しかし，そのような合意がなされた場合であっても，会社法の原則どおり，会社は，依然として株主総会決議により取締役を解任することができると解されている[2]。これに対して，解任された取締役は，後述のとおり，会社に対して，取締役任用契約中の上記各合意への違反に基づく損害賠償請求をし得るに止まる。

2. 会社法 339 条 2 項に基づく損害賠償請求

(1) 総論

　解任の効力を争う実効的な手段を有しない X としては，せめて解任によって生じる損害を補塡するために，Y 社に対して，会社法 339 条 2 項に基づく損害賠償請求をすることが考えられる。

　会社法 339 条 2 項に基づく会社の損害賠償責任の法的性格については，学説上は，①解任について不法行為が成立する場合に認められる不法行為責任であるとする見解（不法行為責任説）や，②任期中はみだりに解任しないという不解任特約に違反したことを理由とする債務不履行責任であるとする見解（債務不履行責任説）もあるが，通説及び裁判例は，③会社には任意の解任権が与えられており，その行使は適法であるにもかかわらず，損害賠償責任が課されていることからすれば，会社法 339 条 2 項に基づく損害賠償責任は，故意・過失を要件としない，会社に特別に課された法定責任であるとする見解（法定責任説）を採っている。これらの見解の違いは，「正当な理由」の解釈やどこまでの事実が請求原因事実として必要とされるかといった点に現れてくることになるが，本書では，通説・裁判例に従い，法定責任説に基づいて検討を進める。

(2) 会社法 339 条 2 項に基づく請求の請求原因事実

　会社法 339 条 2 項に基づく請求の請求原因事実は，①原告が被告の取締役に就任した事実，②原告が任期満了前に取締役から解任された事実，③損害の発

　2）　会社法コンメ(7)527 頁［加藤貴仁］参照。

生及び額,④②と③との間の因果関係である。上記の「正当な理由」に関しては,会社法339条2項の文言からも明らかなとおり,被告(会社)が「解任につき正当な理由があること」の主張・立証責任を負うものと解されている。したがって,原告(取締役)が解任につき正当な理由がないことを主張・立証する必要はなく,「解任につき正当な理由があること」が被告(会社)の抗弁となる。また,法定責任説に立った場合,会社側の故意・過失を立証することは不要である。

(3) 「正当な理由」について

(1)のとおり,会社法339条2項に基づく損害賠償責任の法的性格の解釈は,「正当な理由」の解釈に影響を与え得ることとなる。すなわち,①不法行為責任説を前提とすると,解任が不法行為と認められるときに限って「正当な理由」が否定されることになることから,「正当な理由」は広く認められるのに対し,②債務不履行責任説の立場からは,「正当な理由」は,不解任特約があるにもかかわらず,解任してもなお損害の賠償を免れ得るような理由ということになり,「正当な理由」が認められる範囲は狭くなる。他方,③法定責任説の立場からは,「正当な理由」は会社や株主の利益と取締役の利益の調和の上に決せられることになり[3],「会社において取締役として職務の執行を委ねることができないと判断することもやむを得ない,客観的,合理的な事情が存在する場合」には,「正当な理由」が存在すると解されている[4]。

裁判例上,取締役の解任について,「正当な理由」があるとされた例としては,職務執行上の法令・定款違反行為があった場合[5],心身の故障のため職務執行に支障がある場合[6],職務への著しい不適任(経営能力の著しい欠如)[7],経営上の判断の誤りによって会社に損害を与えた場合[8],新規事業を立ち上げ

---

3) 類型別会社訴訟 I 24頁[山﨑栄一郎]。
4) 平成17年法律第87号による改正前の商法257条1項ただし書についての裁判例であるが,東京地判平成8・8・1商事法務1435号37頁(以下,同条項ただし書についての裁判例であっても特に区別しない)。東京地判平成23・1・26判タ1361号218頁。
5) 前掲東京地判平成8・8・1。
6) 最判昭和57・1・21判時1037号129頁。

るために取締役に就任したが，当該事業の売上げが数万円しか上がらず，当該取締役に事業を展開する能力がなかったため，会社が当該事業から撤退した場合[9]などがある。

　他方，裁判例上，取締役の解任について「正当な理由」がないとされた例としては，大株主の好みや，単なる主観的な信頼関係の喪失を理由とする場合[10]がある。

　本件では，A社ないしY社がXを解任した理由としては，Xが責任者を務めるY社の新事業が当初予定していたほどの利益を上げられていないことや，Xの指導力不足に起因するメニュー開発・店舗展開の遅れが挙げられている。他方，Xとしては，新事業はようやく黒字を計上するところまでこぎつけたところであり，今後の成長も見込まれること，及び，メニュー開発・店舗展開に時間を要している原因は，自らの指導力不足ではなく，A社によるY社の新事業に対する人的・金銭的投資の不足や，メニュー開発・店舗展開に当たって逐一A社の承認を得なければならないという手続的な制約などといったXの責によらない事情であることなどから上記の解任理由は正当なものではないと主張することが考えられる。そして，本件における「正当な理由」の有無の判断に当たっては，新事業の業績，当該業績がXの能力の欠如や経営上の判断の誤りに起因するものであるか否かなどが重要な考慮要素となるであろう。もっとも，Xには，法令・定款違反行為，心身の故障，具体的な経営上の判断の誤りなどといった，「正当な理由」に該当することが比較的明確な事情が

---

7)　東京地判平成11・12・24労判777号20頁。ただし，同判決は，結論としては，職務への著しい不適任を認めていない。他方，監査役自身が明らかな税務処理上の過誤を犯した事例において，監査役として著しく不適任であるとして「正当な理由」があると判断された裁判例（東京高判昭和58・4・28判時1081号130頁）も存在する。
8)　広島地判平成6・11・29判タ884号230頁。経営上の判断の誤りを解任の「正当な理由」とすると，取締役が解任により任期中の報酬を得られなくなることをおそれて経営判断が萎縮してしまうなどの理由から，これを「正当な理由」に当たらないと解する見解も有力であり，学説上は見解が分かれている。
9)　横浜地判平成24・7・20判時2165号141頁。
10)　東京地判昭和57・12・23金判683号43頁，名古屋地判昭和63・9・30判時1297号136頁，前掲東京地判平成8・8・1。

特に存しない。また，新事業の売上げがほとんど上がっていないというような極端な場合でもない。そこで，本件については，上記の裁判例上「正当な理由」が認められた例の中では，職務への著しい不適任（経営能力の著しい欠如）が問題になる程度である。そして，書証等の客観的な証拠により職務への不適任や経営能力の欠如の程度が「著しい」ことまで立証することは，実務的には極めて困難と思われる。

Column③　解任後に新たに明らかになった事情は解任についての「正当な理由」となるか

　解任した役員から会社法 339 条 2 項に基づく損害賠償請求訴訟が提起された後，会社が当該役員の在任中の行動に関する社内調査をして，解任時点では会社が把握していなかった当該役員の新たな問題行為等が発覚することがある。このような解任後に新たに明らかになった事情を正当な理由として主張することができるだろうか。

　学説上は，「この場合〔注：解任に正当な理由がない場合〕の損害賠償責任は，不法行為責任ではなく，取締役を正当な理由なく解任したことについて故意・過失を要しない株式会社に課せられた法定の責任であり，その損害の範囲は残存期間中と任期満了時に取締役を解任されなければ得べかりし利益の喪失による損害に限り，慰謝料，弁護士費用は含まれない。したがって，正当理由は解任決議時に客観的に存在していれば十分であり，たとえ多数派株主が当該理由を認識していなかったとしても，損害賠償責任は否定される」（近藤光男『最新株式会社法〔第 7 版〕』〔中央経済社，2014 年〕244 頁）とする見解があるものの，あまり議論はされていないようである。

　裁判例としては，東京地判平成 22・1・26（平成 20 年(ワ)第 10581 号）は，「上記事実は，本件解任の時点では認識されていなかった事実であり……，本件解任の理由とされていないことが明らかであるところ，このような事実は解任の正当性を基礎付ける事情とならないというべきである」として，解任の理由とされていなかった事実を解任の正当性を基礎付ける事情として主張することはできないとしている。他方，近時，「正当な理由」について，上記のような限定をしない裁判例が複数出てきている。例えば，東京地判平成 25・11・26（平成 22 年(ワ)第 10416 号）は，「このような会社の損害賠償責

任は，任期終了までの在任に対する取締役の期待を保護し，当該取締役に生じた損害を塡補する法定責任であって，会社の過失を要件とせず，取締役への告知も必要でないと解されることからすると，取締役の解任の理由は，会社が解任の際に理由としたものに限定されず，また，会社が当該解任の時点で把握していた事実に限定されず，客観的に存在すれば足りるというべきである」としており，東京地判平成27・7・14（平成25年(ワ)第17678号・平成26年(ワ)第15135号）は，「『正当な理由』について，当時の会社が認識していた事由や解任決議時に挙げられた事由に限定されると解すべき法令上の根拠はな」いとしている（このほか，福岡高判平成27・1・16〔平成26年(ネ)第286号〕など）。

(4) 損害論

会社法339条2項に基づいて賠償を求めることができる「解任によって生じた損害」は，取締役を解任されなければ残存の任期中及び任期終了時に得られたであろう利益の喪失による損害であると解されている。具体的には，残存任期中に得られたであろう役員報酬相当額がこれに含まれることに争いはない。

他方，残存任期中に得られたであろう賞与相当額の損害については，賞与の支給は確実になされるものではないから，当然に「解任によって生じた損害」に含まれるということはできない。例えば，従来からの慣行において，毎年定額の賞与を支給するという形式で株主総会決議がされているような限定的な場合には，損害に含まれる余地がある。

任期終了時に得られたであろう退職慰労金相当額の損害については，退職慰労金は，定款に定めがある場合を除いては，株主総会決議があって初めて支給されるものであるから，当然に「解任によって生じた損害」に含まれるものではない。しかし，会社において退職慰労金規程や過去の支給慣行があり，これらによって一定の基準に基づく退職慰労金が支払われることになっている場合には，当該取締役についても退職時に退職慰労金が支払われた可能性が高い。そのような場合には，解任によって生じた損害であると認められる可能性がある[11]。

解任されたために被った精神的損害に対する慰謝料及び損害賠償請求訴訟に要した弁護士費用相当額の損害は,「解任によって生じた損害」に含まれないと解されている[12]。

(5) XのY社に対する訴訟におけるY社（被告）の代表者

Xが,Y社に対して,会社法339条2項に基づく損害賠償請求訴訟を提起する場合には,誰をY社（被告）の代表者とすればよいかを検討する必要がある。

Xは,Y社の「取締役であった者」であるから,Y社が監査役設置会社である場合には,原則として,監査役がY社を代表する（会社386条1項1号）。Y社が,非公開会社（監査役会及び会計監査人設置会社を除く）であって,監査役の監査の範囲を会計に関するものに限定する旨の定款の定めがある場合には,代表取締役がY社を代表する（会社389条1項・同条7項・349条4項）。Y社が監査等委員会設置会社である場合には,原則として監査等委員会が選定する監査等委員がY社を代表することになる（会社399条の7第1項2号）。Y社が指名委員会等設置会社である場合には,原則として監査委員会が選定する監査委員がY社を代表することになる（会社408条1項2号）。

このように,Y社の定款の定め又は機関構成によって,XのY社に対する訴訟におけるY社の代表者が異なる。もっとも,Y社のような非上場会社については,定款を公開情報から取得することは困難であることが多いため,まずは商業登記事項証明書を取得してこれらの情報を確認することになると思われる[13]。

---

11) 退職慰労金について,損害と認めた例として前掲東京地判昭和57・12・23,損害と認めなかった例として,大阪高判昭和56・1・30判時1013号121頁がある。もっとも,退職慰労金支給決議がなされていないにもかかわらず,解任された場合に退職慰労金相当額の損害賠償が得られるとの結論は,後述のとおり任期満了で退任した取締役は定款の定め又は株主総会決議（当該株主総会決議により支給金額決定の一任を受けた取締役会決議）がない限り退職慰労金請求をなし得ないことに照らすと,妥当であるかは疑問である。

12) 慰謝料について,前掲東京地判昭和57・12・23。弁護士費用について,前掲大阪高判昭和56・1・30,東京地判昭和63・2・26判時1291号140頁。

II．A社に対する法的手段の検討

　A社は，Y社の株主としての権利を行使して，Y社の取締役であるXを解任したにすぎず，I.1.のとおり，取締役は株主総会決議によって自由に解任され得るのであるから，原則として，XからA社に対して何らかの請求をすることはできない。

　もっとも，本件では，Xは，A社（親会社）との間で，取締役任用契約を締結している。XをY社の取締役から解任することが，XとA社の間の取締役任用契約に違反するような場合には，Xは，A社に対し，同契約の債務不履行に基づく損害賠償請求（民415条）をすることが考えられる[14]。

第2節　退職慰労金に関する紛争

【Case 3】　退職慰労金請求訴訟

> 　Y社は，東証一部上場の株式会社（取締役会設置会社かつ監査役会設置会社）である。Xは，Y社の取締役及び事業本部長の地位を兼務していたが，近時は，経営方針についてY社の代表取締役社長Aと鋭く対立していた。その影響もあってか，平成26年6月のY社定時株主総会においてXの取締役選任議案は上程されず，取締役に再任されなかったXは，同定時株主総会の終了時に任期満了により取締役を退任することとなった。同定時株主総会においては，Xに対する退職慰労金の支給につき，Y社の役員退職慰労金規程に定める基準に基づいて支給金額

---

13) 平成27年5月1日に施行された会社法の改正により，監査役の監査の範囲を会計に限定したことは登記事項とされた（会社911条3項17号）。

14) A社に対する損害賠償請求とY社に対する損害賠償請求の対象となる損害は重なり合う場合も多いと思われる。これを不真正連帯債務と呼ぶか否かはさておき，XはA社又はY社の一方から損害賠償がなされた場合，その部分については他方に対して請求することはできない（Xは損害賠償の二重取りをすることはできない）と考えられる。この点は，最終的には執行の段階で調整されることになろう。

を決定することを取締役会に一任する旨の決議もなされた。

　Y社においては，退職慰労金支給議案が株主総会において可決された翌月の取締役会には，退任取締役に対する退職慰労金の支給金額をY社の役員退職慰労金規程に定める基準に基づき決定することが従来からの慣行であった。しかし，平成26年6月の株主総会決議後，約6か月を経過してもY社の取締役会においてXに支給する退職慰労金額は決定されなかったため，Xは，Y社の取締役会に対し，退職慰労金の速やかな支給を求めたところ，Y社の取締役会は，Xが所管していた財務部門の過去の業務に関する不祥事がX退任後の平成26年7月初旬に発覚し，現在Xの帰責事由の有無について調査を進めており，その結果次第では支払う退職慰労金の金額に影響が出るため，今しばらくの猶予を求める旨回答した。その後，株主総会決議から1年を経過した現在に至っても，Y社の取締役会においてXに支給する退職慰労金額は決定されていない。

　Xは，Y社に対して取締役の退職慰労金を請求したいと考えている。

Ⅰ．Y社に対する請求

1．退職慰労金請求

　Xの希望は，過去に退任した取締役と同様に役員退職慰労金規程に定められた退職慰労金の支払を受けたいというものである。しかし，本件においては，Y社の定時株主総会でXに対する退職慰労金の支給に関する決議がなされてはいるものの，同決議では，支給金額についてはY社の役員退職慰労金規程に定める基準に基づいて決定することが取締役会に一任されている。そして，Y社の取締役会では，未だ具体的な支給金額の決議はなされていない。このような場合に，XのY社に対する退職慰労金請求権は認められるのであろうか。

この点について，判例[15]及び多数説は，取締役に対する退職慰労金は，報酬の後払いの性質を有し，本来在職中における職務執行の対価として支給されるものである以上，会社法361条1項にいう「その他の職務執行の対価として株式会社から受ける財産上の利益」に該当すると解した上で，定款の定め又は株主総会決議によって支給金額が決定されてはじめて具体的な退職慰労金請求権が発生すると解している。そして，株主総会決議によって，退職慰労金の支給金額の決定を取締役会に一任する旨の決議がなされた場合には，株主総会の委任を受けた取締役会が具体的な退職慰労金の支給金額を決定したときにはじめて，退任取締役の会社に対する具体的な退職慰労金請求権が発生することになる[16]。そのため，本件では，Y社の取締役会がXに対する退職慰労金の具体的な支給金額を決定していない以上，XのY社に対する具体的な退職慰労金請求権は発生しておらず，XはY社に対して退職慰労金の支給を請求することはできないことになる。

　なお，Y社と同様に，通常，上場会社の定款に退職慰労金の具体的な支給金額が予め定められていることはほとんどなく，「取締役の報酬及び退職慰労金は，株主総会の決議によって定める」というような会社法上の原則をそのまま述べる規定が存在する程度である。また，実務上，株主を多数抱える上場会社の株主総会で，退職慰労金の具体的な支給金額まで決議されることは少なく[17]，Y社と同様に，役員退職慰労金規程等の内規に基づく支給金額の決定を取締役会に一任する旨の決議がなされる例が多い。

2. その他のY社に対する請求

　会社に対するその他の請求に関しては，非上場会社におけるやや特殊な事案についての判断であるが，退任取締役が退職慰労金の支給を受けられるという強い期待を抱いていたことに無理からぬ事情があったとして，同取締役の退任

---

15) 最判昭和39・12・11民集18巻10号2143頁，最判昭和56・5・11判時1009号124頁等。
16) 東京高判平成12・6・21判タ1063号185頁。
17) 取締役個人に対する退職慰労金の具体的な支給金額が多数の株主に明らかとなることに抵抗感がある会社も多いと思われる。

から約 2 年を経過した時点に至って退職慰労金を支給しない旨の決定をした当該会社の取締役会の措置が人格的利益を侵害した違法なものであると判断して，不法行為責任に基づく損害賠償責任（ただし，慰謝料のみ）を認めた裁判例が存在する[18]。

また，後述のとおり，会社法 350 条に基づく損害賠償請求を行うことが可能な場合があり得る。

Ⅱ．Y 社の取締役に対する損害賠償請求

X の請求の相手方としては，Y 社のほかに，退職慰労金の支給金額の決定を取締役会に委ねる旨の株主総会決議がなされたにもかかわらず退職慰労金の具体的な支給金額の決定を放置している Y 社の取締役らも考えられる。

Y 社の役員退職慰労金規程に定める基準に基づいて X への退職慰労金の支給金額を決定することは，株主総会決議によって取締役会に一任された事項であるから，取締役は，善管注意義務（会社 330 条，民 644 条）又は忠実義務（会社 355 条）の一環として，当該株主総会決議に従い速やかに退職慰労金の支給金額を決定する義務を会社に対して負うことになると考えられる。そのため，取締役会が，①合理的期間を経過しても正当な理由なく退職慰労金の支給金額を決定しない場合や，②支給基準を逸脱して不支給・減額を決定した場合などには，取締役には善管注意義務違反又は忠実義務違反が認められると解される。したがって，これらの義務違反（任務懈怠）につき取締役に悪意又は重過失がある場合[19]には，当該取締役に対して，損害を受けた退任取締役は損害賠償請求（会社 429 条）をなし得る。なお，代表取締役 A にこの義務違反が認められる場合には，X は，会社法 350 条に基づいて，Y 社に対して損害賠償請求を行うこともできる。

---

18) 大阪高判平成 19・3・30 判タ 1266 号 295 頁。
19) 会社法 429 条の悪意又は重過失は，第三者に対する加害行為の予見についての悪意又は重過失ではなく，任務懈怠についての悪意又は重過失であると解されている（最大判昭和 44・11・26 民集 23 巻 11 号 2150 頁）。

上記①の合理的期間の判断に当たっては，会社内規の定めや従前の慣行が考慮されることになろう[20]。本件では，退職慰労金支給議案が株主総会において可決された翌月の取締役会では退任取締役に対する退職慰労金の支給金額が決定されていたというY社の従来の慣行に照らすと，株主総会決議後1年を経過しても退職慰労金の支給金額が決定されていないという事情の下では，合理的期間を経過しても退職慰労金の支給金額が決定されていないと評価することは十分に可能と思われる。なお，本件では，Y社はXが所管していた財務部門の過去の業務に関する不祥事について調査中であることを理由に退職慰労金の具体的な支給決議を留保しているが，不祥事に関する調査中は退職慰労金の具体的な支給決議を留保することがY社の慣行になっていた場合，合理的期間の判断に当たって考慮される余地はある。これに対し，仮に過去に不祥事に関する調査中であることを理由に退任取締役に対する退職慰労金の支給を留保した例があったとしても，それは退任取締役が自発的に受領を自粛していたに過ぎなかったのであれば，Xとしては，そのような事情は合理的期間の判断において考慮すべきでないと主張することが考えられる。また，不祥事調査に通常要する時間は過ぎているため，合理的期間は経過しているなどと主張することも考えられる[21]。

上記善管注意義務違反又は忠実義務違反が認められた場合に，当該任務懈怠に対して悪意又は重過失が認められるかは事案ごとの判断になろうが，不祥事の内容や重大性等が考慮されるものと思われる。例えば，不祥事の内容からして，通常調査は完了しているはずであり，Xへの嫌がらせ目的で，取締役が調査を不当に長引かせて（又は調査を行うという名目の下で）退職慰労金を不支給としているといった事情がある場合には，当該取締役には悪意又は重大な過失が認められるものと思われる。

Xの請求が認められた場合，その損害額は，取締役に悪意又は重過失による善管注意義務違反又は忠実義務違反がなければ退任取締役が得られたであろ

---

[20] 東京地判平成元・11・13金判849号23頁。
[21] 東京地判平成6・12・20判タ893号260頁。

う金額であり，具体的には，内規やY社の従来からの慣行に従い取締役会が適法に決定していれば支給されたであろう金額が認定されることになろう。なお，退職慰労金は，計算式等によって一義的に金額が定まる基本金額部分と，取締役会の裁量によって支給の有無やその額が定められる功労加算金部分（例えば，「基本金額の2倍の範囲内」などと上限額が定められることが多い）の2つに分けて内規に規定されることが多い。功労加算金部分は取締役会の裁量が認められることから，損害額として認められる範囲は基本金額部分にとどまる場合が多いと考えられる。

第3節 違法行為を行う取締役への対応に関する紛争

【Case 4-1】 取締役の違法行為の差止請求訴訟及び仮処分

A社は，Pによって設立された全株式譲渡制限会社の株式会社（本社：東京都港区所在。年商：約10億円）であり，東京都内に10教室を展開する学習塾を運営している。A社では，設立以後長年にわたり，Pが同社の株式を100％保有しながら代表取締役を務めてきた。Pの長男のYも，大学を卒業してから25年間A社で勤務しており，平成20年6月以降は取締役としてPと共にA社の経営を担ってきた。平成25年6月，体力の衰えを感じていたPは，Yに経営面を全て任せて，自らは講師及び塾長としての教育業務に専念することとし，自らが100％保有していたA社株式のうち49％をYに譲り，その後は，Pが取締役（A社株式51％保有），Yが代表取締役（A社株式49％保有）としてA社を経営してきた。

PにはYの他に次男のXがいたが，Xは，Yと異なり，大学を卒業後A社に就職することはなく，銀行に勤務していた。しかし，自らが引退した後は兄弟が協力してA社をさらに発展させてほしいと考えていたPは，平成25年12月に，Xに対してA社の取締役として迎え

るので経営を手伝ってほしい旨を伝えたところ，Xは，銀行での業務が一区切りを迎える平成27年3月に銀行を退職して翌月からA社の取締役に就任することを承諾した。そこで，A社は，平成27年4月に臨時株主総会を開催し，XをA社取締役に選任した。その上で，Pは自らの保有するA社株式の一部（20％）をXに譲渡した。同時に，A社は，取締役の員数を3名以上とし，代表取締役の員数を1名以上とする定款変更を決議し，取締役会設置会社へと移行するとともに，監査役Qを選任した。

　Xは，A社取締役に就任後，A社運営の学習塾が多くの生徒を集める人気塾であり，業績も好調であるにもかかわらず，A社の資金繰りが厳しいことに疑問を抱き，折に触れてYに対して理由を確認しようとしたが，Yからは「これまで自分がA社を運営してきたのであり，取締役に就任したばかりのXが口を出すことではない。」と説明を拒まれてきた。Yから説明を受けられない以上，自ら調査するほかないと判断したXは，A社の財務状況を精査したところ，A社は合計約8億円の簿価を有する不動産を保有していることが判明した。なお，A社の本社及び運営する学習塾に係る不動産は全て賃貸物件であり，A社は日本国内に不動産を保有せず，定款上も学習塾の運営のみを事業目的として掲げていた。それにもかかわらず，巨額の不動産を保有していることに疑問を持ったXは，あらためてかかる事実をYに示した上で事情を確認しようと思ったが，その日Yは不在であった。XがYの予定を従業員に確認したところ，Yは昨日から1週間ほど妻Bと共に海外に滞在する予定であること，出発前に「大きな儲け話がある。」と周りに話していたことを聞いた。Yに直接話を聞くことができなかったXは，Pに事情を聞くことにしたが，最近Pは事実上A社の経営はYに任せきりにしていたため，詳しい事情を把握していなかった。そこで，XはA社の従業員複数に再度話を聞いて回ったところ，この不動産保有は最近Yが主導して行った海外不動産投資によるものであること，さらに，Bの兄Cが代表取締役を務めるD社がブローカーであり，Yが現地の法令等の調査をきちんと行わずにD社に勧められるままにこの海

> 外不動産投資を行ってきたこと，また，今回のYの海外滞在もB及びCとともに新たな海外投資先として検討している不動産の現地視察をするためであり，その投資額は約5億円に上ることが予定されていることを知った。

Ⅰ．取締役の違法行為の差止請求訴訟及び仮処分

1．総論

　本件では，XがYに対して今回の海外不動産投資に関する説明を求めても，Yが取り合わないことが想定されるため，Xは取り急ぎYが行おうとしている約5億円もの新たな海外不動産投資をやめさせるために，Xの行為の差止請求（会社360条）を行うことを検討することになる。この差止請求の要件は，A社は監査役設置会社であるから，取締役が会社の目的の範囲外の行為その他法令若しくは定款に違反する行為をし，又はこれらの行為をするおそれがあること，及び，当該行為によって当該会社に回復することができない損害が生ずるおそれがあることである（同条1項・3項）。この差止請求は，訴訟を提起して行うことも可能であるが，時間的に切迫している場合が多いので，仮処分を申し立てることが一般的である。

　本件では，定款上A社の目的は学習塾の運営のみであるため，海外不動産投資を行うことは，会社の目的の範囲外の行為として定款違反行為に該当する。そして，XはYが行おうとしている新たな海外不動産投資によってA社に「回復することができない損害が生ずるおそれ」があることを主張立証（仮処分の申立てであれば疎明。以下同じ）するためには，Yが行おうとしている海外不動産投資の具体的な内容や，これによってA社に回復不能なほどに甚大な損害が生ずるおそれがある理由（例えば，支出した金銭を回収できない蓋然性が高いこと）などを主張立証する必要があり，Xはそのための情報及び証拠を急ぎ収集する必要がある。

2. 判決及び仮処分の効力

　仮にXが提起した差止請求の仮処分が認められたとしても，当該仮処分に違反してYがA社をして海外不動産投資に対する出資を行わせた場合，当該Yの行為の効力が問題となる。この点については，議論があるが，仮処分は取締役に会社に対する不作為義務を課すにとどまり，取締役には義務違反によって会社に対する責任が生じるだけで，当該行為の効力には影響しないと解する説が多い[22]。そのため，XはYの行為を差し止める仮処分を得ることができても，Yがそれに違反した場合，Xは所望する効果を十分に得られない可能性がある。

　他方，Xが提起した差止請求訴訟において認容判決が出されたものの，Yが当該判決に違反した場合にも，当該行為の有効性が問題となる。この点については，相手方が，取締役の行為が法令又は定款に違反していることについて善意であっても，新株又は社債の発行のようにその効果を画一的に決すべきものを除き，差止請求に理由があるにもかかわらず取締役が当該行為を履行した場合で，かつ善意の第三者を害しない場合は，会社はその行為の無効を主張し得るとする説が有力である[23]。この説によれば，本件では，当該投資先が善意ではないこと，又は，Yによる行為が無効であっても当該投資先を害しないことをXが立証できるかどうかが争点となる。

---

[22]　会社法コンメ(8) 143頁［岩原紳作］。
[23]　会社法コンメ(8) 143頁［岩原］。なお，差止請求の有無にかかわらず，取締役の行為が法令・定款に違反していることを少なくとも相手方の第三者が知っている場合は，当該行為の無効を会社が第三者に対して主張できると解されている（最判昭和40・9・22民集19巻6号1656頁，最大判昭和46・10・13民集25巻7号900頁等参照）。

【Case 4-2】 取締役解任の訴え，取締役の職務執行停止・職務代行者選任の仮処分

　差止請求訴訟及びその仮処分の準備のために証拠を収集していたXは，A社の従業員から話をさらに聞いていく中で，実はYによる海外不動産投資が1度や2度のみ行われたものではなく，最近3年間で投資及び売却が複数回行われてきたことが判明した。また，それら複数回の投資の投資額及びこれに関する借入額が，必ず億単位に上るにもかかわらず，今回画策されている新たな不動産投資と同様，A社において現地の法令等を調査した形跡がなく，D社に勧められるままに投資が行われてきたことが判明した。さらに，調査の過程で，以前，A社には，この不動産投資についてYに対して苦言を呈した従業員がいたが，当該従業員はその後，様々な理由をつけてYによって事実上退職に追い込まれたらしく，それ以降，A社従業員の中ではYによる不動産投資について意見することはタブー視されてきたという事情も判明した。今回調査を進めていく中で，Xは，YがA社を私物のごとく好き放題に運営してきたという点が明らかになった以上，もはや今度の新たな不動産投資を差し止めることでは事足りず，Yを取締役から解任する必要があることを認識した。XはこのことをPに伝え，Yの解任への協力を求めたが，Pは，XとYの一方に肩入れすることはできないとして応じなかった。

　そこで，Xは，単独でYの解任に向けた手続を進めるほかないと考え，自らA社の株主としての地位に基づき，A社の臨時株主総会の開催を要求し，Yを解任するための株主提案を行った。Xの要求に基づき開催された株主総会において，49％の議決権を保有するYは当然Xの提案に反対したため，過半数の賛成を得てXの提案が可決されるためには31％の議決権を保有するPの賛成が必要であったが，Pは棄権することで議決権を行使しなかったため，Xの提案は否決された。そこで，Xは，Yの解任を求めて，解任の訴えを提起しようとしている。

Ⅱ．取締役の職務全般に対する訴訟及び仮処分

1．株主総会決議による取締役の解任

　取締役はいつでも株主総会の決議によって解任することができ（会社339条1項），また，代表取締役はいつでも取締役会の決議で解職することができるが（会社362条2項3号），A社の取締役会の構成がP，X，Yの3名である以上，PがXに賛同しない限り，A社の株主総会において会社提案としてYの解任議案が提出されることや取締役会でYを代表取締役から解職する議案が可決されることは考え難い。そこで，20％のA社株式を保有するXは総株主の議決権の100分の3以上の議決権を有する株主として臨時株主総会の開催を要求し（会社297条1項・2項），又はA社を代表するYが当該要求に対応して株主総会を開催しない場合には，裁判所の許可を得て株主総会を開催して（同条4項），Y解任の株主提案を行うことになる（会社303条・305条）。取締役を解任するためには，原則として議決権を行使できる株主の議決権の過半数を有する株主が出席し，出席した当該株主の議決権の過半数の賛成を得る必要があるため[24]（会社341条），本件では，Pの協力を得られない限り，解任決議が成立することは考え難い[25]。それにもかかわらず，Xが臨時株主総会を開催させてまでYの解任決議を求めたのは，臨時株主総会までにPの説得を試みる目的のほか，後述の解任の訴えの提訴要件を満たすためである。

2．取締役解任の訴え

(1) 総論

　Yの解任を求める株主提案が否決されたXは，Yを解任する訴え（会社854

---

[24]　定足数と決議要件は，定款による変更が一定限度で可能である（会社341条）。

[25]　株主である取締役の解任決議における当該株主は特別利害関係人に該当しないとするのが判例であるため（最判昭和42・3・14民集21巻2号378頁，最判昭和53・4・14民集32巻3号601頁），Xの要求によって開催された臨時株主総会においてYが議決権を行使したことを理由として決議の取消し（会社831条1項3号）が認められることは困難であろう。

条）を提起することになる。当該訴えの被告については，会社法855条は会社及び解任の対象となる取締役であると規定し，判例[26]においても当該訴えは固有必要的共同訴訟であると解されている。

(2) 要件
㋐ 持株要件

解任の訴えは，総株主の議決権の100分の3以上の議決権を有する株主が提起することができるところ（会社854条1項・2項），本件でXは自らの保有分のみで持株要件を満たす[27]。

なお，持株要件については訴訟係属中も維持されることが必要とされ，訴訟係属中に当該要件を下回った場合には，原則として，原告適格を失ったものとして請求が却下されると解されるが，例外的に，新株発行等，株主の行為によらずに持株比率が低下した場合であって，当該新株発行等が原告の持株比率を低下させて解任の訴えを回避する目的で行われた場合には，被告側の原告適格喪失の主張は権利濫用・信義則違反に該当する余地があるとされる[28]。

㋑ 「職務の執行に関し」，「不正の行為」又は「法令若しくは定款に違反する重大な事実」

解任理由としては，対象となる取締役に，「職務の執行に関し」，「不正の行為」又は「法令若しくは定款に違反する重大な事実」がある必要がある（会社854条1項柱書）[29]。まず，「職務の執行に関し」とは，職務執行それ自体のみ

---

[26] 最判平成10・3・27民集52巻2号661頁。
[27] 単独で持株要件を満たさなくとも，他の株主と合同して持株要件を満たすのであれば，合同して取締役解任の訴えを提起することも可能であると解されている（山口和男編『会社訴訟 非訟の実務〔改訂版〕』〔新日本法規出版，2004年〕461頁）。
[28] 類型別会社訴訟Ⅰ8頁〔山﨑〕。
[29] どの時点までの行為を解任事由として主張できるかについては，①取締役解任議案が否決された後に生じた事由まで主張できる，②取締役解任を議案とする株主総会の審議中に生じた事由までに限定される，又は，③現在の任期開始前に発生・判明していた事由までに限定されるなどといった見解が考えられる。①を否定し，②を肯定した裁判例として，高松高決平成18・11・27金判1265号14頁，③を否定した裁判例として京都地宮津支判平成21・9・25判時2069号150頁がある。

でなく，職務執行に直接又は間接になされた行為も含まれる。次に，「不正の行為」とは取締役がその義務に違反して会社に損害を生ぜしめる故意の行為（例えば，会社財産の費消）をいうが，重大な不正行為であることは要求されていない。他方，「法令若しくは定款に違反する」場合には，過失も含むが，当該違反が「重大な事実」であることが必要とされている。本件では，会社の事業目的に含まれない不動産投資について，現地の法令等を調査せずに，D社の言うままに何度も多額の投資を繰り返したYの行為は，不正の行為又は取締役としての善管注意義務に違反する重大な法令違反に該当する可能性が高い。職務執行が不正の行為又は重大な法令違反といえるかについては，経営判断の原則が尊重されるべきであると考えられているが[30]，本件でのYの行為は定款違反の行為であるから経営判断原則が適用される余地はないであろう。

なお，複数の解任事由がある場合，解任議案が否決された株主総会において実質的に審議されていない解任事由を解任の訴えで提起することができるかについては議論があるため[31]，Xは解任の訴えで主張することを予定している解任事由については，Yの解任を求める株主提案に解任事由として含めておいた方がよいであろう。

(ウ) 「当該役員を解任する旨の議案が株主総会において否決されたとき」

本件ではYの解任を求めるXの株主提案は否決されているが，決議不成立の場合のほか，定足数に達する株主の出席がないため流会となった場合も「否決されたとき」に含むと解されている[32]。なお，解任対象の取締役が議決権の過半数を確保している場合など，解任議案が否決されることが確実である場合でも，株主総会の決議を経なければ解任の訴えを提起することはできないと解されている[33]。

---

30) 東京地判昭和28・12・28判タ37号80頁，神戸地判昭和51・6・18下民集27巻5～8号378頁。
31) 西岡＝大門編124頁［福田千恵子］。
32) 論点体系(6)237頁［山崎良太］。流会は「否決されたとき」に含まないとする裁判例（東京地判昭和35・3・18下民集11巻3号555頁）もあるが，この見解をとると，多数派が株主総会出席をボイコットして取締役解任の訴えを妨害することが可能となるので妥当ではないとされている（西岡＝大門編119頁［福田］）。

(エ) 訴えの利益

なお，本件で仮に解任の訴えの最中にYの任期が満了した場合には，解任の訴えは訴えの利益を失うため[34]，原則としてXの訴えは却下されることになる[35]。

(3) 判決の効力

Xの訴えに基づきYが解任された場合であっても，解任の訴えの判決は将来効であるため，Yによる過去の不動産投資の効力が否定されるわけではない。また，株主総会でYが再任されることは解任の訴えの効力によっては妨げられないため，XはPの協力の取付けやPが保有するA社株式の譲受け等によって，Yの取締役再任を防ぐ必要がある。仮にYが取締役として再任された場合には，Xは，選任決議不存在確認の訴え（会社830条1項），無効確認の訴え（同条2項）又は株主総会決議取消しの訴え（会社831条）等によってYの再任の効力を争うことを検討することになる。

解任の訴えは，後述する職務執行停止及び職務代行者選任の仮処分（以下「両仮処分」という）と異なり対世効はないが，会社及び取締役を被告とする共同訴訟であるため，対象となる取締役及び会社の構成員・機関に対しても判決の効力が及ぶと解されており，対世効がなくとも不都合な事態は起こりえないとされている[36]。

---

33) 西岡＝大門編121頁〔福田〕。
34) 大阪高判昭和53・4・11金判553号24頁。
35) 解任の訴えの原因たる違法行為が取締役再選後も継続していて，しかも多数者が原告株主らの反対を押しきってその再選を認めたような事情がある場合には，右の株主の信認は形式的なものにすぎず，実質上は従前の取締役の地位が継続しているものとみて，解任の訴えを維持するのが適当であろうとする見解もある（今井宏「取締役解任の訴の利益，忠実義務など」商事法務854号〔1979年〕32頁）。
36) 類型別会社訴訟Ⅰ18頁〔山﨑〕。

3. 取締役の職務執行停止の仮処分・職務代行者選任の仮処分

(1) 2つの仮処分を行うことの必要性

　役員の解任を認容する判決は形成判決であるため，当該判決が確定しなければ取締役解任の効力は生じず，判決確定までの間にYの行為によってA社に損害が生じる可能性がある。そこで，Xは，取締役解任の訴えに先立って，Yの解任が確定するまでの間，Yの取締役（代表取締役）としての職務執行を停止させ，Yの代わりに職務執行を行う者を選任するために，両仮処分の申立てを検討することになる[37]。

　両仮処分のうち，職務執行停止の仮処分については，代表取締役にとどまらない取締役としての一切の職務を停止することを求めるならば，取締役の職務執行停止の仮処分を求めることになる。この場合，職務代行者選任の仮処分については，取締役としての代行者の選任を求め別途代表取締役を選定するか，代表取締役としての代行者の選任を求めるか，2通りの選択肢が考えられる[38]。後述のとおり，誰が代行者となるかは裁判所の裁量事項であるが，本件では，A社の取締役として多少なりとも経営に携わってきたXが代表取締役となるのが適当であろう。その場合は，職務代行者選任の仮処分によって取締役たる職務代行者が選任された後，当該職務代行者，X及びPによって取締役会を開催し，Xを代表取締役として選定することになる。

(2) 仮処分を申し立てるタイミング

　取締役解任の訴えを本案とする両仮処分に関しては，株主総会で解任決議が否決される前であっても申立てが認められるかについては議論があるが[39]，株主総会の招集手続がとられておらず，その準備もされていないときは，解任

---

[37]　代表取締役の職務執行停止及び職務代行者の選任についても，取締役の場合と同一の規定が適用される（三浦亮太『機関設計・取締役・取締役会〔新・会社法実務問題シリーズ(5)〕』〔中央経済社，2015年〕112頁）。

[38]　最判昭和45・11・6民集24巻12号1744頁参照。

[39]　否定説として東京高決昭和60・1・25判時1147号145頁，肯定説として新谷勝『会社訴訟・仮処分の理論と実務〔第2版〕』（民事法研究会，2011年）250頁がある。

の訴えの要件たる解任決議の否決が疎明されたといえないため，少なくとも株主総会招集請求やその準備を整えてから申し立てるべきと考えられている[40]。本件では，Xは，自らの株主提案が否決される前に，Yを取締役から解任する株主提案及び当該議案を審議する臨時株主総会招集請求を行った段階から両仮処分を申し立てることも検討すべきであろう。

(3) 手続
(ア) 要件

両仮処分は，仮の地位を定める仮処分であるため，A社に対する著しい損害又は急迫の危険を避けるために必要である場合に限って認められるが（保全の必要性，民保23条2項），申立てにあたっては，それぞれの仮処分の要件を充足することを検討する必要がある。すなわち，職務執行停止の仮処分が認められる場合であっても，そのことによって当然に職務代行者選任の仮処分が認められるわけではなく，仮処分による職務執行停止のために法律又は定款所定の員数を欠くに至る場合や，会社の運営に支障がある場合など，職務代行者を選任する必要性があってはじめて職務代行者選任の仮処分が認められる。本件ではYが取締役として職務執行を停止された場合には，A社定款における取締役の員数（3名）を欠くことになるので，職務代行者選任の仮処分にかかる保全の必要性も認められよう。

なお両仮処分は密接に関係しており，職務執行の停止をせずに職務代行者の選任だけを行うことはできないとされている[41]。また，実務上は職務執行停止の仮処分の発令前に裁判所が職務代行者の候補者（後述のとおり，弁護士であることが多い）に就任を打診し事実上承諾を得た上で，両仮処分を併せて発令している。

(イ) 当事者及び審理手続
① 申立ての相手方となる債務者については，実務上は会社と取締役の双方と

---

40) 類型別会社訴訟Ⅱ 876頁［飯畑勝之＝岡部弘＝布目貴士］。
41) 三浦・前掲注37) 114頁。

されている[42]。本件でもXはA社及びYの双方を債務者として，本案である取締役の解任の訴えの管轄裁判所であるA社の本店所在地を管轄する東京地方裁判所に，両仮処分を提起することになる（民保12条1項，会社856条）。
② 両仮処分のいずれについても，口頭弁論又は債務者が立ち会うことができる期日を設けた上で，A社及びYの審尋を行う必要がある（民保23条4項本文）。なお，仮処分の申立ての目的が達成できない場合には期日を設ける必要はないが（同項ただし書），実務上，債務者である会社及び取締役の審尋を行うことなく仮処分が発令されることはまずないとされている[43]。
③ 仮処分の命令は，債権者（申立人）に担保を立てさせ若しくは相当と認める一定の期間内に担保を立てることを保全執行の実施の条件として，又は担保を立てさせずに発令することもできる（民保14条1項）。担保の金額は，事案の内容，会社の規模，会社の取り巻く状況，取締役の員数，職務執行を停止される取締役の員数等に照らして総合考慮された上で決定されるが[44]，東京地方裁判所においては，一応の基準として50万円を下限として定めている[45]。
④ 両仮処分が発令された場合，仮処分決定の正本が当事者であるA社，Y及びXに対して送達され（民保17条），A社の本店所在地において，裁判所の嘱託に基づき，登記される（会社917条，民保56条）。

(4) 取締役の職務執行停止の仮処分の効力

Xの申立てによって，Yの取締役としての職務執行を停止する仮処分決定が出された場合には，特定の行為を対象とする前述した取締役の行為の差止めと異なり，原則として，Yは，本案である取締役解任の訴えの確定まで，一切の職務を執行することができない。もちろん，代表取締役たる地位は取締役たる地位を前提とするため，Yは，A社の代表権者としての職務執行も停止されることになる。また，その効力は，債権者及び債務者の間においてのみな

---

42) 類型別会社訴訟Ⅱ 879頁［飯畑＝岡部＝布目］。
43) 類型別会社訴訟Ⅱ 874頁［飯畑＝岡部＝布目］。
44) 類型別会社訴訟Ⅱ 882頁［飯畑＝岡部＝布目］。
45) 山口編・前掲注27)473頁。

らず、第三者との間でも生じ（対世効）、職務を停止されたYが、それに違反して第三者との間で契約を締結する等の業務執行を行ったとしても、債権者であるXやA社との間だけでなく、当該相手方である第三者との関係においても、Yの業務執行は無効である[46]。仮に、仮処分が事後的に変更又は取り消された場合においても、その効力に影響はない[47]。

(5) 職務代行者選任の仮処分の効力

　職務代行者選任の仮処分が発令される場合、誰を代行者とするかは裁判所の裁量によるが、実務上弁護士が選任されることが多い[48]。また、職務代行者は、現実に会社を経営する役割を有するので、仮処分を申し立てるにあたって、Xは、会社外の第三者が経営に携わることに関する事業上の影響を考える必要がある。なお、職務代行者選任の仮処分の効力は、職務執行停止の仮処分と同様、債権者及び債務者の間のみならず、第三者との間でも及ぶ対世効を有する。

　前述したとおり、Xは裁判所の発令により担保を立てることが必要となる場合もあるが、職務代行者選任の仮処分が発令された場合、Xは、当該担保に加えて、職務代行者の報酬額を予納することも必要である（民訴費12条、民執14条）。職務代行者の報酬は、会社の規模、会社を取り巻く状況、職務の内容、職務執行を停止される取締役の報酬額等を総合考慮して、1か月分の報酬を定め、その6か月分相当額程度を予納することが求められる[49]。そのため、Xは両仮処分を求める場合には、担保金及び予納分の報酬額等、非常に高額な費用が必要となることを理解し、準備できる資金の見通しを考慮した上で、申立ての可否を検討する必要がある。なお、職務代行者の報酬は、通常は会社が職務代行者に対して直接支払い、もし会社の資金が不足して支払えない場合

---

46) 大判昭和6・2・3民集10巻39頁、大決昭和6・2・23民集10巻82頁。
47) 最判昭和39・5・21民集18巻4号608頁。
48) なお、職務代行者を何名選任するかも裁判所の裁量による。職務執行を停止された取締役と同数の代行者を選任する必要はなく、仮処分の目的を達するために必要な人数の代行者を選任すれば足りる。
49) 類型別会社訴訟Ⅱ 882頁［飯畑＝岡部＝布目］。

には、裁判所が予納金から支払った上で、Xに対して追加の予納金を命ずることになる。

(6) 取締役が再選された場合

職務執行停止の仮処分によって職務が停止された取締役が任期満了等によって退任した場合であっても、再度選任することは差し支えないため[50]、仮にYの職務が停止された場合でも、Yはその後取締役として再任されることは可能である。この場合、前述のとおり両仮処分の本案である取締役解任の訴えは被告である取締役の任期が満了したことによって訴えの利益が失われるが、両仮処分の効力は事情の変更を理由に取り消されない限り当然には失われず、また、職務代行者の権限が当然に消滅するものではないため[51]、その後選任された者の権限はその限りにおいて制限される。そのため、たとえYが再選されても、Yの職務執行を停止した仮処分及び職務代行者を選任した仮処分が取り消されない限り、Yは取締役及び代表取締役の職務を行うことができないとされている。

(7) 職務代行者の権限

本件でYの職務が停止され、職務代行者が選任された場合、当該職務代行者は本案訴訟の解決が得られるまでに会社の業務の現状維持を図ることを目的として、仮処分命令に別途定めがある場合（会社352条）又は別途裁判所の許可を得た場合を除き、会社の日常行う商品等の仕入れ・販売等の取引、株主名簿の書換えといったA社の常務に属する行為のみを行うことができ（同条1項）、新株の発行、社債の募集等はできないこととされている。

---

50) 最判昭和47・2・3判時662号83頁。
51) 最判昭和45・11・6民集24巻12号1744頁。

第3章

取締役の対会社責任に関する紛争

【Case 5-1】 情報・証拠の収集(取締役会議事録の閲覧・
謄写請求,会計帳簿の閲覧・謄写請求,
計算書類の閲覧・謄本交付請求等)

　X社は,衣料品の生地の販売会社であり,長年にわたる取引先であるZ社及びA社の株式を保有していた。Z社は,子会社であるA社を含むグループ全体でアパレル事業を行っており,東証二部に上場している取締役会設置かつ監査役会設置会社である。Z社の現在の取締役は,Y_1,Y_2,Y_3の3人(以下「Y_1ら」と総称する)であり,Y_3が代表取締役を務めている。A社(非上場会社)は,主としていわゆるファストファッションに属する衣料品の販売事業を目的として平成11年4月に設立された会社であり,日本全国に店舗を展開している。A社の設立時の株式の払込金額は1株につき3万円であり,A社の株式は,設立以来,Z社が70%を,A社の生地等の原材料の仕入先のうち最大手の2社であるB社及びC社が10%ずつを,X社が5%を,残りの5%を取引先数社が0.5%~2%ずつ保有していた。

　平成27年5月上旬,Z社は,A社の株式1株につきZ社の株式0.23株の株式交換比率により,A社と株式交換を行う旨の取締役会決議を行い,A社と株式交換契約を締結した旨のプレスリリースを出した。このプレスリリースには,この株式交換は,Z社にとっては簡易株

式交換，A社にとっては略式株式交換である旨，及び，株式交換比率の算定の根拠やその決定プロセスの公正性を裏付ける内容等が記載されていた。Z社株式の市場価格を基に計算すると，A社株式1株当たり約5600円という評価になるため，X社の代表取締役Wは，A社株式の引受時の払込金額に照らし，当該株式交換比率に不満を覚えたが，A社及びZ社との関係も考慮するとやむを得ないと考えて，特に何の行動も起こさなかった。

平成27年7月1日，上記株式交換の効力が発生した。

その後，平成27年11月になると，Z社及びA社から継続的に受けていたX社の主力製品である新素材αの生地の注文が，突如として大きく減少した。さらに，同年12月下旬には，A社からX社に対し，10年以上にわたりX社がA社に納入していた素材βの生地の発注を平成28年3月末をもって終了する意向が伝えられた。

そのような状況の下，平成28年1月，Wは，馴染みの中小規模の生地販売業者との新年会の席で，X社と同様に株式交換によりZ社株式の割当交付を受けた他の生地販売業者から，実は，Z社は，株式交換の前にB社及びC社から任意でA社株式を買い取っており，その際の買取価格はB社及びC社にとってかなり有利な額であったらしいという噂や，Z社は，株式交換の後から，B社及びC社に発注を集中させ，他の仕入先への発注量を減らしており，将来的にはB社及びC社以外の仕入先との取引を打ち切るのではないかという噂を聞いた。Wは，元々Z社はA社株式を70％しか保有していなかったはずなのに，平成27年5月のZ社のプレスリリースでは略式株式交換とされていたことや，現にZ社及びA社からのX社に対する発注が減少していることから，Z社がB社及びC社から有利な額でA社株式を買い取ったという噂にも信憑性があるのではないかと思い，専らB社及びC社を優遇し，X社を含む他の仕入先を切り捨てようとするZ社及びA社の姿勢に憤りを覚えた。

そこで，Wは，A社の上記株式交換，あるいは，Z社が，B社及びC社のみから，任意で，それもB社及びC社に有利な価格でA社株式

を買い取ったことについて，A社及びZ社あるいはその関係者に対して，何らかの請求ができないかと考えるに至り，弁護士に相談することにした。

【関係図】

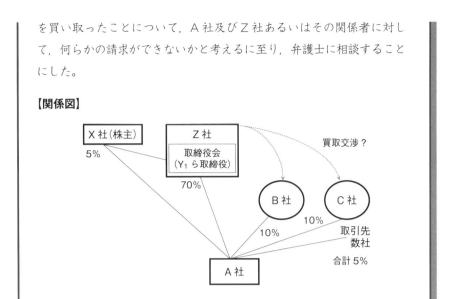

I．はじめに

　X社としては，まず，今から講じられる手立てにはどのようなものがあるかについての検討から始めることとなる。まず，Z社とA社との間の株式交換に関する反対株主の株式買取請求（会社785条1項）については，既に株式交換の効力発生日の前日を経過しているため，もはやこれを行う余地はない（同条5項）。また，株式交換比率が著しく不相当であることを理由とする株式交換の無効の訴え（会社828条1項11号）については，既に株式交換の効力発生日から6か月が経過しており，同訴えを提起することもできない。さらに，A社の旧株主としての株式交換比率の決定に関するA社役員の責任追及（会社429条又は847条の2第1項1号）については，株式交換比率が不相当であることを主張立証する材料を持ち合わせているわけでもない。そこで，X社としては，Z社がB社及びC社から任意にA社株式を買い取ったことについての責任追及を試みる方向で検討すべきこととなる。

II．情報・証拠の収集

　X社は，まずは，Z社が実際にB社及びC社からA社株式を任意で買い取ったのか，その場合の買取価格はいくらであったのか，これに関するZ社内の意思決定の過程はどのようになされたのかなどといった事実関係を調査する必要がある。

　調査の一般的な手段としては，例えば，マスコミやインターネット上で公開されている情報の収集が挙げられる。また，Z社は上場会社であることから，Z社が証券取引所規則に基づいて開示する適時開示情報や，有価証券報告書等も容易に収集することができる。例えば，本件ではZ社のプレスリリースからZ社がA社株式の保有比率を90％以上にまで高めていたことは確認できる。しかしながら，これらの手段によっては，本件でX社が把握したい上記のような情報を入手し難い。そこで，X社としては，以下のような法的手段を用いて調査をすることが考えられる。

1．取締役会議事録の閲覧・謄写請求

　Z社が，B社及びC社からのA社株式の買取りを行ったか否か，及び，これを行っていた場合の買取価格を知るためには，当該取引が決定されたときの記録を入手するのが直截である。そこで，X社としては，B社及びC社からのA社株式の買取りの決定に係るZ社の取締役会議事録の入手を試みることが考えられる。

　Z社は監査役設置会社であるため，株主であるX社は，取締役会議事録の閲覧・謄写を請求するためには，裁判所の許可を得る必要がある[1]（会社371条2項・3項）。具体的には，X社は，Z社の本店所在地を管轄する地方裁判所に

---

[1] 決議の議事に係る配付資料や説明資料についても取締役会議事録に添付されている場合には，併せて閲覧・謄写することができる可能性もある。もっとも，実務上，上場会社においては，閲覧・謄写の対象となる取締役会議事録には機密性が高い説明資料等を添付しないという取扱いがなされていることが多い。

対して（会社868条），取締役会議事録の閲覧・謄写許可の申立てをしなければならない。この申立ての際には，閲覧・謄写の対象となる取締役会議事録の範囲をその他の部分と識別することが可能な程度に特定する必要がある[2]。本件では，例えば，「取締役会議事録のうち，B社及びC社からのA社株式の買取りに関する協議に係る部分」といった形で特定することが考えられる。

取締役会議事録の閲覧・謄写請求は，株主の「権利を行使するため必要があるとき」に認められるため（会社371条2項），X社は，行使しようとする権利の種類，知ろうとする事実，閲覧・謄写の必要性について具体的に疎明しなければならない（会社869条）。本件では，X社には，Y_1らの責任追及の訴えを提起する意思があり，B社及びC社からのA社株式の買取りに関するY_1らの善管注意義務違反の有無が問題となるため，買取価格，買取りの実施に係る取締役会での議論の内容，買取りを決定した判断の根拠等を知る必要があることを主張することになろう。

取締役会議事録の閲覧・謄写請求がなされた場合，裁判所は申立書の写しをZ社に送付し（会社870条の2第1項），審問の期日を開いて申立人であるX社及びZ社の陳述を聞かなければならない（会社870条2項1号）。裁判所は，取締役会議事録の閲覧又は謄写をすることにより，当該取締役会設置会社又はその親会社・子会社に著しい損害を及ぼすおそれがあるか否かを判断した上で（会社371条6項），閲覧・謄写の許可決定をする。

X社は，Z社に対して，許可決定に基づいて，取締役会議事録の閲覧・謄写請求をすることになる。これをZ社が拒んだ場合には，過料の制裁があるが（会社976条4号），許可決定には執行力がないため，X社はZ社に対し，改めて取締役会議事録の閲覧・謄写請求訴訟の提起又は同仮処分の申立てをする必要がある[3]。

もっとも，会社の立場から見れば，閲覧・謄写請求訴訟で敗訴して，株主に取締役会議事録の謄写をさせた場合には，守秘義務を課すことができないこと

---

[2] 東京地決平成18・2・10判時1923号130頁。
[3] 類型別会社非訟7頁〔飯畑勝之〕。

から，株主が第三者に対して議事録を開示することを止める術がない。また，会社としては，議事録の一部をマスキングしたり，抄本の提出にしたりするなど，柔軟な形であれば提出に応じやすいという場合もあり得る。そのため，実務的には，これらの点を条件に含めた和解をすることによって，会社が任意に議事録を開示する例が多い[4]。

Column④　取締役会議事録の作成

取締役会の議事については，議事録を作成する必要がある（会社369条3項・4項，会社則101条）。かかる議事録（取締役会議事録）に記載すべき事項は法定されているが，このうち，「取締役会の議事の経過の要領及びその結果」（会社則101条3項4号）をどのように記載するかは，実務上悩ましい問題である。

できるだけ取締役会での議事の経過を詳細に記録しようとするならば，取締役会での各取締役及び監査役の発言を逐語で記録し，記載することになるであろう。しかし，ときに10名を超えるような参加者が熱心に議論をした場合の逐語録が，記録としてわかりやすいかといえば，決してそうではない。その意味では，あらかじめ発言内容が決まっており，基本的に一方通行である講演録や講義録とは大きく異なるし，弁護士があらかじめ質問事項を入念に準備し，一問一答形式でやり取りされる裁判の証人尋問調書とも大きく異なる。しかも，活発な議論においては，各発言は，議論の流れの中で，しばしば不完全な形でなされることにも注意が必要である。つまり，各発言は，それがなされた文脈の中で理解する必要があるが，特定の発言のみを切り出されると，真意と異なる趣旨でとらえられる危険性がある。そのため，逐語録形式で取締役会議事録が作成される場合には，後日，経営判断の是非をめぐり取締役の責任追及訴訟の際の証拠収集の一環として取締役会議事録の閲覧・謄写請求がなされることの懸念から，取締役会での発言が堅苦しいものになってしまい，活発な議論を阻害してしまう可能性もある。また，発言はそのまま文字にすると多義的であることも少なくなく，例えば，「その点のリスクはどうなんですか。」という発

---

4) このような和解をする要請があることは，後記会計帳簿の閲覧・謄写請求及び計算書類の閲覧・謄本交付請求についても同様である。

言は，話し方次第で，中立的な質問としてなされる場合もあれば，否定的な趣旨でなされる場合もあるが，文字にすると区別がつかない。さらに，資料のある部分を指し示して，「この表のここについてですが」と言った場合，資料のどこを指し示したのかを補足して記載しなければ記録としての意味が乏しくなってしまうが，このような記載を含めて逐語録を作成するとなると，取締役会事務局の負担は非常に大きなものになる。

　実務上は，多くの場合，逐語録ではなく，議論や発言をある程度まとめた形での記載を行っている。会社により，どの程度まとめて記載するのかは異なるものの，重要な議題や論点については，各取締役・監査役の重要な指摘事項を議事録に残しつつ，重要性の低い議題や論点については，記載を簡略化するという形で，メリハリをつけているようである。会社法施行規則の条文の文言としても，このような記載が当然許容されていると解される。

　この問題は，取締役会における活発な議論を阻害しないようにしつつ，事後的に議論の経過を検証できるようにする記録を合理的なコストで作成するというバランスをどのようにとるのかという観点から検討する必要があるといえよう。

2. 会計帳簿の閲覧・謄写請求

　X社は，Z社の帳簿等を入手することによって，買取価格についての情報を得ることも考えられる。

　総株主[5]の議決権の100分の3以上の議決権を有する株主，及び，発行済株式[6]の100分の3以上の数の株式を有する株主は，会社の営業時間内はいつでも，会社に対し，会計帳簿又はこれに関する資料の閲覧・謄写請求をすることができる（会社433条1項）。総勘定元帳や仕訳帳などが代表的な「会計帳簿」であり，伝票，受取証などが代表的な「これに関する資料」である。本件の株式の買取価格は，（有価証券の譲受けに関するものとして）資産台帳や仕訳台帳

5）　株主総会において決議をすることができる事項の全部につき議決権を行使することができない株主を除く。
6）　自己株式を除く。

といった書面に記載されている可能性が高いため，これらの書面の閲覧・謄写請求をすることとなろう。

　会計帳簿の閲覧・謄写請求は，請求の理由を具体的に明らかにしてしなければならず（会社433条1項），株主は，会社が関連性のある会計帳簿等を特定でき，拒絶理由の存否を判断できる程度に具体的理由を明示する必要がある。他方，株主は，請求の理由を基礎付ける事実（例えば，Z社取締役の善管注意義務違反）が客観的に存在することを立証する必要はない[7]。

　閲覧・謄写請求に対するZ社の任意の履行が期待できない場合には，X社は，Z社を被告として，会計書類の閲覧・謄写請求訴訟の提起又は同仮処分の申立てをすることとなる。

3. 計算書類の閲覧・謄本交付請求

　上述1.，2.の取締役会議事録の閲覧・謄写請求及び会計帳簿の閲覧・謄写請求のほか，会社法が定める株主の資料収集の手段としては，計算書類の閲覧・謄本交付請求（会社442条3項）がある。しかしながら，X社が希望する資料は上記取締役会議事録の閲覧・謄写請求や会計帳簿の閲覧・謄写請求によって入手できるし，また，上場会社であるZ社の計算書類は有価証券報告書等の公開情報から入手できるため，本件では計算書類の閲覧・謄本交付請求の必要性はないと思われる。

4. その他の情報・証拠収集手段

　以上のほか，X社としては，株式交換に当たり監査法人が提出した株式交換比率算定書，監査法人の意見を記載した書面，Z社内の稟議書や資料などのZ社が所持していると思われる資料の入手を試みることが考えられる。それらについては，民事訴訟法が定める一般的な証拠収集手段を用いることになる。例えば，訴えの提起前における証拠収集の処分の申立て（民訴132条の4），証拠保全の申立て（民訴234条）などが考えられる。また，訴え提起後であれば，

　7）　最判平成16・7・1民集58巻5号1214頁。

求釈明や文書提出命令の申立てを検討することになる。

【Case 5-2】 株主代表訴訟の提起

> X社は，まず，取締役会議事録の閲覧・謄写許可の申立てを行ったところ，Z社から，守秘義務を条件として該当する取締役会議事録の写しをX社に対して開示する旨の和解が持ちかけられ，X社は同和解を受諾した。X社は，これにより交付を受けた取締役会議事録の写しを確認したところ，「B社及びC社からのA社株式の買取り」の議案について，買取価格は1株3万円とする旨が記載されていた。
>
> これを見たX社は，Z社が，B社及びC社から，1株につき3万円という高額な買取価格をもってA社株式を買い取ったことについて，当該取引の担当取締役Y_1を含むZ社の取締役全員に取締役としての善管注意義務違反があると考えた。

Ⅲ．X社の採り得る手段

X社は，Z社が，B社及びC社から1株につき3万円でA社株式を買い取ったことに関して，Y_1らZ社の取締役には善管注意義務違反があると考えている。

この善管注意義務は，取締役が会社との委任関係に基づき会社に対して負うものであるから（会社330条，民644条），Y_1らに善管注意義務違反がある場合，Y_1らは，Z社に対して責任を負うものの，株主であるX社らに対して直接責任を負うものではない。したがって，本来的には，会社（Z社）が取締役（Y_1ら）に対して善管注意義務違反に基づく責任を追及すべきことになる。

しかしながら，責任を追及されるべき役員と他の役員との関係などから，会社による役員等に対する積極的な責任追及が期待し得ない場合も想定される。

その場合にそのまま責任が追及されなければ，会社ひいては株主の利益が害されてしまうため，個々の株主が，会社の有する権利を会社のために行使して役員等の責任を追及することを認めるのが株主代表訴訟制度である。

Ⅳ．株主代表訴訟の形式的要件

1．原告適格

　株主代表訴訟を提起するに当たっては，後記 2. で述べる提訴請求をする必要があるが，提訴請求ができる株主は，公開会社については，提訴請求の 6 か月前から引き続き株式を保有する株主に限られる（会社 847 条 1 項）。したがって，株主代表訴訟の原告適格も，この要件を満たす株主に限って認められることとなる。

　ここでいう株式の保有とは，株式を実質的に保有するだけではなく，会社に対して株式の保有を対抗できること（会社法 130 条 1 項の要件を満たすこと）を意味する。もっとも，上場会社である Z 社は株式について振替制度を採用しているはずであるから，社債，株式等の振替に関する法律（以下「振替法」という）154 条 1 項により，会社法 130 条 1 項は適用されない。他方，提訴請求権は少数株主権等（振替法 147 条 4 項）に当たるから，X 社は，提訴請求権を行使するために，株式の口座を管理する証券会社等に対して個別株主通知の申出を行い，証券保管振替機構を通じて Z 社に対して個別株主通知（振替法 154 条 3 項）をしてもらう必要がある（同条 2 項）。そして，X 社は，個別株主通知がなされた後 4 週間を経過する日までの間に提訴請求を行わなければならない（同項，同法施行令 40 条）。その後，株主代表訴訟を提起する際には，原告適格についての書証として，個別株主通知の申出を行った場合に交付される個別株主通知申出受付票及び会社に対して個別株主通知が行われた場合に交付される個別株主通知済通知書等を提出することになろう。

　なお，株主代表訴訟の提訴権限は，株主としての権利であるため，例えば，株主代表訴訟係属中に株式を譲渡して株主でなくなった者は原告適格を失う。

　また，株主代表訴訟の提起に当たっては，保有株式数の要件は定められてお

らず，1株以上の株式を保有する株主であれば株主代表訴訟を提起し得る。

2. 提訴請求の実施

株主は，株主代表訴訟を提起するに当たり，原則として，会社に対して，役員等の責任追及の訴えの提起の請求（提訴請求）をしなければならない[8]（会社847条1項本文）。これは，役員等の責任追及の訴えに係る請求権の帰属主体である会社に対し，訴訟を提起するかどうかの判断の機会を与えるためである。この提訴請求は，①被告となるべき役員等の氏名，及び，②請求の趣旨及び請求を特定するのに必要な事実を記載した書面の提出又は当該事項の電磁的方法による提供によって行わなければならず（会社則217条），また，③提訴請求には，その受領権限を有する名宛人も記載する必要がある。

②請求の趣旨及び請求を特定するのに必要な事実（請求原因事実）の記載については，一般の株主は役員等が行った行為の具体的な内容，損害の範囲などを正確に知り得ない場合が多いため，請求原因事実を漏れなく記載することまでは不要であり，当該事案の内容や会社が認識している事実等を考慮し，会社において，いかなる事実・事項についての責任追及を求められているのかを判断し得る程度に特定されていれば足りると解されている[9]。もっとも，株主代表訴訟の請求の趣旨及び請求原因事実とすることができるのは，提訴請求における請求の趣旨及び請求を特定するのに必要な事実と社会経済的にみて同一といえる範囲に限られると解されている[10]。この同一性の判断については，事例の集積があまりないため，株主としては，株主代表訴訟の請求の趣旨及び請求原因事実とする可能性のある内容はなるべく広めに提訴請求に含めておいた方が安全といえよう。

---

8) 提訴請求から60日の期間の経過により会社に回復することができない損害が生ずるおそれがある場合には，株主は，直ちに責任追及等の訴えを提起することができる（会社847条5項本文）。具体的には，60日の経過を待っていた場合に，株式会社の役員等に対する損害賠償請求権が消滅時効にかかる場合，あるいは提訴請求によりこれを知った取締役が財産を隠匿する場合や取締役が無資力となる場合を指すと解されている。

9) 東京地判平成8・6・20判時1572号27頁。

10) 類型別会社訴訟Ⅰ282頁［小濱浩庸］。

本件では，請求を特定する事実としては，B社及びC社から適正価格を超える1株当たり3万円でA社株式を買い取ったことについてのZ社取締役らの善管注意義務違反という程度の特定があれば足りるものと思われる。

③提訴請求の受領権限を有する名宛人は，会社が役員等に責任追及をする場合の会社の代表者である。本件では，監査役会設置会社であるZ社にあっては，取締役であるY₁らに対する訴えについては監査役が会社を代表するため（会社386条2項1号），提訴請求の名宛人は監査役としなければならない。

3. 会社の対応

株主からの提訴請求を受けた会社としては，そこで特定された責任原因事実について，被告となる役員等に対して訴えを提起するか否かを判断する必要がある。その上で，提訴請求の日から60日以内に役員等に対する責任追及の訴えを提起しない場合に，当該提訴請求をした株主から請求を受けたときは，会社は，当該株主に対し，責任追及等の訴えを提起しない理由を，遅滞なく通知しなければならない（会社847条4項）。具体的には，①株式会社が行った調査の内容（②の判断の基礎とした資料を含む），②請求対象者の責任又は義務の有無についての判断及びその理由，並びに，③請求対象者に責任又は義務があると判断した場合において，責任追及等の訴えを提起しないときはその理由を通知しなければならない（会社則218条）。この通知義務は，役員等のなれ合いで責任追及の訴えを提起しない事態を牽制するとともに，株主代表訴訟を提起するか否かに当たって必要な情報を株主が得られるようにする趣旨で定められている。会社側からすれば，不提訴理由を丁寧に説明することにより，株主が根拠のない不信感により株主代表訴訟を提起する可能性を低減させるという配慮をする場合もあろうし，広範な説明を行うことで訴訟提起の「ネタ」を提供することになるという側面に配慮する場合もあろう。一方，当初から株主代表訴訟を提起することを心に決めている株主からすると，この通知は，どのような訴訟準備をするかを考える上での参考材料としての意味を持つことになるだろうし，株主代表訴訟を提起するかどうかということまでは決めていない株主にとっては，まさに通知の内容を熟慮することになろう。

4. 株主代表訴訟の提起

　有効な提訴請求の日から，60日以内に会社が責任追及等の訴えを提起しない場合には，当該提訴請求をした株主は，会社のために，役員等に対して，責任追及の訴えを提起することができる（会社847条3項）。他方，名宛人を誤るなど，提訴請求の要件を欠いていた場合，当該提訴請求を前提とする株主代表訴訟の提起は原則として違法となり，訴えが却下されることとなる。

【Case 5-3】　株主代表訴訟の手続

　X社は，個別株主通知の申出を行った上で，当該通知がZ社になされた20日後である平成28年5月15日に，Z社に対して，B社及びC社から1株当たり3万円で株式を買い取ったことについて，当時のZ社の取締役全員の善管注意義務違反に基づく責任を追及することを求める提訴請求書を送付した。しかしながら，提訴請求書の到達から60日を経過しても，Z社からは訴えを提起したとの連絡がなかったため，X社は，Z社に対して不提訴理由を開示するよう請求した。すると，Z社からは，B社及びC社からのA社株式の買取りの担当取締役Y_1及び担当チームのメンバーから事情を聴取し，その結果を踏まえて顧問弁護士にも意見を求めるなどの調査をした結果，同買取りは社内で適切な審議をして決定したものであり，買取価格も適正であったため，Z社取締役全員について，善管注意義務違反はないと判断した旨が記載された不提訴理由書が届いた。

　X社は，この不提訴理由書の内容に納得しておらず，Y_1らZ社の取締役全員に対して，株主代表訴訟を提起することとした。

V．株主代表訴訟の手続

1．X社（原告）の手続

　株主代表訴訟を提起した株主は，遅滞なく会社に対して訴訟告知をしなければならない（会社849条4項）。実務的には，訴訟提起の際に訴状と併せて訴訟告知書を提出する。

2．Y₁ら（被告）の手続

　株主代表訴訟の被告となった役員等は，担保提供命令の申立てをすることができる（会社847条の4第2項）。これは，株主代表訴訟の提起が不法行為に当たる場合に備えて，役員等の株主に対する損害賠償請求権を担保し，株主代表訴訟の濫用を防止しようとする趣旨である。

　被告である役員等が担保提供命令の申立てをするには，責任追及等の訴えの提起が悪意によるものであることを疎明しなければならない（会社847条の4第3項）。ここでいう「悪意」とは，請求原因の重要な部分に主張自体失当の点があり，主張を大幅に補充あるいは変更しない限り請求が認容される可能性がない場合，請求原因事実の立証の見込みが低いと予測すべき顕著な事由がある場合，あるいは被告の抗弁が成立して請求が棄却される蓋然性が高い場合等に，そうした事情を認識しつつ敢えて訴えを提起したものと認められる場合などに認められると解されている[11]。

　担保金額は，将来，被告たる役員等が原告たる株主に対して損害賠償請求訴訟を提起した場合に認容される可能性のある損害額を基準として定められるべきであると解されている[12]。具体的には，弁護士費用，調査費用，社会的又は経済的信用の低下に係る慰謝料などが認容される可能性のある損害額として考えられる。

---

11)　東京地決平成6・7・22判時1504号121頁。
12)　名古屋高決平成7・3・8判時1531号134頁。

担保提供命令が発令された後，定められた期間内に原告が担保を提供しない場合には，株主代表訴訟は判決により却下される（民訴78条・81条）。

3．Z社（会社）の株主代表訴訟への関与について

株主から株主代表訴訟について訴訟告知を受けた場合，会社は，公告又は他の株主に通知しなければならない（会社849条5項）。これは他の株主に対しても，株主代表訴訟の係属の事実を知らせ，これに参加する機会を与えるためである。

また，訴訟告知を受けた会社は，原告側（株主側）への共同訴訟参加（民訴52条1項），及び，被告側への補助参加（民訴42条）をすることができる（会社849条1項本文）。もちろん，いずれもしないことも可能である。会社としては，原告の請求に理由があると考えるか否かや，当該株主代表訴訟の判決や審理が会社に与える事実上の影響（社会に与える印象等）など，諸般の事情を考慮して，態度を決定することになる。もっとも，株主代表訴訟が提起されているということは，基本的には，会社は，提訴請求にもかかわらず責任追及等の訴えを提起しなかったのであるから，会社が原告側に共同訴訟参加することは稀であり，多くの場合，会社は，被告側に補助参加するか否かを主に検討することになる。

監査役設置会社が，株主代表訴訟において，被告側に補助参加するには，各監査役の同意を得なければならない（会社849条3項1号）。また，原告側，被告側のいずれに訴訟参加する場合でも，Z社取締役会において，訴訟参加することを決議する際には，各被告に対する請求ごとに，特別利害関係人（会社369条2項）である当該被告を審議に参加させずに，残りの取締役のみで決議をするということを繰り返して，全員分の決議をすることになる。

なお，会社は，不当に訴訟手続を遅延させることとなるとき，又は裁判所に対して過大な事務負担を及ぼすことになるときには，株主代表訴訟に訴訟参加することはできない[13]（会社849条1項ただし書）。もっとも，会社が株主代表訴訟に訴訟参加するための実質的な要件はこれのみである。例えば，会社は，会社法849条1項によって当然に被告側に補助参加することができ，これとは

別個に補助参加の利益の有無を検討する必要はないと解されている[14]。

4. 他の株主の株主代表訴訟への関与について

　原告適格を有する他の株主は，原告側（株主側）に共同訴訟参加（民訴52条1項）することができる（会社849条1項本文）。他の株主も，会社による訴訟参加の場合と同様，不当に訴訟手続を遅延させることとなるとき，又は裁判所に対して過大な事務負担を及ぼすことになるときには，訴訟参加することはできない（同項ただし書）。

VI. 株主代表訴訟の判決後の手続

1. X社（原告）が勝訴した場合

　X社は，訴訟追行をするに当たって，自ら事実関係の調査をしたり，弁護士に訴訟委任したりするなどして，金銭的な負担をしていることが多い。このうち，株主代表訴訟において，原告である株主が勝訴（一部勝訴を含む）した場合[15]で，株主が，株主代表訴訟に関し，必要な費用を支出したとき又は弁護士に報酬を支払うべきときは，会社に対して，その費用の額の範囲内又は報酬額の範囲内で相当と認められる額の支払を請求することができる（会社852条1項）。必要な費用としては，事実関係の調査費用，弁護士との打合せに要した旅費・通信費等が含まれるものと解される[16]。弁護士に対する報酬についての「相当と認められる額」は，当該弁護士の報酬を基準に，会社が得た利益，事件の難易度，軽重，手数の繁簡等の種々の要素を考慮して決定される[17]。

---

13) 最判平成14・1・22判時1777号151頁は，株主の第一審での訴訟追行が不適切であり，会社の訴訟参加により相当期間にわたる審理が必要になることもない場合は，控訴審で会社が共同訴訟参加の申立てをしても不当に訴訟手続を遅延させることにならないと判断した。
14) 類型別会社訴訟 I 297頁［小濱］。
15) 裁判上の和解が成立し，被告たる取締役が会社に対して損害賠償金等を支払う場合も含む（東京高判平成12・4・27金判1095号21頁）。
16) 江頭494頁。

Y₁ら役員等が，その地位に基づく業務執行に起因して損害賠償請求を受けたことによって被る損害（弁護士費用及び損害賠償金の負担等）は，役員賠償責任保険（D&O保険）に加入していれば，これにより補塡される場合が多いと思われる。

2. X社（原告）が敗訴した場合

Y₁らが勝訴した場合，Y₁らが負担した弁護士費用については，上記と同様に役員賠償責任保険（D&O保険）に加入していれば，それにより補塡を受けることができる場合が多い。また，Y₁らが勝訴した場合には，弁護士報酬額を含め，防御のために要した相当の額を，委任事務を処理するために受けた損害として，委任者であるZ社に対して請求できると考えられる[18]（民650条3項）。

さらに，X社の株主代表訴訟の提起が不法行為に該当するような場合には，Y₁らはX社に対し不法行為に基づく損害賠償請求をすることができる。その請求が認容された場合には，担保提供命令に基づいて提供された担保があれば，そこから賠償額を得ることになる。

また，会社は，原告である株主が敗訴した場合であっても，株主が「悪意」で訴訟を提起したと認められない限り，原告たる株主に対し損害賠償請求をすることはできない（会社852条2項）。この「悪意」には，原告たる株主が会社を害することを知って不適当な訴訟追行をした場合のほか，株主が会社荒らしの目的で株主代表訴訟を提起し，その結果，会社の資産状態に対する信用が害され，会社の資金調達に支障を来すなどして損害を被る場合が含まれると解されている。

3. 判決の効力

株主代表訴訟の判決の効力は，請求が認容されても棄却されても，会社に及

---

17) 神戸地判平成10・10・1判時1674号156頁，東京地判平成16・3・22判タ1158号244頁。
18) 江頭494頁。

ぶ（民訴115条1項2号）。また，その反射的効果として，原告となった株主以外の株主に対しても，判決の効力が及ぶこととなる[19]。

【Case 5-4】　経営判断原則

> 　　X社は，Y₁らZ社の取締役に対して提起した株主代表訴訟において，B社及びC社から1株当たり3万円でA社株式を買い取ったことについてのY₁らの善管注意義務違反を主張した。これに対し，Y₁らは，本件における株式の買取りの実施及び買取価格の決定に係るY₁らの経営判断に誤りはなく，善管注意義務違反は認められないと反論した。なお，Z社は，X社からの訴訟告知を受け，Y₁らに補助参加した。
> 　　その後，主張整理や証人尋問の結果，B社及びC社からの株式の買取りに関する以下の事実が明らかになった。
> 　　Z社は，株式交換によってA社を完全子会社化する方向で検討を進め，監査法人から，A社の1株当たりの株式評価額は5600円であり，株式交換比率はA社株式1株につきZ社株式0.23株の割合とするのが適当である旨の株式交換比率算定書の提出を受けた。そこで，Z社は，まずは，本案件を担当する取締役Y₁が，Z社に続く保有株式数第2位の株主であり，原材料の仕入先の最大手でもあるB社及びC社を訪問して，上記比率での株式交換について理解を求めた。ところが，Y₁の訪問に応じたB社及びC社の担当役員からは，A社設立時の払込金額が1株当たり3万円であったことから，A社の1株当たりの株式評価額5600円を前提とした上記株式交換比率で株式交換を行うとなるとB社及びC社は1株当たり2万4400円分も損をすることになるため，このような比率での株式交換は到底受け容れがたく，そのような株式交換を行うのであれば，反対株主として株式買取請求をすることを検討することはもちろん，今後の取引関係も再考せざるを得ないと言われてしまった。これを受けて，Z社では，取締役全員が出席した平成27年3

---

[19]　伊藤眞『民事訴訟法〔第5版〕』（有斐閣，2016年）648頁。

月開催の取締役会において，①B社及びC社は，いずれもA社及びZ社の販売する衣料品にとって不可欠な原材料を他社と比べて安価に，かつ安定して納入することが可能であることから，B社及びC社との良好な関係の維持がA社及びZ社の事業の安定的な発展にとって不可欠であるため，上記株式交換比率での株式交換に反対しているB社及びC社からは任意でその保有株を買い取ることが妥当と思われること，②B社及びC社は，訪問時の反応を踏まえると，A社の設立時の払込金額と同額の1株3万円を下回る買取価格には応じない可能性が高いと思われること，③B社及びC社からA社株式を任意に買い取ることができれば，Z社のA社株式の保有割合が90％となるので，略式株式交換を行うことができ，株主総会の開催が不要になるなどのメリットもあることなどが話し合われ，結果として，B社及びC社から1株当たり3万円でその保有株を買い取ることを目指して両社と交渉を進めることが取締役の全員一致で決定された。そして，Z社側から1株当たり3万円でのA社株式の買取りを打診したところ，B社及びC社は金額を含めて何らの異議も述べず，買取りに応じる意向を示した。その後，平成27年4月10日のZ社取締役会において，B社及びC社から，それぞれが保有するA社株式全て（2000株ずつ）を1株当たり3万円で買い取ることを承認する旨の決議がなされ，同日付けでB社及びC社との間でそれぞれ締結された株式譲渡契約に基づき，平成27年5月1日にA社株式の買取りが完了された。

Ⅶ. 経営判断原則

1. 経営判断原則の内容

　X社は，Z社がB社及びC社から1株につき3万円という高額な価格でA社株式を買い取ったことについて，担当取締役Y_1を含むZ社の取締役全員には，取締役としての善管注意義務違反（会社330条，民644条）があり，会社

法423条1項に基づく損害賠償責任を負うとして株主代表訴訟を提起している。当該訴訟の争点は，特定の行為等の実施又は禁止を定める個別法令又は定款違反による善管注意義務違反の有無ではなく，Y1らの経営判断における善管注意義務違反の有無となる。

　取締役は会社の受任者として会社に対し善管注意義務・忠実義務（会社355条）を負っており，当該義務に違反する行為があった場合には会社に対して任務懈怠に基づく損害賠償責任を負う（会社423条1項）。他方で，本来取締役には会社の経営について広範な裁量権が認められるはずであり，時には冒険的な判断も必要となることから，結果的に経営に失敗した場合に，事後的評価に基づき取締役に責任を負わせるのは，経営の萎縮を招き妥当ではないことにも配慮を要する。そこで，取締役の経営判断についての善管注意義務違反が問題となった場合には，当該取締役が当時なすべきであった経営判断を定めた上で，これと異なる取締役の経営判断がなされていた場合には善管注意義務違反ありと結論付けるという事後的な判断手法は相当ではなく，実際に行われた取締役の経営判断そのものを対象として，その前提となった事実の認識について不注意な誤りがなかったか，及びその事実に基づく意思決定の推論過程及び内容が通常の企業人として著しく不合理なものではなかったかという観点から審査を行うべきであると考えられている。日本においては，このように，取締役の経営判断については，その前提となった事実認識に不注意な誤りがあり，又は意思決定の推論過程及び内容が著しく不合理であったと認められる場合に限り，取締役に許容される裁量の範囲を逸脱したとして，善管注意義務又は忠実義務に違反することになるという考え方を経営判断原則と呼んでいる。具体的には，経営判断原則においては，①経営判断の前提となる事実認識の過程（情報収集とその分析・検討）における不注意な誤りに起因する不合理さの有無，及び②事実認識に基づく意思決定の推論過程及び内容における著しい不合理さの有無の2点が審査の対象とされることになる[20]。

　なお，上記「事実認識の過程における不注意な誤り」及び「意思決定の推論

---

20) 類型別会社訴訟Ⅰ239頁［小川雅敏＝飯畑勝之］。

過程及び内容における著しい不合理さ」は，「当該企業及び取締役の属する業界における通常の企業人」として取締役に期待される注意の程度を基準に判断すべきとされている。本件において問題となる経営判断は組織再編に関するものであり，業界特有の事情が関係する可能性はあまり高くないと思われるものの，Y1らによって当該経営判断がなされた当時のZ社の状況及びZ社を取り巻く社会・経済・文化の情勢の下において，Z社の属する業界における通常の経営者が有すべき知見及び経験が善管注意義務違反の有無の判断の基準となる[21]。

2. 経営判断原則の適用場面

本件において，Y1らは，A社の完全子会社化を計画し，そのための手段として，他の株主との株主交換に先立って，B社及びC社からその保有株式の任意の買取りを行ったものである。このような組織再編の実施は，A社を完全子会社とすることのメリットの評価を含め，将来予測にわたる経営上の専門的判断に属し，まさに経営判断原則の適用場面と考えられる。それでは，本件において，当事者は，Y1らの経営判断について，どのような主張を行うであろうか。

X社としては，A社は平成11年に設立された会社であり，設立時からは既に15年以上が経過していることからすれば，A社株式の価値が設立時の払込金額とは異なっている可能性が高く，現に監査法人がZ社に提出した株式交換比率算定書でもA社の株式の評価額は5600円とされているにもかかわらず，B社及びC社からのA社株式買取価格を設立時の払込金額と同額としたことについては，意思決定の推論過程及び内容において著しく不合理であったと主張することになろう。また，Z社取締役がB社及びC社からの買取りの決定に際して弁護士等の専門家に意見を聴取したかという点も考慮要素の1つとなる。経営判断をサポートする専門家の意見を得ていれば無条件に取締役が免責されるというものではないが，検討・分析の過程において専門家の意見を聴取

---

[21] 東京地判平成10・5・14判時1650号145頁。

しているか否かは意思決定の推論過程に対する評価を基礎付ける一事情になると考えられる。

　これに対して，Y₁らとしては，B社及びC社が，Z社及びA社の原材料の仕入先の最大手であって，両社との良好な関係の維持がZ社及びA社にとって不可欠であるところ，B社及びC社から1株当たり3万円という価格でA社株式の買取りをすることで両社との良好な関係を維持できることから，両社と合意できると予想されたA社の設立時の払込金額と同額の1株当たり3万円をもってA社株式の任意買取りをしたことは，Z社（及びA社）にとって有益であり，この意思決定の推論過程及び内容に不合理はないと主張することが考えられる。また，B社及びC社からのA社株式の任意買取りは，これによって略式株式交換を行うことを可能にするものであることから，円滑かつ効率的にA社株式の取得を進める方法として合理性があると主張することもできよう。もっとも，株式交換に備えて算定されたA社株式1株当たりの評価額と実際の買取価格との差についての説明は，やや難しいと思われる。B社及びC社と良好な関係を維持する必要性や1株当たり3万円でなければB社及びC社は任意買取りに応じなかったであろうことを強調するとともに，非上場会社であるA社の株式の評価額には相応の幅があるべきであり，組織再編の効果によりA社の企業価値の増加が期待できたことも併せ考えれば，株式交換に備えて算定されたA社の株式の評価額が5600円だったとしても，買取価格を1株当たり3万円としたことから直ちに事実認識の過程で不注意な誤りに起因する不合理さがあったとはいえないと主張し，これに沿う専門家の意見書等を提出することを試みることになろうか。

Column⑤　経営判断原則とデュー・ディリジェンス

　本書でも触れているとおり，経営判断原則とは，経営判断の前提となった事実認識に不注意な誤りがあり，又は意思決定の推論過程及び内容が著しく不合理であったと認められる場合に限り，取締役に許容される裁量の範囲を逸脱したとして，善管注意義務又は忠実義務に違反することになるという考え方をいう。この考え方は，訴訟の場面だけでなく，例えば企業買収等のM&Aの場面

にも影響を与えている。

　取締役は，M&A取引を実行するか否かの決断を下すための「前提となる事実」を収集・分析する目的で，社内の人員や外部アドバイザーを通じて対象会社に対するデュー・ディリジェンスを実施するが，通常，このデュー・ディリジェンスはビジネス・法務・会計・税務・環境等，複数の分野にわたる。例えば，主として弁護士が行う法務デュー・ディリジェンスにおいては，①会社組織，②株主・株式，③資産，④知的財産，⑤負債，⑥事業，⑦人事，⑧訴訟・紛争，⑨許認可・コンプライアンスといった項目ごとに確認したい資料を列挙したリストを対象会社に提示し，当該リストに基づき開示される資料について弁護士が対象会社へのインタビューや追加資料開示請求等を行いながら法的観点から精査し，発見された問題点等を中心にレポートを作成して依頼者に報告する形をとることが多い。取締役は当該報告に基づき取引を実行するか否かを判断するための「前提となる事実」を収集・分析することを踏まえれば，デュー・ディリジェンスは必要かつ十分な範囲で実施されなければならないが，事案によっては使える時間や費用に限りがあることもある。そのため，一口にデュー・ディリジェンスといっても，その範囲は，対象会社の規模，対象会社に係る公開情報の程度，対象会社の事業内容等に応じて，どの程度の費用をかけ，どの程度の規模で実施すれば取締役としての善管注意義務（そもそも「デュー・ディリジェンス（due diligence）」とは「善管注意義務」を指す英語である）を果たしたといえるかという観点から，事案によって調整されることとなる。

【Case 6-1】　取締役の監視・監督義務，内部統制システム構築義務

> 　Z社（取締役会設置会社かつ監査役会設置会社，会社法上の大会社〔会社2条6号〕，東証一部上場）は，主に電化製品や機械製品の部品等を製造する大手メーカーであり，多数の事業部門の1つとして，カーナビやタブレット端末等に使用される中小型液晶パネルの製造部門を有してい

た。Z社が製造した中小型液晶パネルは，大手電化製品メーカーの液晶製品に組み込まれて一般家庭向け商品として販売されていた。Z社は，自社で開発・製造した中小型液晶パネルを大手電化製品メーカーの製造委託先や，大手電化製品メーカーのアジア各国の製造子会社に販売し，当該製造委託先や製造子会社は完成品を製造してメーカーに納入し，メーカーはこれを家電量販店等に販売するという商流になっていた。

平成 26 年 2 月頃，Z社が，中小型液晶パネルの販売価格に関して，他の中小型液晶パネルメーカー数社と，各社が遵守すべき最低目標価格を合意しているとして，Z社に対して，独占禁止法上の不当な取引制限（カルテル）の疑いで公正取引委員会の調査が開始された。平成 27 年 3 月頃，公正取引委員会によって，上記カルテル行為の事実が認定され，Z社に対して公正取引委員会の排除措置命令及び課徴金納付命令が出された。Z社は，当該課徴金納付命令に基づき，約 10 億円の課徴金を納付した。

Z社の株主であるXは，Z社が従業員の上記カルテル行為により約 10 億円の課徴金を支払うことになったことについて情報・証拠収集を行った結果，Z社のコンプライアンス担当取締役 Y_2 のほか，Z社の代表取締役 Y_1，社外取締役 Y_3 を含むZ社の取締役全員（以下「Y_1 ら」という）には，カルテル行為の発生を防止する社内体制を整えていなかったことについて善管注意義務違反があると考えた。

そこで，Xは，Y_1 らの当該義務違反に基づく責任を追及するようZ社に対し提訴請求を行ったところ，Z社は Y_1 らに対して訴えを提起しなかったため，Xは株主代表訴訟を提起することにした。

Ⅷ. 監視・監督義務

1. 内部統制システム構築義務

Xは，Z社の従業員がカルテル行為を行い，その結果，Z社が約 10 億円の課徴金を支払うことになったのは，Z社においてカルテル行為を防止する体制

が整っていなかったことが原因であると考えており，このような体制を整えていなかったY₁らには善管注意義務違反があると考えている。

　取締役会設置会社であるZ社においては，取締役会が取締役の職務の執行を監督する職務を有する（会社362条2項2号）。このことから，取締役会の構成員である各取締役は，会社に対し，取締役会に上程された事項について監視するだけにとどまらず，各取締役の業務執行一般につき，これを監視し，必要があれば，取締役会を自ら招集し，あるいは招集することを求め，取締役会を通じて業務執行が適正に行われるようにする職務を有するものと解されている[22]。

　もっとも，特に規模の大きな株式会社などにおいては，各取締役が，自らの担当業務の範囲を超えて，他の取締役が行う職務執行の全てを監視・監督することは事実上不可能である。そこで，取締役の職務の執行が法令及び定款に適合することを確保するための体制その他株式会社の業務並びに当該株式会社及びその子会社から成る企業集団の業務の適正を確保するための体制（いわゆる内部統制システム）を整備する必要が生じる。このような内部統制システム構築の基本方針の決定は，「重要な業務執行の決定」として取締役会設置会社では取締役会の決定事項とされており（会社362条4項6号，会社則100条），大会社である取締役会設置会社では内部統制システムの整備に係る決定は，具体的な法令上の義務とされている[23]（会社362条5項）。Z社は大会社であり，Y₁らには内部統制システムを構築する義務がある。

---

22) 最判昭和48・5・22民集27巻5号655頁。
23) 本件では，Z社は大会社であるため，Y₁らは，会社法上，内部統制システムの構築義務を負う。なお，大会社以外の会社であっても，ある程度の規模を有する会社の取締役が自ら直接的に他の取締役の業務執行や従業員の行動について監視・監督義務を尽くすことは困難であるとして責任を負わないのは妥当でないし，大会社に関する上記法令上の義務は，大会社の活動が社会一般に与える影響が大きいことから，適正なガバナンス確保が特に重要であるために設けられたものであり，大会社以外の会社において内部統制システムの構築に関する取締役の責任を排除するものではないと解されることから，大会社以外の会社においても，会社の規模や実情等に照らし，取締役が他の取締役の職務執行を直接に監視・監督することが困難である場合には，取締役には内部統制システムの構築義務が課されていると解される。

【Case 6-2】 取締役の監視・監督義務，内部統制システム構築義務

> Xは，株主代表訴訟において，Z社の取締役全員にはカルテル行為の発生を防止する体制を整えていなかったという内部統制システム構築義務違反があると主張した。
>
> Y₁らの主張立証等，その後の裁判所での審理により，Z社では，コンプライアンス部門において，社内の業務マニュアルの1つとしてカルテル防止のための方策を含め従業員が遵守すべきルール（競合他社との接触に関するルール，自社及び競合他社の統計情報の取扱いなど）を記載した「独占禁止法遵守マニュアル」を策定しており，入社時には，全従業員が同マニュアルを用いた独占禁止法に関する社内研修を受けていることが明らかになった。他方，Z社においては，入社後は，独占禁止法に関する社内研修は特段行われていないこと，独占禁止法遵守マニュアルに記載されているカルテル防止のための方策の遵守状況を監視する体制はとられていないこと，また，定期的な内部監査も実施されていないことから，結果として，Z社の現場においては独占禁止法遵守マニュアルに記載されているカルテル防止のための方策に沿った対応は徹底されていなかったこともまた明らかになった。そして，本件カルテルも，独占禁止法遵守マニュアルには「事業者団体の活動への参加その他の競合他社との接触に際しては，事前に上司の承認を得ること」というルールが記載されていたにもかかわらず，部門の担当者が上司の承認を得ずに，他の中小型液晶パネルメーカーも参加する事業者団体の会合に参加して競合他社と接触し，その際に他のメーカーから持ちかけられたのがきっかけで行われたものであったことが判明した。

2．内部統制システム構築義務の具体的な内容

1.のとおり，内部統制システムの構築は，「重要な業務執行の決定」として

取締役会設置会社では取締役会の決定事項とされており，取締役会が決定したその基本方針を踏まえて，業務執行を担当する代表取締役や，（業務担当が定められている場合には）業務担当取締役が，業務執行として，具体的な内部統制システムを現実に構築する義務を負う。本件では，具体的な内部統制システムを現実に構築する義務は，Z社の代表取締役であるY₁及びコンプライアンス担当取締役であるY₂が負うことになろう[24]。そこで，本件では，まずはY₁及びY₂が具体的な内部統制システムを構築する義務を果たしたといえるかが争点となる。

この点について，会社法上は，取締役会の専決事項として，「取締役の職務の執行が法令及び定款に適合することを確保するための体制その他株式会社の業務並びに当該株式会社及びその子会社から成る企業集団の業務の適正を確保するための体制」が規定され（会社362条4項6号），当該規定を受けて，会社法施行規則100条は，補充的に当該体制の内容を定めている。もっとも，会社法及び会社法施行規則は，内部統制システムを構成する抽象的な内容を定めているにすぎず，各会社が構築すべき内部統制システムの具体的な内容を定めているものではない。また，各会社が構築すべき内部統制システムの具体的な内容について，確立した裁判例や学説が存在するものでもない。そのため，いくつかの裁判例[25]が示すとおり，各会社が構築すべき内部統制システムの具体的な内容は，各会社の事業の規模や特性等に応じて，従業員による不正行為な

---

[24] なお，コンプライアンス担当の取締役ではなく，あるいはこれに加えて，中小型液晶パネル製造部門担当の取締役が具体的な内部統制システムの構築義務を負うことになることもあり得ると思われる。この点は，当該会社における業務分担等の実情によって変わってくるが，本書においては，Z社は中小型液晶パネル製造部門以外にも多数の部門を有するメーカーであるところ，独占禁止法遵守という部門横断的な問題については，各業務部門において内部統制システムを構築するよりも，専門の部門において全社的な制度を構築する方が実務的であると思われる上，現にコンプライアンス担当の取締役が置かれていることから，コンプライアンス担当の取締役が具体的な内部統制システムの構築義務を負うことを前提としたが，本来はこれ自体が代表訴訟において争点となり得る。また，職掌分配の社内ルールが必ずしも詳細にわたる形では明確に書面化されていない会社も実務的には多く見受けられることから，この点をめぐる事実認定が問題となることもある。

[25] 大阪地判平成12・9・20判時1721号3頁，大阪高判平成18・6・9判時1979号115頁，東京高判平成20・5・21判タ1281号274頁等。

どを含めて，リスクの状況を把握するなど，個別具体的な事情に応じて決定するほかない。特に，本件のような独占禁止法に関する内部統制システム構築義務に関して判断がされた裁判例の蓄積はまだ少なく，代表取締役や担当取締役は，当該会社が行う事業分野や社内の実情などといった個別具体的な事情を踏まえて，どのような内部統制システムを構築すべきかを個別具体的に判断するほかない。

　本件では，Y_1らとしては，「独占禁止法遵守マニュアル」を作成していること，入社時に従業員に対して独占禁止法に関する社内研修が行われていることによって，カルテル行為の発生というリスクを踏まえ，カルテル行為の発生を防止するための一定のリスク管理体制はとられており，内部統制システム構築義務は果たされていたと主張することが考えられる。

　このほか，Y_1及びY_2が内部統制システム構築義務を果たしていたか否かについては，Z社の行っている中小型液晶パネルの製造事業の特性（例えば，同業種において過去に独占禁止法違反の事案がどの程度あったか，同業種には独占禁止法違反が生じやすい産業構造等があるか）やZ社の実情（例えば，過去に独占禁止法違反に係る指摘を受けたことがあるか）などといった事情も考慮されると考えられるため，X及びY_1らはこれらの点に係る主張立証もすることになろう。

3. 監視・監督義務

　Xは，Z社代表取締役であるY_1及びコンプライアンス担当取締役であるY_2だけでなく，Z社の取締役全員に対して株主代表訴訟を提起している。Y_1及びY_2の内部統制システム構築義務については2.のとおりであるが，社外取締役であるY_3を含め，Y_1及びY_2以外の取締役は，いかなる義務を負うことになるだろうか。

　2.のとおり，内部統制システム構築義務を一部の取締役に負わせることの根拠の1つは，特に規模の大きな会社などにおいては，各取締役が，自らの担当業務の範囲を超えて，他の取締役が行う職務執行の全てを監視・監督することが事実上不可能であるという点にある。もっとも，内部統制システムが構築された場合であっても，このことから直ちに他の取締役が監視・監督義務を免れ

ると解することはできず，各取締役は，それぞれ直接の監視・監督が及ばない部分に対する監視・監督を果たすことのできる適切な内部統制システムが構築され，それが構築された後も有効に機能しているかを監視・監督する義務を負うと解される。

　もっとも，内部統制システムの全般について自ら直接に監視・監督を行う必要があるとすると，結局のところ，各取締役が会社の業務執行全般に対して直接に監視・監督義務を負う場合とあまり変わらなくなってしまう。また，一般論として，取締役は，特段の事情がない限り，他の役職員が誠実に職務を行っているものと信頼することができると解されている（信頼の権利，あるいは信頼の原則）。これらを勘案すると，相応の内部統制システムが構築された状況下では，担当取締役以外の取締役については，役職員による違法行為を疑うことが合理的である等の特段の事情が存在しない限り，監視・監督義務を内容とする善管注意義務違反に問われることはないと解される[26]。

　本件では，そもそも相応の内部統制システムが構築されていなかったと判断される場合には，Y_1及びY_2以外の取締役は，Y_1及びY_2による内部統制システム構築義務違反についての監視・監督義務違反に基づく責任を負い得る上に，役職員の行為に対する具体的な監視義務違反の責任も負い得ることとなる。

　他方で，相応の内部統制システムが構築されていたと判断される場合には，Y_1及びY_2以外の取締役については，役職員による違法行為を疑うことが合理的である等の特段の事情が存在したか否かが問題となる。Xとしては，この点について，Y_1及びY_2以外の取締役がカルテル行為の存在を疑うことが合理的であったことを基礎付ける事情を主張したいところである。具体的には，中小型液晶パネルの製造部門の業績に関する資料，稟議書などに，各取締役にカルテル行為の存在を疑わせる記載がなかったか（例えば，競合他社の価格情報や販売数量の詳細な記載があれば，競合他社の営業担当者との接触・情報交換が疑われる），社内通報等の情報提供がなかったかなどといった観点から調査・検討をすることが考えられる。ただし，各種の証拠収集の手段を尽くしたとしても，

---

26)　前掲大阪地判平成12・9・20，前掲東京高判平成20・5・21。

範囲を特定せずに広範に資料を入手することは一般的には困難であるから，調査・検討の端緒となるような資料の入手は容易でない。そして，そのような具体的な事情を主張し難い場合には，仮にＺ社の内部統制システムがカルテル行為の発生を防止するための体制として相応のものであるとしても，Ｚ社では，入社時に１度社内研修が行われているのみで，その後の社内研修は特段行われていなかったことや，独占禁止法遵守マニュアルに記載されているカルテル防止のための方策が現場で遵守されているか監視する体制はとられておらず，定期的な内部監査等も行われていないことから，従業員において，カルテル防止への意識は薄れており，実際にはＺ社の独占禁止法遵守マニュアルは遵守されていないなど，当該内部統制システムは形骸化しており，これが有効に機能していないことを主張した上で，そのことは Y_1 及び Y_2 以外の取締役も容易に知り得たであろうから，Y_1 及び Y_2 以外の取締役には，そのような社内環境においては役職員による違法行為が生じることを疑うことが合理的であったなどという主張をすることが考えられる。

Column⑥　マネジメント・ボードからモニタリング・ボードへ

　本書で取り扱った上場企業の事例は，いずれも監査役会設置会社であったが，上場企業で用いられる株式会社の統治機構形態としては，監査役会設置会社，指名委員会等設置会社及び監査等委員会設置会社の３種類がある。このうち，指名委員会等設置会社は平成14年改正で，監査等委員会設置会社は平成26年改正で導入されたものである。東証上場企業について見ると，平成28年11月末時点で，指名委員会等設置会社は68社，監査等委員会設置会社は677社，監査役会設置会社が2763社である。

　従来，日本の上場企業の取締役会は，業務執行の決定と経営陣の職務執行の監督の両方を取締役会で行うマネジメント・ボードと呼ばれる形態が一般的であって，現在でも，監査役会設置会社の大部分がこの形態に分類される。その対極にあるのが，業務執行の決定と経営陣の職務執行の監督を分離するモニタリング・ボードと呼ばれる形態であり，日本では，執行役と取締役を分離する指名委員会等設置会社が概ねこれに当たる。監査等委員会設置会社は，業務執行取締役と独立社外取締役との構成を調整することにより，マネジメント・

ボードとしてもモニタリング・ボードとしても運営が可能な中間的な形態になっている。近年は，監査役会設置会社であっても，独立社外取締役の人数を増やし，モニタリング・ボードの要素を取り込んだ運営を行っている上場企業も増えてきている。欧米を含む海外では，CEO に対する権力集中を防止すべく，独立社外取締役がカウンターバランスとなるモニタリング・ボードが主流となっており，特に機関投資家の間では，株主権重視・保護の観点からモニタリング・ボードが好まれる傾向が強い。海外でモニタリング・ボードが広く使われるようになっている以上，日本においても徐々にモニタリング・ボード型の運用に移行する流れであることは否めない。

　日本においてモニタリング・ボード型の運用を行うためには，独立社外取締役の増員が必須であるが，この場合に実務上問題になるのが取締役会の開催頻度である。フランス，米国，英国，ドイツの上場企業では，年間の取締役会開催回数は 6 ～ 8 回程度であるが，日本の上場企業では 14 回前後にのぼり，フルタイムの本業を持っている人が独立社外取締役を務めるのは時間管理の面で容易ではない。これは，マネジメント・ボードの場合，独立社外取締役も含む取締役会が業務執行の決定を行うため，取締役会の開催回数が多くなってしまうことによるものと思われる。日本の多くの上場会社がモニタリング・ボード型に移行すれば，取締役会の開催回数も減り，独立社外取締役の時間的拘束も軽減できて人材確保も容易になろうが，その移行にはまず独立社外取締役の増員が必要である。制度の移行期には時々見られる卵が先か鶏が先かに類する問題であり，これも市場に委ねることで自然に解決するのか，それとも金融当局や証券取引所が何らかの働きかけを行うことにより半ば強制的に移行させる必要があるのかは，今後検討を要するところである。

第4章

取締役の第三者責任に関する紛争

【Case 7-1】 取締役に対する責任追及手段

　X社は，工作機械部品メーカーであり，顧客数社に対して，工作機械部品を継続的に納品していた。X社の長年の顧客の一社であるA社（取締役会設置会社）は，工作機械メーカーであり，創業者である代表取締役Pが事業全般を取り仕切るとともに，他の役員も全てPの親族が占めているいわゆる同族会社であった。

　平成26年9月に入り，Pがその息子であるQとともにX社を訪れ，「健康上の問題のため，しばらくの間，療養が必要になった。私が不在の間，御社との取引は，息子のQが担当させていただく。Qは，御社と直接のお付き合いはこれまでなかったが，10年ほど前から当社の経理部門で働いており，御社と当社との関係は熟知しているので，引き続きよろしくお願いしたい」という旨の説明があった。X社は，これを受け入れて，その後もA社との間で，Pが担当していた頃と変わらない取引を続けていた。すると，平成27年1月，QがX社を訪れ，「工作機械の受注が思いのほか好調なので，来月から，御社にお願いしている部品の発注量を従来の1割増やしたい」という申入れがあった。X社は，部品の製造量を増やしてQの要請に対応したところ，その後も毎月1割ずつ，Qから部品の増産を求められた。A社はX社にとって最大の顧客であり，それまでに代金の支払（X社とA社との契約により，各月末

日締めで翌月末日が支払期限と定められていた）が滞ったこともほとんどなかった（代金の一部の支払が遅れたことは何度かあったが，遅くとも本来の支払期限の翌月末までには全額が支払われていた）ことから，Ｘ社は，Ｑの要請に応じ，Ａ社向け工作機械部品を増産して納入していた。Ａ社からは，平成27年1月の増産開始以降も代金の全部が滞りなく支払われていたが，平成27年6月30日，ＱからＸ社の担当者に対し，「一時的な事情により，Ａ社の製品の販売先からの代金の支払が遅れているため，本日が支払期限である平成27年5月分の代金は一部しか支払えない状態である。申し訳ないが，残代金の支払は，しばらく待ってほしい。遅くとも，7月31日までにはお支払いする」という要望があった。Ｘ社は，過去にも同様の要望を受けたことが何度かあり，いずれも翌月末までには残代金全額の支払を受けることができていたため，今回もＡ社の要望を受け入れてＡ社からの代金の支払を待っていた。すると，平成27年7月31日には，平成27年5月分の残代金は全額が支払われたものの，同年6月分の代金は一部しか支払われなかった。Ｑは，このことについて，「Ａ社の製品の販売先からの代金の支払遅延の問題が長引いているため，6月分の代金は一部しか支払えない。大変申し訳ないが，残代金は，8月31日までお待ちいただきたい」と説明した。Ｘ社は，Ａ社からの支払が2か月連続で遅れることは初めてであったため，不安を感じたものの，やむを得ず，Ｑの要請を受け入れた。ところが，平成27年8月31日には，Ａ社からの支払は一切なされなかった。そこで，Ｘ社の担当者は，平成27年9月1日，事情を聞くためにＡ社を訪れたところ，Ａ社の工場は，ほとんど操業している様子が見られなかった。役員室に通された後に当該担当者がＱに対して支払が滞っている理由を問い質したところ，Ｑからは，「Ｐが急に療養に入ってから私が経営を担ってきたが，不慣れなこともあり，一時的に業績が落ち込んでいる。もっとも，まだ有力な販売先は残っているし，新たに取引をはじめられそうな販売先もある。また，Ｐが復帰すれば状況は好転する見込みである。そこで，長い目で見て残代金の支払は待ってほしい。また，今はＸ社製の部品の在庫がないため，今月分の

部品の供給を止められてしまうと、今ある販売先への製品の納入もできなくなってしまうので、どうか部品の供給は維持してほしい」と懇願された。これに対し、X社の担当者が、「先程工場を見たが、工作機械を作っている様子はほとんどない。本当に当社が納品した部品を使用して工作機械を製造・販売しているのか」と問い詰めたところ、Qは、X社から納入を受けた部品の一部を転売してA社の資金繰りに利用していたことを認めるに至ったものの、それ以上の事実は明らかにしなかった。

X社は、このままA社と取引を続けても代金の支払を受けられる見込みがないと判断し、直ちにA社向けの工作機械部品の納入を止めた。また、Qに騙されたと感じたX社は、A社に納品した工作機械部品の代金を回収するために何らかの法的手段をとることができないか弁護士Mに相談した。

X社から相談を受けた弁護士Mが、まずA社の登記事項証明書を取り寄せたところ、A社の代表取締役としては依然としてPが登記されており、取締役としてはQ及びPの妻であるRが登記されていた。

I. とり得る法的手段の検討

1. 請求対象の検討

X社はA社から工作機械部品を受注しているので、工作機械部品の未払代金請求の相手方は直接の契約関係にあるA社である。しかし、本件の事実関係の下では、A社には十分な財産がない可能性が高く、A社に対して訴訟提起をしたとしても、代金債権を回収できる見込みは低い。また、本件においては、工作機械部品はA社の手元に残っていない可能性が高く、納入した工作機械部品の返還を請求しても功を奏しない可能性が高いと考えられる。そこで、X社から相談を受けた弁護士としては、当然、A社からの債権回収は試みるものの、併せてA社以外の主体に対する法的請求の可能性も検討することに

なろう。具体的には、A社の取締役らに対する損害賠償請求が考えられる。

A社の取締役らに対する責任追及を検討するにあたっては、まず、登記事項証明書を取り寄せてA社の役員構成を把握する必要がある。本件において、A社の登記事項証明書には、実際の交渉担当者であったQの他に、PとRが取締役として登記されていることから、これらの者に対する請求を検討することになる。後述するとおり、取締役同士の責任は連帯債務関係に立つため、請求の客体を増やすことは、X社が代金を回収できる可能性を高めることになる。また、各取締役の資力に関する情報を把握することが可能であれば、誰に対する責任追及を重点的に行うべきかを考えるにあたって参考になるであろう。

2. 請求手段の検討

(1) Qに対する責任追及

弁護士Mに相談した時点においてX社が把握している事実は、QがX社に対して工作機械の受注が好調である風を装って発注量を増やしたこと、X社がA社に納品した工作機械部品の少なくとも一部がA社の資金繰りのために転売されていたことである。そこで、Qに対しては、A社の資金繰りに利用する目的で代金支払の見込みの立たない工作機械部品を発注したとして法的責任の追及ができないかを検討することになる。

取締役に対する責任追及手段としては、本章で詳述する会社法429条1項に基づく責任のほか、民法の不法行為責任（民709条）が考えられる。この点に関し、取締役が会社法429条1項に基づく責任をいかなる場合に負うかについて、代表的な判例として挙げられるものが、最大判昭和44・11・26民集23巻11号2150頁である。同判決は、取締役は、受任者として株式会社に対して負う善管注意義務及び忠実義務（現行法でいえば会社330条、民644条、会社355条）に違反して第三者に損害を被らせても当然には損害賠償責任を負うものではないとしつつ、現行法の会社法429条1項の前身である旧商法266条ノ3第1項について、「株式会社が経済社会において重要な地位を占めていること、しかも株式会社の活動はその機関である取締役の職務執行に依存するものであることを考慮して、第三者保護の立場から、取締役において悪意または重大な

過失により右義務に違反し，これによって第三者に損害を被らせたときは，取締役の任務懈怠の行為と第三者の損害との間に相当の因果関係があるかぎり，会社がこれによって損害を被った結果，ひいて第三者に損害を生じた場合であると，直接第三者が損害を被った場合であるとを問うことなく，当該取締役が直接に第三者に対し損害賠償の責に任ずべきことを規定した」ものと判示している。すなわち，同判決は，現行法の会社法429条1項に基づく責任を不法行為責任の特則ではなく，法が特別に定めた責任（法定責任）と性質付けしており，この見解は，判例として確立している。そして，この見解を前提として，後述する任務懈怠の内容や消滅時効期間などといった会社法429条1項に基づく責任の具体的な内容についての解釈論が展開されている。

その一例として，会社法429条1項の責任と不法行為に基づく損害賠償責任（民709条）は両立する関係にあると解されている。もっとも，両責任は，請求の基礎とする要件事実が異なるため，具体的な事案において必ず責任が併存するというわけではない。すなわち，民法709条の不法行為責任が認められるための要件事実は，(i)権利又は法律上保護される利益の存在，(ii)権利利益に対する加害行為，(iii)加害者の加害行為についての故意又は過失，(iv)損害の発生及びその額，(v)加害行為と損害の発生との間の因果関係であるのに対して，会社法429条1項に基づく取締役の責任が認められるための要件事実は，①取締役としての任務懈怠，②取締役の任務懈怠についての悪意又は重過失，③損害の発生及びその額，④任務懈怠と損害の発生との間の因果関係である[1]。本件では，X社としては，QがA社による代金支払が不可能であるにもかかわらず発注量を増加させるというX社への詐欺行為を行ったとして，民法709条の不法行為責任を追及するとともに，A社の業績が好転する見込みが立つと漫然と考えて，代金支払の見込みの立たない工作機械部品を発注したQの行為[2]について，A社取締役としての任務懈怠につき少なくとも重過失が認められるとして，会社法429条1項に基づく責任を追及することになると考えられ

---

1) 後記3.(3)のとおり，時効期間も相違点として挙げることができる。
2) Qの行為はX社に対する直接侵害行為に該当し得る。直接侵害行為と間接侵害行為の区別については，後記Ⅱ.1.(1)参照。

る。以下では，本書の目的に照らして，会社法429条1項に基づく責任追及に関して説明することにする。

(2) PとRに対する責任追及

療養中であったPとその妻Rが，Qが担当するようになった後のX社との取引においてどのような関与をしていたかは定かではないが，後述するとおり，具体的な行為を行っていない取締役についても他の取締役に対する監視義務違反を理由として任務懈怠を問い得ることから，P及びRに対する責任追及が認められる可能性はある。そして，これが認められた場合には，上述のとおり，少なくとも抽象的には債権回収の可能性は高まることになる（具体的にどれだけの意味があるかは，P，Q，Rの資産状況によることになる。なお，Qのみに対して訴訟を提起する場合と，P，Q，Rに対して1つの訴訟を提起する場合とで，提訴費用は変わらない）。他方，被告を増やすことによって，法的論点が増えたり，訴訟手続に要する時間が長くなったりして，債権回収までの期間が却って長くなる（その間に債権回収がより困難になる）おそれもある。実務的には，これらの利害得失を総合考慮して，誰に対する請求追及を行うかを決定することになろう[3]。

3. 訴訟提起にあたっての手続上の問題点

(1) 管轄

会社法429条1項に基づく責任追及の訴えは，会社法848条のいう「責任追及等の訴え」には含まれないため，会社の本店所在地を管轄する地方裁判所の専属管轄に属することはなく，民事訴訟法4条1項によるべき（被告の普通裁判籍の所在地を管轄する裁判所の管轄に服する）と解されている。また，1つの訴えをもって数個の請求をする場合には，民事訴訟法7条の併合請求の管轄によることもできるとされている[4]。なお，2.(1)のとおり，会社法429条1項に

---

3) 離婚に伴う財産分与については原則的には詐害行為と認められないため（最判昭和58・12・19民集37巻10号1532頁），PとRが離婚した上でPがRに対して財産分与を行う形を取ることによりPの資産が目減りする可能性なども考慮することになる。

基づく責任は不法行為責任とは異なる法定責任と解されているため，不法行為責任に関する管轄規定（民訴5条9号）の適用はない。

本件においては，基本的に，被告とするA社の各取締役の住所地を管轄する裁判所に管轄が認められることになる（民訴4条1項・2項）が，複数の取締役に対して併合して訴訟を提起する場合には，いずれかの被告の所在地を管轄する裁判所に訴えを提起すればよい（民訴7条）。

(2) 他の取締役の責任との関係

複数の取締役が会社又は第三者に生じた損害を賠償する責任を負う場合，連帯責任を負う（会社430条）[5]。そこで，X社は，A社の複数の取締役に対して訴訟を提起する場合には，各被告に対して，損害全額についての支払を連帯して行うことを求めることになる。なお，会社法430条の連帯責任は，内部的に負担部分のある不真正連帯債務であり，対外的には第三者を満足させる事由のみが絶対的効力を持つが，内部的には連帯債務者の責任の軽重に応じた求償は可能であるとされている[6]。

(3) 遅延損害金，消滅時効

会社法429条1項に基づく責任は，履行の請求を受けたときから遅滞に陥り，また，同責任に基づく債務は商行為によって生じた債務とはいえないため，遅延損害金の利率は，民事法定利率である年5分（民404条）となる[7]。また，2.(1)のとおり，会社法429条1項に基づく責任は，不法行為責任とは異なる法定責任と解されていることから，不法行為責任に関する消滅時効の規定（民724条）を適用又は類推適用する余地はなく，さらに，商行為によって生じた債務でもないので商事消滅時効（商522条）が適用されることもなく，結局の

---

4) 西岡＝大門編240頁［佐々木宗啓］。
5) 民法709条に基づく責任を含める場合には，会社法429条1項に基づく責任と民法709条に基づく責任についても連帯債務関係になる（大阪地判平成14・2・19判タ1109号170頁）。
6) 新版注釈(6)340頁，581頁［龍田節］。
7) 最判平成元・9・21判時1334号223頁。

ところ消滅時効期間は民法167条1項の規定に基づき10年と解すべきであるとされている。

【Case 7-2】 会社法429条1項に基づく責任

　X社は，平成27年10月1日，弁護士Mの助言に基づいて，P，Q及びRを被告として，会社法429条1項に基づき未払代金相当額の損害賠償を求める訴えをQの住所地を管轄する東京地方裁判所に提起した。

　第1回口頭弁論期日が平成27年11月20日に指定され，同月13日，原告代理人となった弁護士Mの事務所に被告ら代理人Oから答弁書が送付されてきた。答弁書には，「原告の請求をいずれも棄却する。訴訟費用は原告の負担とする。」との判決を求めるという答弁の他に，①X社に発注した部品の大部分はA社の工作機械を製造するために利用していたこと，及び，②被告Qには任務懈怠行為がなかったことに加え，③被告Pは，病気療養中であり，A社の経営に全く関与していなかったこと，及び，被告Rは，登記をしていただけで取締役としての活動を一切行っていなかったこと等を理由として，損害賠償責任を負わないという反論も記載されていた。

　そこで，原告代理人Mは，第1回口頭弁論期日において，「原告がA社に納品した工作機械部品の大部分を工作機械の製造に使用したというのであれば，被告らは，どれだけの部品をどれだけの工作機械に使用したか，並びに，当該工作機械の販売先及び販売数量を，客観的な証拠をもって明らかにすべきである。また，提訴前に，原告は被告Qから，原告が納品した工作機械部品の一部をA社の資金繰り目的に転売したと聞いているが，仮にそうであれば，A社が転売して換価した部品の個数，転売先及び転売価格を，客観的な証拠をもって明らかにすべきである。」と求釈明[8]した。これを受けて，裁判所は，被告ら代理人Oに対し，第2回口頭弁論期日までに原告代理人の指摘する点につい

て可能な範囲で回答してはいかがかと述べて検討を求めた。ところが，被告らは，第2回口頭弁論期日において，詳細な取引内容を明らかにすることはできないなどと述べて，回答を拒絶した。

Ⅱ．会社法429条1項に基づく責任の実体上の問題点

1．各要件の検討

(1) 任務懈怠行為

(ア) 直接侵害行為と間接侵害行為

　会社法429条1項に基づく取締役の責任が認められるためには，取締役の任務懈怠が存在しなければならない。任務懈怠とは，取締役が会社に対し，法令違反を含む忠実義務違反ないし善管注意義務違反の行為をすることをいう[9]。すなわち，ここで問題とされているのは，第三者に対する義務違反ではなく，会社に対する義務違反である。

　Ⅰ.2.(1)で述べた最大判昭和44・11・26で判示されているとおり，任務懈怠行為は，直接第三者に対して損害を与える行為（直接侵害行為）と会社財産の減少を介して間接的に第三者に損害を与える行為（間接侵害行為）の双方が含まれる。直接侵害行為の例としては，会社が倒産に瀕した時期に取締役が行った返済見込みのない金銭借入れや代金支払の見込みのない商品購入等の行為が挙げられる[10]。間接侵害行為の例としては，取締役の放漫経営[11]や利益相反取引[12]等により会社財産を減少させ，会社債権者に対する弁済をできなくす

---

8) 釈明権（民訴149条）は，裁判所が当事者に対して行使するものであり，当事者は，裁判所に対して釈明権の行使を求めるという整理になるが，訴訟実務においては，当事者が相手方に対して「求釈明」などとして説明を求め，裁判所も相手方に対して任意に回答するか否かを検討させることが一般に行われている。
9) 新版注釈(6)303頁［龍田］。
10) 江頭505頁。
11) 東京高判昭和58・3・29判時1079号92頁。
12) 東京地判昭和59・5・8判時1147号147頁。

る行為が挙げられる。

(イ) Qの行為

　代金が支払われていない平成27年6月分（一部），7月分（全部）及び8月分（全部）のQのX社に対する発注行為は，納入を受けた工作機械部品を転売してA社の資金繰りのために利用することのみを目的としたものであり，その代金を支払える見込みはなかったということができれば，Qの発注行為は直接侵害行為に該当するといえることになる。この点について，Qは，提訴前に，発注した工作機械部品の一部をA社の資金繰りのために利用したことを認めていたものの，どの程度の割合の工作機械部品を転売に回していたかについては何も述べておらず，また，提訴後には，「X社に発注した部品の大部分はA社の工作機械を製造するために利用していた」と主張している。これに対して原告代理人Mが行っている求釈明は，A社がX社から納入を受けた工作機械部品の使用状況を明らかにさせることによって，発注行為をした際のQの意図を明らかにすることを目的とするものである。本件のX社のように会社外の第三者は，取締役がした行為の内容やその際の取締役の意図を具体的に把握することが困難であることが通常であるため，本件のように，求釈明を行うことによって，任務懈怠を基礎付ける事実関係を訴訟手続に顕出させたり，被告取締役が合理的な説明をできない様子を裁判所に示したりすることによって，任務懈怠の存在を主張立証しようとすることが多く見られる。事案によっては，文書提出命令（民訴221条以下）や証拠保全（民訴234条以下）を併せて行うことが有効なこともあり得る。

　本件では，X社が求釈明をしている対象事実は，半年程度前という近い時期に行われたA社による取引の基本的な内容であり，同取引を担当していたQが回答することは容易である一方，これを回答しないことの正当性を基礎付けるような事情は特にないため，これに対して一切回答をしないというQの対応は不合理なものということができる。X社としては，このことを指摘して，Qの発注行為は専ら転売を目的とするものであり，X社に代金を支払うことができる見込みはなかったものと推認すべきであるなどと主張することになろう。

(ウ) P及びRの行為

　本件において，転売目的で過剰な発注行為を行ったのはQであり，P及びRは，これらの行為に具体的に関与していないことが想定される。しかし，取締役会設置会社の取締役は，取締役会の招集権限（会社366条），取締役会を通じての代表取締役の選定・解職権限（会社362条2項3号），支配人の選任・解任権限（同条4項3号）を有することから，取締役会の審議や決議を通じて業務執行を監視すべき権利義務を有すると解されており，当該監視義務は，取締役会に上程された事項に限られず，代表取締役の業務執行一般に及び，必要があれば，取締役会を招集して取締役会を通じて業務執行の適正性を確保しなければならない。この監視義務を怠った場合も任務懈怠に該当するのであり，本件でもPとRに対して任務懈怠行為の存在を問い得る。

(2) 悪意又は重過失

　会社法429条1項に基づく責任が認められるためには，悪意又は重過失が必要である。ここでいう悪意又は重過失とは，第三者に対する加害行為についてではなく，会社に対する任務懈怠についてのものである[13]。また，重過失の有無については，取締役の注意義務が善管注意義務（会社330条，民644条）を前提とするものである以上，取締役として一般に要求される能力及び識見を基準として，著しい不注意によって任務懈怠行為をした場合に重過失ありと判断されることになる。したがって，重過失の有無を判断する際に考慮される事情は，任務懈怠の有無を判断する場合に考慮される事情とほぼ重なり合うと指摘されている[14]。

　重過失が認められる具体例としては，代表取締役が他の者に会社業務の一切を任せきりとし，その者の不正行為ないし任務懈怠行為を看過するに至った場合[15]や，事業の遂行についてはっきりした見通しや方針もなく，事業の拡張

---

13) 前掲最大判昭和44・11・26。
14) 会社法コンメ(9)380頁［吉原和志］。
15) 前掲最大判昭和44・11・26，最判昭和45・3・26判時590号75頁，最判昭和47・6・15民集26巻5号984頁。

により収益が増加すると軽率に考えて、会社の資産や能力を顧慮せず調査不十分の事業に多額の投資を行って破綻を招いた場合[16]）が挙げられる。

本件でも、Qについては、発注行為に関して任務懈怠が認められるようであれば、少なくとも重過失も認められる可能性が高い。

また、Pについては、A社の代表取締役であるにもかかわらず、Qに会社業務を任せきりとし、Qの任務懈怠行為を看過したことになるため、やはり重過失が認められる可能性が高い。

Rについては、後述する。

(3) 損害の範囲

I.2.(1)で述べたとおり、会社法429条1項に基づく責任の対象となる損害には、取締役の任務懈怠によって会社の財産状況が悪化した結果、第三者が被る損害（間接損害）及び直接的に第三者が被った損害（直接損害）の双方が含まれる。

(4) 「第三者」の範囲

会社法429条1項にいう「第三者」とは、同項に基づく責任を負う取締役及びその共謀者ないし共同不法行為者といった任務懈怠の当事者以外の全ての者を指す。当然ながら、X社を含む会社債権者も「第三者」に含まれる。

(5) 相当因果関係

会社法429条1項に基づく責任が成立するためには、取締役の任務懈怠行為と第三者の損害との間に相当因果関係が存在する必要があり[17]、間接損害の場合には、①任務懈怠行為と会社の損害発生との間と、②会社の損害発生と第三者の損害発生との間の相当因果関係がそれぞれ問題となる。

なお、原告が負担した弁護士費用が被告の任務懈怠と相当因果関係のある損

---

[16] 最判昭和41・4・15民集20巻4号660頁。
[17] 前掲最大判昭和44・11・26。

害に含まれるかという点が問題になるが，間接損害の場合には会社に対する契約上の債権の回収ができないことの肩代わりを求めるにすぎないため，原告の損害と相当因果関係のある損害とは認められず，直接損害の場合であっても，特に不法行為責任と競合することの立証がない限り，弁護士費用は任務懈怠行為との間に相当因果関係のある損害とは認められないと解されている[18]。

2. Rの責任（名目的取締役の責任）

会社法429条1項に基づき責任を負う取締役は，任務懈怠が認められる取締役である。本件では，A社の法人登記簿上登記されている取締役は，P，Q及びRであるが，Rは，Qの任務懈怠行為にあたる発注行為当時に取締役としての職務の実態がないという反論がされているため，同項に基づく責任が認められるかが問題になる。この点に関して，取締役としての職務を全く果たすことが想定されていなかった名目的取締役も上述の監視・監督義務を負い，これを懈怠した場合には，会社法429条1項に基づく責任を負う[19]。もっとも，名目的取締役の責任を否定する裁判例は少なくない。この点に関して，名目的取締役の同項の責任を否定する要素として裁判上考慮されているものを，①職務免除の特約，②無報酬又は過少な報酬，出資の欠如，③就任期間の長短，④取締役会の不開催，⑤他の仕事に従事，遠隔地に居住，⑥病気・老齢・離婚・専門的知識の欠如，⑦事実上の影響力の欠如に分類する学説があるが[20]，①職務免除の特約は，会社機関の権限・組織に関する強行規定に反し無効と解すべきであって，上記②以下の諸事情について，(a)監視義務の有無，(b)重過失の有無，(c)相当因果関係の有無のいずれかの中で整理すべきであるとされている[21]。したがって，Rの責任については，上記諸事情を把握した上で，責任の成否が判断される。

---

18) 論点体系(3) 451頁〔江頭憲治郎〕。
19) 最判昭和37・8・28集民62号273頁，最判昭和48・5・22民集27巻5号655頁，最判昭和55・3・18判時971号101頁。
20) 野村修也「取締役の第三者に対する責任(2)」加美和照編著『取締役の権限と責任——法的地位の総合分析』（中央経済社，1994年）254頁。
21) 類型別会社訴訟 I 322頁〔俣木泰治〕。

なお、Pについても、病気療養中という事情が考慮される余地はあるが、その事情のみで、従前からA社の代表取締役として活動していたPの責任が否定される可能性は高くないと考えられる。

3. 主張立証責任

上述のとおり、X社は、①P、Q、Rについて、A社取締役としてのA社に対する任務懈怠があったこと、②任務懈怠につき悪意又は重過失があったこと、③X社の損害の発生とその額、④任務懈怠行為と損害の発生との間の相当因果関係を立証する必要がある。②において重過失が争われる場合には、X社は重過失の存在を基礎付ける事実（評価根拠事実）を主張立証することになり、被告取締役は、重過失の存在を妨げる事実（評価障害事実）を抗弁として主張立証することになる。重過失の有無は、裁判所が評価根拠事実と評価障害事実を総合して判断するため、被告側も積極的に重過失の評価障害事実を主張する必要がある[22]。

---

22) 西岡＝大門編241頁［佐々木］。

第5章

新株発行に関する紛争

第1節　新株発行差止めに関する紛争

【Case 8-1】　新株発行差止めの仮処分

> Xは，平成5年12月，法人顧客向けに情報処理システムの開発等のサービスを提供するY社を創業し，以降Y社の代表取締役を務めていた。また，XはY社の設立当初からY社株式を153万株（Y社の総議決権数に対する議決権割合は51％）保有しており，Y社の最大の株主である。Y社は会社法上の公開会社であるものの，非上場会社であり，Xを含む5名の取締役（Y社の定款上取締役の員数は3名以上・任期は1年とされている）から構成される取締役会を設置する取締役会設置会社かつ監査役設置会社である。
>
> Y社は，平成26年3月期及び平成27年3月期の2期にわたって赤字経営が続き，従前から融資枠に従って融資を受けていた取引銀行から，このままの経営状態が続けば来期に向けた融資の継続は難しい旨通告を受けていた。このような状況を受け，Xは，平成27年4月7日，X以外のY社取締役であるZ_1，Z_2，Z_3及びZ_4（以下「Z_1ら」という）に対して電子メールを送信した。その内容は，近年のY社の赤字経営はZ_1ら役員に利益達成に向けた意欲がないことが原因であるなどと指

摘した上，1週間後の同月14日の定例取締役会において，Z1らに対して今期の利益計画について説明を求め，また，同年6月26日開催予定の定時株主総会において来期以降の取締役の報酬を減額する旨の議案を提出するというものであった。他方，Z1らは，Y社の赤字経営が続いたのは，Xが提案した消費者向けの新規事業の失敗や，Xの独断専横的な経営スタイルにあると考えており，Y社はXによるワンマン経営から脱却するべきであると考えていた。

平成27年4月14日，Xによって指定された時間に予定どおりY社本社で定例取締役会が開催された。当該定例取締役会において，議長であるXによる開会宣言後，突如としてZ2がXを代表取締役から解職し，Z1を新たな代表取締役に選定する旨の動議を提出した。当該動議はZ1らの賛成多数で可決された。Xは，突然の出来事に憤慨し，取締役会の場から立ち去った。

Xは，突然Z1らにより代表取締役から解職されたことを受け，平成27年4月30日，Y社に対し，同年6月26日開催予定のY社定時株主総会に係る株主提案権を行使し，「取締役6名選任の件」として，Xを再任し，新たにW1～W5（いずれもXの親族である。以下「W1ら」という）を取締役として選任する旨の議案を提案した（当該選任議案が可決されると，仮に会社がZ1ら4名の取締役選任〔再任〕議案を提案し，これが併せて可決された場合であっても，X及びW1らの計6名がY社の取締役会において多数派となる）。他方，Y社では，平成27年5月20日に臨時取締役会が開催され，以下の要領で新株（普通株式）を発行し，その全てをA社に割り当てる旨の決議がされ，同日募集事項が公告された（以下「本件新株発行」という）。なお，Xは当該臨時取締役会への出席を拒否した。

　　ア　株式の数　　　　　普通株式100万株
　　イ　払込金額　　　　　1株1500円
　　ウ　払込期日　　　　　平成27年6月5日
　　エ　割当方法　　　　　第三者割当て
　　オ　割当先及び株式数　100万株全てをA社に割り当てる。

A社は本件新株発行による割当て前においてY社の株式50万株（本件新株発行前におけるY社の総議決権数に対する議決権割合は16.67％〔小数点以下第三位を四捨五入〕）を保有する，Xに次ぐY社の第2順位の株主であり，本件新株発行によりXの議決権割合は38.25％，A社の議決権割合は37.50％となる。また，Y社は会社法124条4項により，平成27年6月26日開催予定の定時株主総会において基準日後の株主（なお，Y社の定款では毎年3月31日の株主名簿に記載又は記録された議決権を有する株主をもって当該事業年度における定時株主総会において権利行使をすることができる者と定めている）であるA社に対し，本件新株発行による株式について議決権の付与を認める予定としている。

　また，平成27年5月20日の臨時取締役会では，定時株主総会の招集決議も併せて行われ，定時株主総会の決議事項として，Z_1ら4名に加え，A社出身の取締役1名，及びZ_1腹心の部下2名を新規に取締役に選任することを内容とする「取締役7名選任の件」を付議することが決議された。

　Z_1らは，上記のような状況の下，Xが本件新株発行の差止めを求めてくる可能性が高いと考え，Xを代表取締役から解職する段階からアドバイスを受けていた弁護士に相談し，差止請求があった場合に備えて対応を検討しておくこととした。

Ⅰ．新株発行差止請求

1．救済手段

　Xは，Z_1らがXをY社の代表取締役から解職したことを受け[1]，Xを取締

---

[1]　なお，Xを代表取締役から解職する旨の議題はZ_2から動議として提出されており，平成27年4月7日にXから送信された取締役会の招集通知には議題として記載されていないが，取締役会においては議題を特定して招集された場合であってもそれ以外の事項を審議対象とすることができると解されている。

役として再任し，また，新たにW_1らを取締役として選任する旨の議案をY社定時株主総会の議案とする旨の株主提案権（会社303条）の行使をしている[2]。他方で，本件新株発行が行われた場合には，Xの議決権割合は51％から38.25％まで低下し，当該取締役選任議案をX単独で可決することはできなくなる。このような場合，Xは，A社以外の一般株主の協力を得て当該議案の可決を目指すことも考えられるが，X単独で可決が可能な議決権割合を維持するため，株主としての立場で，新株発行差止請求権（会社210条）を行使してくる可能性が高いと考えられる。その行使手段としては，理論的には，新株発行差止請求訴訟の提起，又は新株発行差止めの仮処分の申立てがあり得るが，新株発行差止請求権は，新株発行が効力を生じた場合には，その対象を失って消滅し，適法に係属していた新株発行差止請求訴訟であっても訴えの利益が失われ，訴えが却下されてしまう[3]。そして，一般に新株発行差止請求訴訟の認容判決が出るまでには相当な期間を要し，その間に新株発行の効力が生じてしまう可能性が極めて高いことから，通常は短期間で審理が終了する新株発行差止めの仮処分の申立てが行われることになる。

本件でも，Y社の臨時取締役会は平成27年5月20日に行われ，本件新株発行の払込期日である同年6月5日までは2週間強しかなく，Xが本件新株発行を差し止めようとする場合には，新株発行差止めの仮処分の申立てを行うことになると思われるため，以下においては同申立てについて検討を進める。

---

[2] 株主提案権の行使は，原則として，総株主の議決権の100分の1以上の議決権又は300個以上の議決権を6か月前から引き続き有する株主に限り認められ，株主総会の日の8週間前までに行うことが必要であるが（会社303条2項），Xは平成5年のY社設立当初からY社の総議決権の51％を保有し，Y社の平成27年6月26日開催の定時株主総会の8週間以上前である同年4月30日に当該株主提案権を行使していることから，株主提案権行使の要件を充たす。なお，Xの株主提案はいわゆる議題提案権であり，Y社定時株主総会において会社からZ_1ら4名を取締役として再任する旨の議案が提出された場合には，いずれも独立の議題として審議され，（理論的には）いずれの議案も可決されることもあり得る。

[3] 会社法コンメ(5)131頁［洲崎博史］。

2. 新株発行差止めの仮処分の手続

(1) 債権者（株主）

　新株発行差止めの仮処分手続における債権者は，法令若しくは定款に違反する新株発行又は著しく不公正な方法による新株発行により不利益を受けるおそれのある株主（会社210条）である。

　ここで，「新株発行により受けるおそれのある不利益」の内容については争いがあるが，新株発行の差止めは，取締役の違法行為の差止め（会社360条）と異なり，株主に株式の保有期間の要件を課していないことなどからしても，単に会社の利益が侵害される結果として被るに過ぎない株主としての不利益は，ここでいう株主の不利益には当たらないとする見解が有力である[4]。差止事由ごとに不利益を受ける株主の範囲は異なるから，この見解によると，差止事由によって，新株発行差止めの仮処分の債権者となり得る株主の範囲は異なることになる。

　この見解に立ったとしても，本件では，Xが特別決議を経ない第三者割当ての有利発行を理由として本件新株発行の差止めを行う場合，Xは当該割当てを受けない既存株主であり，本件新株発行により不利益を被るおそれがあるため，債権者となることができる。また，Xが不公正発行を理由として本件新株発行の差止めを行う場合，XはY社の支配権を争っている株主であり，本件新株発行により不利益を被るおそれがあるため，債権者となることができる。

(2) 債務者（会社）

　新株発行差止めの仮処分手続における債務者は会社である（会社210条）。取締役や払込取扱銀行は債務者にならないものと解される。したがって，XはZ₁らではなく，Y社を債務者として本件新株発行の差止めの仮処分を申し立てることになる。

4）　類型別会社訴訟Ⅱ 566頁［森純子］。

なお，債権者たる株主が当該会社の取締役又は取締役であった者である場合には，仮処分手続において債務者（会社）を代表する者について留意が必要である。本件では，XはY社の代表取締役からは解職されているものの，未だY社の取締役である。そして，Y社は監査役設置会社であるため，本件では，取締役が監査役設置会社に対して訴えを提起する場合として，Y社の監査役がY社を代表することとなる（会社386条1項1号）。

(3) 申立期間

1.のとおり，新株発行差止請求権は，新株発行が効力を生じた場合には，その対象を失って消滅してしまう。具体的には，新株の引受人は，募集事項において払込期日が定められた場合には当該期日（会社209条1項1号），払込期間が定められた場合には出資の履行がされた日に株主となるから（同項2号），新株発行を差し止めるためには，これらの日の前日までに新株発行の差止めを認める仮処分決定を得る必要がある。

本件では払込期日が平成27年6月5日とされているから，Xとしては，裁判所の審理・判断に一定の日数を要することを踏まえて，相応の余裕をもって申立てをすべきである。

実務においては，例えば，払込期日の1週間前に新株発行差止めの仮処分の申立てがされた場合，会社側は，1日～2日程度で答弁書の提出を求められることが多い。そのため，会社側は，申立ての後に弁護士に相談して準備をしていたのでは，十分な防御をすることができないことが予想される。そこで，本件のように新株発行差止めの仮処分の申立てがされることが見込まれる状況にある場合には，Y社は，新株発行の手続の開始前から弁護士に相談し，X側の申立理由を推測し，これに耐え得る理屈付けや証拠の作成・確保を行いつつ，新株発行の手続を進めるべきである。

(4) 審理方式等

新株発行差止めの仮処分は仮の地位を定める仮処分（民保23条2項）と解されるから，原則として口頭弁論期日又は当事者双方が立ち会うことができる審

尋期日を経なければ発令することができないが（同条 4 項本文），後者（当事者双方審尋）の手続によるのが通例である。

　また，新株発行差止めの仮処分は，会社に対して新株発行をしてはならないとの不作為を求めるもので，仮処分により実現される内容が本案と同じであることから，いわゆる満足的仮処分に当たる。実務上，こうした満足的仮処分については，被保全権利と保全の必要性について証明に近い高度の心証が得られない限り疎明ができていないと取り扱われるのが通常である[5]。ただし，後述のとおり，実務的には，保全の必要性が欠けるとの理由で新株発行差止めの仮処分が認められないということはあまりない。

3. 新株発行の差止事由

　新株発行の差止めが認められるのは，法令又は定款に違反する場合（会社210条1号）と著しく不公正な方法により行われる場合（同条2号）である。

(1) 法令又は定款に違反する場合（会社210条1号）

　法令違反の例としては，必要な決議の不存在（公開会社においては取締役会決議〔会社201条1項・199条2項〕及び特に有利な金額で行う場合〔いわゆる有利発行の場合〕の株主総会特別決議〔会社201条1項・199条2項・3項・309条2項5号〕，非公開会社においては株主総会特別決議〔会社199条2項・309条2項5号〕，種類株式発行会社においては原則として種類株主総会決議〔会社199条4項〕），募集事項の不均等（同条5項），現物出資の場合の検査役の選任懈怠（会社207条1項）などがある。なお，ここでいう法令違反は具体的な法令の規定への違反を指し，取締役の善管注意義務（民644条，会社330条）や忠実義務（会社355条）などといった抽象的な義務への違反は，新株発行の差止事由には当たらないと解される[6]。

　定款違反の例としては，定款所定の発行可能株式総数を上回る新株発行，定

5）　垣内正編『会社訴訟の基礎』（商事法務，2013年）186頁〔川勝庸史〕。
6）　新版注釈(7)289頁〔近藤弘二〕。

款に定めのない種類株式の発行，定款に定めた株主の新株割当権を無視する新株発行などがある。

本件では，Y社は公開会社であるため，上記のとおり，原則として取締役会決議により新株発行をすることができるが，1株当たり1500円という払込金額が「特に有利な金額」（会社199条3項）である場合には，株主総会特別決議が必要となる。そして，本件では株主総会特別決議なくして新株発行が行われているため，Xとしては，本件新株発行が有利発行に当たることを前提として，必要な株主総会特別決議を欠くことを理由に，本件新株発行の差止めを求めてくる可能性がある。

(2) 著しく不公正な方法により行われる場合（会社210条2号）

「新株発行が著しく不公正な方法により行われる場合」とは，不当な目的を達成する手段として新株発行がされる場合を指し，具体的には，会社支配権の維持・争奪目的でなされる新株発行，取締役が議決権の維持又は争奪する目的でする新株発行，反対派の少数株主権を奪う目的でなされる発行などがこれに当たると解されている。

本件では，新株発行により，Xの議決権数は取締役選任に必要な議決権数である過半数（会社309条1項）を下回り（51％から38.25％になる），A社の議決権割合が16.67％から37.50％に上がることから，Xは，本件新株発行はZ₁らを支持しているA社の議決権割合を上げることにより，Z₁らの会社支配権を維持する目的でなされたものであると主張し，本件新株発行が著しく不公正な方法により行われたものであることを差止事由とする可能性がある。

4. 保全の必要性

仮の地位を定める仮処分が発令されるためには，被保全権利（新株発行差止請求権）の存在に加えて，債権者に生ずる著しい損害又は急迫の危険を避けるために仮処分命令が必要であること（保全の必要性）についての疎明が必要である（民保23条2項・13条2項）。この疎明としては，満足的仮処分であるがゆえに証明に近い高度の疎明が必要と解されることは2.(4)のとおりである。

もっとも，新株発行差止めの仮処分に関しては，新株発行が効力を生じると，新株発行差止請求権を行使する余地がなくなることから，会社が自発的に新株発行を差し控えるなどの特段の事情のない限り，保全の必要性は認められるものと解される。本件では，そのような特段の事情はないため，被保全債権であるXのY社に対する新株発行差止請求権の存在が疎明された場合には，保全の必要性は認められることになるであろう。

5．仮処分の効果

新株発行差止めの仮処分が発令されたにもかかわらず，Y社がそれを無視して新株発行をした場合には，本件新株発行には無効原因があることとなる[7]。なぜなら，仮処分命令に違反したことが新株発行の効力に影響がないとすれば，株主の利益を保護するため差止請求権を株主の権利として特に認め，しかも，公開会社では会社による通知・公告を義務付け（会社201条3項・4項），仮処分命令を得る機会を株主に与えることによって差止請求権の実効性を担保しようとした法の趣旨が没却されてしまうことになるからである。そのような場合には，Xは，Y社に対して，本件新株発行につき，新株発行無効の訴え（会社828条1項2号）を提起することになろう。

6．不服申立手続

仮処分命令に対しては，保全異議（民保26条），保全取消し（同法37条～39条）の申立てが可能であり，保全異議及び保全取消しの申立てについての裁判に対しては保全抗告（同法41条）が可能である[8]。これらの不服申立手続により，払込期日までに仮処分命令が取り消されれば，予定どおりに新株発行を行うことは可能である。もっとも，実務的には，仮処分命令が発令されるのは，払込期日の直前であることが多く，これを受けて，会社が不服申立手続をして

---

7) 最判平成5・12・16民集47巻10号5423頁。
8) さらに，保全抗告についての裁判に対しては，特別抗告（民保7条，民訴336条）及び許可抗告（民保7条，民訴337条）ができると解されている（許可抗告について，最決平成11・3・12民集53巻3号505頁）。

いる時間的な余裕がないことも多い[9]。

　仮処分命令の申立てを却下する裁判に対しては，即時抗告が可能である（民保19条1項）[10]。もっとも，その時間的な余裕がないことが多いことは1.のとおりである。

Column⑦　仮処分事件のスケジュール

　会社法をめぐる仮処分事件では，仮処分の申立てがなされてから極めて短期間のうちに決定が下されるために，関係者にとって極めて過酷なスケジュールが組まれることがある。

　一例を挙げると，第三者割当てによる新株発行において募集事項の公告・通知（又は金融商品取引法に基づく開示）から2週間後に払込期日が到来することとされる場合，新株発行に異議のある既存の株主が新株発行を差し止めるべく仮処分の申立てを行おうとすると，当該株主を代理する弁護士は，募集事項の内容や手続，さらには新株発行の背景事情等を検討した上で仮処分の申立書を起案することとなるが，このような作業をどんなに急いで行ったとしても数日以上はかかってしまうのが通常である。そこで，仮処分の申立てが現実に行われるのが払込期日まで残り1週間前後といったタイミングとなってしまうのもやむを得ない面がある。一方，申立てを受けた裁判所は，払込期日の前日までに判断を下さないと時間切れとなってしまうことから（払込期日が到来して新株発行が効力を発生してしまった後にこれを差し止めることはできないから，差止めの決定を行おうとすれば払込期日より前に行う必要がある），直ちに審尋期日を指定するとともに，会社に対して答弁書の提出を求めることとなる。裁判所が，会社の答弁書に対する株主の反論の機会を保障しようとすることもあるが，そこまでの手続保障を図ろうとすると，例えば，審尋期日を申立ての2～3日後に指定し，さらにその後1～2日で株主の反論を提出させた上で，同時並行で，事案の検討を行って，株主からの反論の提出後2～3日以内に決定を行うべく決定書を作成するといった形で作業を進めることとな

---

9)　会社法コンメ(5)134頁［洲崎］。
10)　さらに，即時抗告を却下する裁判に対しては，特別抗告及び許可抗告ができると解されている（許可抗告について，前掲最決平成11・3・12の調査官解説である高部眞規子「判解」最判解民事篇平成11年度(上)243頁）。

る（双方の代理人を務める弁護士としては，通常の訴訟であれば 1 か月前後の期間を費やして準備するような書面と同等の水準の書面をこのような短期間に仕上げることとなる）。

　この種の仮処分においては，上記のようなスケジュールを考えると，仮処分の申立てを受けてから弁護士に依頼するといった対応では間に合わないため，申立てがなされることを予想して，あらかじめ弁護士に対応を依頼しておくことも多い。このような場合，受任した弁護士は，どのような主張に基づく仮処分の申立てが行われそうかについて予想した上で，予想される主張に対する反論を準備する形で答弁書の起案をある程度まで進めておいて，申立書の受領後に速やかに答弁書を完成させられるようにしておくといった対応をとることになる。また，会社法等の最先端の論点を含む案件においては，大学教授の意見書を取得して裁判所に書証として提出することも行われるが，そのような場合，弁護士としては，同時並行で複数の大学教授との打合せ等を行うこととなる。経営権の争いがある場合などに問題となる主要目的ルールが争点とされるような事案においては，払込金の使途をめぐって綿密な疎明の準備をしなければならない場合もあるであろう。

　裁判官，弁護士ともに他の案件を抱えながらもこのようなスケジュール感での作業を行うことを余儀なくされる。審尋期日では，張り詰めたような緊張感や高揚感を覚えつつも眠たげな表情の法曹が集うといったことも珍しくない。

【Case 8-2】　新株の有利発行・不公正発行

　Xは，平成 27 年 5 月 29 日，Y社の本件新株発行は，①その払込金額がA社に特に有利な金額であるにもかかわらず，株主総会特別決議を経ておらず，会社法 201 条 1 項，199 条 2 項・3 項，309 条 2 項 5 号に違反するものである（会社 210 条 1 号），②Z_1 らが会社支配権の維持目的で行った新株発行であり，著しく不公正な方法により行われるものである（同条 2 号）との理由により，新株発行差止めの仮処分を申し立てた。

この事件の審理の中で、以下の事実が明らかとなった。

　Z_1がY社の代表取締役に選定された平成27年4月14日の取締役会決議の直後、Z_1らにおいてY社の経営の建て直しについて協議がなされた。その結果、Y社の直近の課題として、①老朽化しているデータセンター（Y社のシステム開発等に必要となる各種コンピュータやデータ通信等の装置を設置している施設）の改築、②旧型化している各種コンピュータやサーバの取り替え、③従来から開発を進めてきた新型情報処理システムの早期製品化等が必要であり、これらに必要となる資金は少なくとも15億円程度に上ることが判明した（なお、これらはXが代表取締役であった時代からY社の課題としては認識されていたものの、XとZ_1らとの間でこれらを解決するための方法やコストの問題で意見がまとまらず、具体的な対策を講じるまでには至っていなかったものであった）。そのため、Z_1は、営業を通じて面識もあったY社の第2順位の株主であるA社の代表取締役Bに資金提供を相談したところ、A社からY社に対して取締役の派遣等を行うことを条件に、新株発行の割当てに応じる旨の承諾を得た。その際の払込価額を決定するに当たり、Z_1は、監査法人にY社の株価算定を依頼した。担当の公認会計士Cは、Y社の過去3期分の計算書類や評価資料の提出を受け、配当還元法により株価を算定し、Y社の株価を1株1500円と算定した上で、平成27年4月30日にZ_1にその旨報告した。Z_1は、当該算定結果を基に、A社に対し払込金額を1株当たり1500円とし、100万株の新株発行の割当てに応じてもらうよう要請したところ、A社はこれを了承したため、平成27年5月20日に本件新株発行の決議に至ったものであった。

　他方で、Xは、本件新株発行の決議内容を受けて、別途公認会計士DにY社の株価算定を依頼したところ、DCF法に従えば、Y社の株式は1株7800円と算定される旨の報告を受けており、疎明資料として当該株式価値算定書を提出し、本件新株発行における公正な価額は少なくとも1株当たり7800円を下らないと主張している。

Ⅱ. 第三者割当ての有利発行

　Xは，Y社の本件新株発行は，その払込金額がA社に特に有利な金額であるにもかかわらず，株主総会における特別決議を経ていないとして，法令違反（会社210条1号）を理由に新株発行差止めの仮処分を申し立てている。Ⅰ.3.(1)のとおり，有利発行に該当するにもかかわらず，株主総会の特別決議を経ることなく募集株式の発行等が行われた場合には，法令違反があるから，新株発行の差止事由が存在する。

　本件新株発行においては，公認会計士Cが配当還元法によりY社の株価を算定した結果を基に，Y社は払込金額を1株1500円と定めたのに対し，Xは，公認会計士Dの算定結果に基づき，DCF法によればY社の株式は1株7800円と算定されるため，本件新株発行における公正な価額は1株当たり7800円を下らないと主張している。本件において，1株1500円という払込金額が「特に有利な金額」（会社199条3項）に当たるか否かはどのように判断されるであろうか。

　まず，「特に有利な金額」とは，いわゆる公正な発行価額に比して新株を引き受ける者に特に有利な価額であると解されており，この「公正な発行価額」の判断基準が問題となる。

　この点について，上場会社の場合は，取引所市場での株価が存在するため，公正な発行価額についても原則として払込金額決定直前の市場価額が基準となると考えられる[11]。そのため，払込金額が決定直前の市場価額を著しく下回る場合には，当該払込金額は「特に有利な金額」であると判断されることになろう。なお，たとえ若干有利であっても，それが軽微な場合は「特に有利な金額」に当たらないと解され，実際にも，払込金額の決定から払込期日までの間

---

11) 大阪地決平成2・6・22判時1364号100頁，東京地決平成16・6・1判時1873号159頁。なお，市場価額が公正価額の基準とされるのは，市場価額が企業の客観的価値を反映したものとみられるからという説明がされている（東京地決平成元・7・25判時1317号28頁〔①事件〕参照）。

に市場価額が下落するリスクを考慮し，払込金額決定時の市場価額から数パーセント程度ディスカウントした価額を払込金額として定める例は多く，その程度であれば有利発行と判断されない場合も多いであろう[12]。

　他方で，Y社のような非上場会社については，市場での株価が存在せず，公正な発行価額の参考となる客観的な基準がない。また，非上場株式の株価の算定方法についても，①簿価純資産法（会計上の純資産価額で評価する方法），②時価純資産法（時価に換算した純資産価額で評価する方法），③配当還元法（1株当たりの実際の配当金額又は予測配当金額を一定の資本還元率で還元する方法），④収益還元法（将来各期に期待される予測純利益を一定の資本還元率により還元する方法），⑤DCF法（将来期待されるフリーキャッシュフローを加重平均資本コストで割り引く方法），⑥類似会社比較法（類似する業種の株式会社の株式の市場価額を基準とする方法）といった，様々な評価手法が存在しており，どのような場合にどの評価手法を用いるべきかについての明確な判断基準は確立していない。また，個々の評価手法についても，将来の収益，フリーキャッシュフローなどの予測値や，還元率，割引率等の数値，類似会社の範囲等，ある程度幅のある判断要素が含まれていることが少なくない。そのため，近時の最高裁判決[13]では，取締役会が客観的資料に基づく一応合理的な算定方法によって発行価額を決定していたにもかかわらず，裁判所が事後的に他の評価手法を用い

---

12) 日本証券業協会が定める「第三者割当増資の取扱いに関する指針」（平成22年4月1日）においては，「払込金額は，株式の発行に係る取締役会決議の直前日の価額（直前日における売買がない場合は，当該直前日からさかのぼった直近日の価額）に0.9を乗じた額以上の価額であること。ただし，直近日又は直前日までの価額又は売買高の状況等を勘案し，当該決議の日から払込金額を決定するために適当な期間（最長6か月）をさかのぼった日から当該決議の直前日までの間の平均の価額に0.9を乗じた額以上の価額とすることができる」1(1)と定めている。あくまで証券業界の自主ルールであるが，上場会社において有利発行が問題となる場合には，これを有利発行に当たるか否かの参考とする裁判例は多い（東京地決平成元・9・5判時1323号48頁，前掲東京地決平成16・6・1等）。
13) 最判平成27・2・19民集69巻1号51頁。なお，同判決は「株主以外の者に新株を発行するに際し」としているものの，これは旧商法280条ノ2第2項の規定に基づいた表現（「株主以外ノ者ニ対シ特ニ有利ナル発行価額ヲ以テ新株ヲ発行スルニハ……」）を用いたに過ぎず，その判断は本件のような株主に対して第三者割当ての方法で新株を発行する場合にも当てはまると考えられる。

たり，異なる予測値等を採用したりして改めて株価の算定を行った上で当該算定結果と現実の発行価額とを比較して有利発行該当性を判断するのは相当でないという観点から，非上場会社が株主以外の者に新株を発行するに際し，客観的資料に基づく一応合理的な算定方法によって発行価額が決定されていたといえる場合には，その発行価額は，特別の事情のない限り，有利発行には当たらないと判断している。

　本件では，Y社は非上場会社であり，公認会計士CがY社から提出された客観的資料に基づいて，配当還元法という一般的な評価手法の1つにより株価算定を行っており，これに依拠して払込金額が決定されたという事情からすると，上記最高裁判決に従えば，「特に有利な金額」に当たらないと判断される可能性が高いように思われる。Xとしては，Y社から提出された資料に偏りがあるなど株価算定の基礎資料が公平なものではないとの主張や，本件においては配当還元法による算定が適しないなど評価手法の選択が不合理であるとの主張，具体的な算定方法に不合理な点があるなどの主張をして，公認会計士Cの算定が「客観的資料に基づく一応合理的な算定方法」に基づくものであるか否かを争うほか，1株1500円という払込金額が公正な発行価額と大きく乖離していることを示す特別の事情を主張することになろう。特別の事情としては，例えば，公認会計士Cの算定結果の報告から，本件新株発行決議までの間にY社の株価を著しく変動させるような事情が生じたことが考えられる。

Ⅲ．不公正発行

　Xは，上記有利発行に関する主張に加え，Y社の本件新株発行当たって，Z_1らが会社支配権を維持する目的で行うものであり，著しく不公正な方法により行われるものである（会社210条2号）と主張している。Ⅰ.3.(2)のとおり，会社支配権の維持・争奪目的でなされる新株発行は著しく不公正な方法による発行に当たり，新株発行の差止事由となる。それでは，Y社による本件新株発行が会社支配権の維持・争奪目的でなされたものか否かはどのように判断されるであろうか。

著しく不公正な方法による発行に当たるか否かを判断するに当たって，従来の裁判例の多く[14]は，いわゆる主要目的ルール，すなわち，新株発行を決議するに至った複数の目的ないし動機のうち会社の支配権の維持・争奪目的等の不当な目的が資金調達の必要等の正当な目的よりも優越し，これが新株発行の主要な目的であると認められる場合には「著しく不公正な方法」による新株発行であると判断するルールを採用している。具体的には，会社の支配権に争いがあり，既存株主の持株比率に重大な影響を及ぼすような新株が発行され，それが第三者に割り当てられる場合に，その新株発行が，既存株主の持株比率を低下させ，現経営陣の支配権を維持することを主要な目的としたものであるときには，「著しく不公正な方法」による新株発行であると判断されることになろう[15]。そして，何が当該新株発行の主要目的であるかを判断するに際しては，支配権争いの状況，会社内部又は外部の専門家との検討状況等の新株発行の決議に至る経緯，債権者持株比率の低下の程度，取締役の割当先に対する影響力の有無など当該新株発行が会社支配権に与える具体的な影響といった会社支配権に関する事情や，新株発行のタイミング，会社の経営状況，新株発行により得た資金の使途等の資金調達の必要性に関する事情などが総合考慮される。

本件では，Xとしては，①本件新株発行の前からXとZ₁らとの間でY社の支配権に関する具体的な争いが存在していること，②本件新株発行によってXの持株比率が51％から38.25％に低下する一方で，Z₁らの支持者であるA社の持株比率が16.67％から37.50％に上昇するため，本件新株発行により持株比率に重大な影響を及ぼす数の新株が発行されるといえること，③Xの取締役再任及びW₁らの取締役選任をその議案の内容とする株主提案権が行使されていることから，Z₁らは，喫緊に迫った定時株主総会の開催に備え，自分たちの支配権を維持する目的で，本件新株発行を行ったものであり，このことは，Xの株主提案を受けたZ₁らが仮にX側の株主提案とZ₁ら側の会社提案がいずれも決議された場合であってもZ₁ら側が多数を占めるような人数の取締役

---

[14] 東京高決平成16・8・4金判1201号4頁，札幌地決平成20・11・11金判1307号44頁，さいたま地決平成19・6・22判タ1253号107頁等。

[15] 山口地宇部支決平成26・12・4金判1458号34頁。

の選任の会社提案をしていること16)からも明らかである，などと主張することが考えられる。

　他方で，Z₁らは，融資を受けていた取引銀行からこのままの経営状態が続けば来期の融資契約の更新は難しい旨通告を受けているという会社経営の危機ともいえる状況において，本件新株発行により資金を調達することで，老朽化したデータセンターの改築，旧型化している各種コンピュータやサーバの取り替え，従来から開発を進めてきた新型情報処理システムの早期製品化等を行い，経営を建て直す必要性があることから，資金調達に関して資金使途の具体性・緊急性があることを主張することが考えられる。Ⅰ.1.のとおり，Y社は，新株発行差止めの仮処分の申立てを受けてから資料を収集していたのでは十分な防御ができないため，Xから申立てがなされる可能性を認識した段階から，同申立てにおいて資金使途の具体性・緊急性を示す疎明資料を迅速に提出することができるように，例えば，取引銀行からの通告を記録として残す，経営建て直しの計画については計画書を作成しておく，各種コンピュータやサーバについては発注をかけて注文書を作成する，データセンターの改築については業者から改築に要する費用の見積書を取得するなどといった準備をしておくべきである。

第2節　新株発行の有効性に関する紛争

【Case 9】　新株発行無効の訴え

> Y社は，地方で建設業を行っている取締役会設置会社であり，定款上Y社の株式の全てについて譲渡による取得に会社の承認を要する旨の譲

---

16) X側が取締役6名の選任を株主提案しているので，万一これら6名が選任された場合でも，選任された取締役数においてX側を上回れるよう，Z₁らが取締役7名の選任を求めるという対応をすることは不自然ではない。これは，Y社では定款上取締役数の上限が定められていないので，前述のとおりこの場合の株主提案と会社提案が，論理的に両立するものであり，また，一般株主の中には両提案に賛成する者もおり，両提案とも可決承認される可能性があるためである。

渡制限が設けられている非公開会社である。Y社の発行可能株式総数は4000株であり、平成26年10月時点の発行済株式総数は1000株である。Y社は、A一族が経営しているいわゆる同族会社であり、Aが代表取締役社長、Aの一人息子であるXが常務取締役、Aの弟であるBが代表取締役専務、Bの妻であるCが取締役に就任しており、Y社と長年取引を継続してきたD社の代表取締役であるEが監査役を務めている。Y社の株式は、代表取締役であるAが700株を、X、B及びCがそれぞれ100株ずつ保有していた。

　Y社では、取締役会・株主総会は実際には開催せず、登記上必要な場合に顧問の司法書士Qに依頼して議事録の作成のみを行うことが慣行となっていた。Qとのやり取りや議事録の作成事務及び登記手続は全てBが行っており、A、X及びCが関与することはなかった。なお、Y社の代表印もBが管理している。また、近年は、地元の取引先との付き合いにも、高齢のAに代わってBがY社を代表して顔を出すことが多く、Bは取引先からも信頼を得ている。他方で、Xは、父親のAや叔父のBと異なり経営者としての資質が不足しており、肩書きこそ常務取締役であるものの、出社日・出社時間も不規則で、取引先とのつながりも弱く、また社内での人望も乏しかった。将来、Aが引退した際にはAの一人息子であるXが社長となり、また、Aが死亡した際にはAが所有するY社の株式700株についてもXに相続され、XがY社の経営権を握ることが見込まれたが、上記のようなXの状況から、B、C及びE並びにY社の社員の多くは、XにY社の経営が任されることに大きな不安を感じていた。

　平成26年10月頃、高齢であったAは、病気療養のため入院することになった。そのような中、Y社においては、計画中の設備投資のために1000万円ほどの資金調達が必要になった。そこで、Bは、平成26年10月20日、入院中のAの病室を訪れ、Aに対して、「以前から計画中の設備投資のために、1000万円の資金調達方法を考える必要があるが、現在の財務状況からすると金融機関からの借入れは難しいように思う。そのため、誰かが1株1万円で1000株を引き受けて、Y

社に1000万円を出資することが考えられるが，Aも現在入院中でそれどころではないだろうから，ひとまずAの代わりに自分が出資しておくことで問題ないか。」と提案したところ，Aは，「治療費も嵩んでいるので，そうしてくれると助かる。」と述べて，これを了承した。当時，Xは私用で海外旅行中であったため，Bは，Aに対して，Xにこの出資の件を説明しておいてもらえないかと依頼したところ，Aは，Xにはいつものようにきちんと説明しておくから大丈夫だと答えた。なお，BはAにかかる提案をするに当たり，事前に妻であるCにその旨相談し，Cもこれを了承していた。

　そこで，Bは，平成26年10月31日付けで以下の募集事項の新株発行（以下「本件新株発行」という）に係る株主総会決議があった旨の株主総会議事録の作成及び登記手続をQに依頼し，自身は払込期日に払込金額全額を振り込んだ。

　　ア　募集株式の数　　1000株
　　イ　払込金額　　　　1株につき1万円
　　ウ　払込期日　　　　平成26年11月17日
　　エ　割当方法　　　　第三者割当ての方法によりBに1000株を割り当てる。

　その後1年程度，Aの病状は小康状態を保っていたが，平成27年10月半ばに病状が急変し，同月下旬に他界するに至った。Aの葬儀後の同年11月9日，Y社では，X，B及びCの間で今後の経営についての話合いが行われ，Xは，「今まで父親の経営方針を尊重し，あまり経営に口出しして来なかったが，今後は自分が社長としてY社を担っていくので，これからも協力して欲しい。」と切り出した。すると，Bは，「現在Y社の筆頭株主は私であり，社長にも私がなるつもりである。Xがどうしても社長になるというのであれば，Y社の株式の過半数を有する株主の立場として，Xを取締役から解任する旨の株主総会の招集を請求することを検討する。」と回答した。これに驚いたXは，「Bの持株数は100株にとどまるはずであり，Aの株式を相続し800株の持

株数を保有する自分がY社の筆頭株主になるはずだ。BがY社の筆頭株主とは何を言っているのか。」と問いただしたところ、Bは、「私が昨年の設備投資の際に1000万円を出資して1000株の割当てを受けたことを忘れたのか。」と反論した。

　Xは、Bがそのような出資をしたことは記憶になく、本件新株発行を決議した株主総会の存在も認識していなかった。XがQ急いでQに確認すると、確かに平成26年10月31日に本件新株発行に係る株主総会決議がなされた旨の議事録が作成されており、その議事録には、同日にはまだ海外旅行中であったはずのXが株主総会に出席して当該決議に賛成した旨が記載されていた。Xは、Bに会社を乗っ取られたと考え、Y社における話合いの翌日、弁護士に相談し、対応を検討することとした。

I．救済手段

　本件では、本件新株発行により発行されたY社株式1000株を取得したBが、Y社株式の発行済株式総数（2000株）の過半数（1100株）を保有している。そのため、Bは、単独でXの取締役解任決議を可決することが可能であることに加え（会社341条）、株主総会の普通決議事項について単独で決議可能である（会社309条1項）。そこで、Xとしては、通常であれば、新株発行無効の訴えにより、本件新株発行を無効として、Bの持株比率を減少させることによって（本件新株発行が無効となった場合には、発行済株式総数は1000株で、Xが800株、Bが100株、Cが100株を保有することとなる）、取締役解任決議を阻止することとなる。

　もっとも、新株発行無効の訴えには出訴期間の制限があり、後述のとおり、平成27年11月17日までに訴えを提起する必要がある。Xが弁護士に相談したのは同年11月10日であり、訴訟提起までの準備・証拠収集活動に要する期間を考慮すると決して時間的に余裕があるとは言えない。

そのため，Xとしては，出訴期間の制限がない[17]新株発行不存在確認の訴え（会社829条1号）を提起することも視野に入れることになる。しかし，新株発行において不存在事由がある場合とは，新株発行の登記がされているなど新株発行の外観が存するにもかかわらず，新株発行の実体がないような場合に限られ[18]。具体的には，実際には払込みが存在しない場合や代表権がない者によって新株発行が行われた場合であると解されている[19]。本件においては，Bが本件新株発行に際して実際に1000万円を払い込んでいること，BはY社の代表取締役専務であり代表権を有していることから，本件新株発行に不存在事由があると主張することは難しいであろう。

そこで，本件において，Xは，上記の時間的制約はあるものの，新株発行無効の訴えを提起すべきことになる。

II. 新株発行無効の訴え

1. 新株発行無効の訴えの手続

(1) 新株発行無効の訴えの性質

新株発行無効の訴えは，形成訴訟であり，新株発行の無効はこの訴えをもってしか主張することができない。したがって，Xは，新株発行の無効を主張するためには，出訴期間内に新株発行無効の訴えを提起するほかない。

---

17) 新株発行無効の訴えと異なり，新株発行不存在確認の訴えには，会社法の明文上，出訴期間の制限がない。また，判例上，新株発行不存在確認の訴えは，新株発行に瑕疵があるためにこれを無効とすることを求める新株発行無効の訴えと異なり，外観にかかわらず新株発行の実体が存しない場合にその不存在の確認を求めるものであるが，新株発行の不存在はこれを前提とする訴訟においていつでも主張することができるから，新株発行不存在確認の訴えの出訴期間を制限しても，同期間の経過により新株発行の存否が終局的に確定することにはならず，新株発行の効力を早期に確定させるために設けられた出訴期間に関する規定を類推適用する合理的な根拠を欠くとして，新株発行無効の訴えにおける出訴期間の制限に関する規定の類推適用も認められていない（最判平成15・3・27民集57巻3号312頁）。
18) 前掲最判平成15・3・27。
19) 類型別会社訴訟II 626頁，629-630頁［森純子］。

(2) 原告適格

新株発行無効の訴えの原告適格は、株主、取締役、清算人、監査役設置会社の監査役等に認められている（会社828条2項2号）。原告適格は、訴え提起時から訴訟係属中を通じて存在することが必要である。

本件では、Xは、株主であり、かつ、取締役でもあるため、株主としての地位に基づいても、取締役としての地位に基づいても訴えを提起することができる。

(3) 被告適格

新株発行無効の訴えの被告適格は、当該新株発行をした株式会社にのみ認められている（会社834条2号）。そのため、本件において新株発行無効の訴えが提起された場合、被告となるのはY社である。

また、本件で原告となるXは取締役であるため、取締役が監査役設置会社に対して訴訟を提起する場合に当たり、本件新株発行に係る新株発行無効の訴えにおけるY社の代表者は、監査役Eとなる（会社386条1項1号）。

(4) 出訴期間

新株発行無効の訴えの出訴期間は、公開会社においては、株式の発行の効力が生じた日から6か月以内、非公開会社では、株式の発行の効力が生じた日から1年以内と定められている（会社828条1項2号）。出訴期間について、原告が新株発行の事実を知り得なかったなど主観的な事情による例外は認められていない。また、出訴期間経過後の無効事由の追加は許されない[20]。そのため、原告としては、考え得る無効事由については、出訴期間が経過する前に幅広く主張しておくことになろう。

「株式の発行の効力が生じた日」は、具体的には、募集事項において払込期日が定められた場合には当該期日、払込期間が定められた場合には出資の履行がされた日（会社209条1項）である。

---

[20] 最判平成6・7・18集民172号967頁。

本件では，Y社は非公開会社であるため，出訴期間は株式の効力が生じた日から1年以内である。そして，本件新株発行の株式の効力が生じた日は，払込期日である平成26年11月17日なので，平成27年11月17日まで訴えを提起することが可能である。

(5) 担保提供命令

新株発行無効の訴えが提起された場合において，被告である株式会社から申立てがあり，原告の訴えの提起が悪意によるものであることが疎明された場合には，裁判所は，原告である株主に対して相当の担保を提供すべきことを命じることができる（会社836条1項本文・3項）。ただし，当該株主が取締役，監査役等であるときは，担保提供命令をすることはできないとされている（同条1項ただし書）。

本件ではXは，株主であると同時に取締役でもあるため，担保提供命令がされることはない。

(6) 訴訟手続

新株発行の無効事由の主張・立証責任は，原告が負う。もっとも，本件のように株主総会決議の存否が問題となる場合には，一般論として，株主総会決議がなかったことの証明はその性質上極めて困難であることから，むしろ，被告である会社が株主総会決議の存在を立証することを求めるような訴訟指揮がなされることが多いと思われる。

また，後述のとおり，新株発行無効の訴えには対世効があることから（会社838条），当事者の処分権は及ばないと解されている。そのため，自白の拘束力は認められず，また，認容判決と同内容の和解や請求の認諾はできないものと解されている。

(7) 判決の効力

新株発行無効の訴えの請求認容判決（新株発行無効判決）は，第三者に対しても効力を生じる（対世効。会社838条）。ただし，新株発行無効判決がなされ

たが，会社の訴訟活動が著しく信義に反しており，第三者に新株発行無効の確定判決の効力を及ぼすことが手続保障の観点から看過することができない場合には，当該確定判決には，民事訴訟法338条1項3号の再審事由が存在する（最決平成25・11・21民集67巻8号1686頁）[21]。

新株発行無効判決が確定したときは，当該新株発行は，将来に向かってその効力を失う（会社839条）。このように新株発行無効判決には遡及効がないため，判決の確定までの間に新株発行が有効であることを前提になされた行為，例えば，株主総会における当該新株の議決権行使，当該新株に対する利益配当，当該新株の譲渡などの効力には影響を及ぼさない。

(8) 新株発行無効判決確定後の手続

新株発行無効判決が確定した場合には，会社は，判決の確定時における当該新株の株主に対し，株主が払い込んだ金額の支払をする（会社840条1項）。したがって，本件で，新株発行無効判決が確定した場合には，本件新株発行により株式を引き受けたBに対し，Y社は払込金額である1000万円を返還することになる。返還する払込金額が，判決確定時における会社財産の状況に照らして著しく不相当である場合には，裁判所は，株主又は会社の申立てにより，その金額の増減を命じることができる（同条2項）。

なお，新株発行無効判決の確定によって，当然に発行済株式総数は減少するため，会社は2週間以内に変更の登記をしなければならない（会社915条1項・911条3項9号）。他方，新株発行無効判決が確定しても，当然には資本金

---

[21] この再審事由を主張する第三者は，再審の訴えの提起とともに，確定判決に係る訴訟について独立当事者参加の申出をする必要がある。前掲最決平成25・11・21は，第三者による再審の訴えの提起について，新株発行無効の訴えに係る請求を認容する確定判決の効力を受ける第三者は，訴訟当事者ではない以上，再審の訴えを提起しても，本案についての訴訟行為をすることができず，確定判決の判断を左右できる地位にはないため，再審の訴えの目的を達することができず，当然に再審の訴えの原告適格を有するものではないが，再審の訴えを提起するとともに，確定判決に係る訴訟について独立当事者参加の申出をすれば，再審開始決定の確定の後，独立当事者参加に係る訴訟行為をすることによって，合一確定の要請を介して，確定判決の判断を左右することができるようになるため，確定判決に対する再審の訴えの原告適格を有することになる旨を判示した。

の額は減少せず（会社計算25条2項1号），減資手続を行わなければ資本金の額は減少しない。

2. 新株発行の無効事由

　Xの立場からは，厳密には，株主総会決議がそもそも行われていないのか，それとも，（Xが出席して本件新株発行に係る株主総会決議に賛成したという議事録上の記載は誤りであるものの，）当該株主総会決議自体は成立しており，Xに対する招集手続を欠いたにとどまるものであるのかが不明である。そのため，Xとしては，無効事由をどのように構成すべきかを検討する必要がある。そこでは，そもそもこれらの2つの事情がそれぞれ無効事由を構成するものであるか否かという点が前提問題となる。

　新株発行の無効事由は，新株発行手続に重大な法令・定款違反がある場合に認められるものと解されているが，株式譲受人の取引安全の要請を図る必要があることや新株発行による資金調達を前提とした営業活動を行っていたにもかかわらず，資金調達が無効とされると，取引先や債権者などにも影響を与えることから無効事由は限定的に解すべきとされている。具体的には，定款に定めのない種類の株式の新株発行，発行可能株式総数を超える新株発行，新株発行差止仮処分命令違反の新株発行の場合には，無効事由があるとされている一方で，株主総会特別決議を経ない第三者への有利発行や著しく不公正な発行（会社210条2号）などは，新株発行差止事由にはなるものの，無効事由とはならないものと解されている[22]。

　まずは，株主総会決議がそもそも行われていない（不存在である）という主張について検討する。Y社のような非公開会社かつ取締役会設置会社において第三者割当てを行う場合には，取締役会に募集事項の決定を委任したときを除いては，株主総会の特別決議によって募集事項を決定することが必要である（会社199条2項・309条2項5号）。それにもかかわらず，当該株主総会決議が存在しないことは，新株発行の無効事由となるであろうか。この点については，

---

[22]　西岡＝大門編274頁，276頁〔眞鍋美穂子（名島亨卓補訂）〕。

上述のとおり，非公開会社においては，募集事項の決定は取締役会の権限とはされず，株主割当て以外の方法により募集株式を発行するためには，取締役（取締役会設置会社にあっては，取締役会）に委任した場合を除き，株主総会の特別決議によって募集事項を決定することを要すること，及び，新株発行無効の訴えの出訴期間は，公開会社の場合は6か月であるのに対し，非公開会社の場合には1年とされていることに鑑みれば，非公開会社については，その性質上，会社の支配権に関わる持株比率の維持に係る既存株主の利益の保護を重視し，その意思に反する株式の発行は新株発行無効の訴えにより救済するというのが会社法の趣旨と解される。したがって，非公開会社において，株主総会の特別決議を経ないまま株主割当て以外の方法による募集株式の発行がなされた場合，その発行手続には重大な法令違反があり，この瑕疵は上記株式発行の無効原因になると解するのが相当である[23]。

次に，株主総会の招集手続を欠くという主張は，新株発行の無効事由に当たるであろうか。株主総会の招集手続を欠くことは，株主総会決議の無効事由には当たらず（会社830条2項），招集手続の法令違反という株主総会決議の取消事由（会社831条1項1号）が存在するにとどまる。当該株主総会決議の取消訴訟が提起され，決議が取り消された場合には，遡って当該決議が存在しなかったことになるため，株主総会決議の不存在という新株発行の無効原因になるものと解されるが，本件では，既に株主総会決議取消訴訟の出訴期間（決議の日から3か月以内）を経過しており（同条1項柱書），当該決議はもはや取り消し得ない。そのため，株主総会の招集手続を欠くことを新株発行の無効事由として主張することはできないものと解される。したがって，本件では，株主総会の招集手続を欠くという主張は主張自体失当となってしまうので，Xとしては，株主総会決議の不存在を主張すべきことになる。

この点について，1.(6)のとおり，実務上は，被告である会社側が株主総会決

---

[23] 最判平成24・4・24民集66巻6号2908頁。なお，公開会社の場合には，原則として取締役会決議により新株発行及び募集事項の決定をすることとされており（会社201条1項），当該取締役会決議を欠く場合であっても，業務執行権限を有する代表取締役が新株を発行すれば無効とはならないと解される（最判昭和36・3・31民集15巻3号645頁参照）。

議の存在の立証を積極的に行うよう求める訴訟指揮がなされることになると思われる。このような訴訟指揮に対して，Y社が株主総会議事録を書証として提出した場合には，Xは，Y社においては従前から株主総会は実際には開催されず，登記上必要な場合に司法書士Qに依頼して議事録の作成のみを行うという慣行になっており，今回の株主総会も同様である（司法書士Qの証人尋問を申請することも検討することになろう）などと主張立証して，本件新株発行に係る株主総会自体が開催されていないことを明らかにしようとすることになろう。また，Xとしては，当該株主総会当時自らが海外にいたことを主張立証することにより（パスポートを書証として提出することにより容易に立証可能と考えられる），当該株主総会の議事録は，Xが出席して議案に賛成したとされている点において内容が明らかに虚偽であることから，そこに記載されているとおりの株主総会決議の存在を証明するだけの証拠価値がないことを明らかにすることになろう。本件では，株主総会決議の不存在が認定される可能性が高いと考えられる。

　しかしながら，上述のとおり，株主総会決議の不存在が新株発行の無効原因となるのは，会社の支配権に関わる持株比率の維持に係る既存株主の利益の保護を重視しているからであり，新株発行時点において，既存株主が持株比率の減少を了承しており，既存株主の利益保護の必要性がないと言える場合には，本件新株発行が有効とされる余地があるものと解される[24]。そのため，Y社としては，本件新株発行については，全ての既存株主が了承済みであると主張することが考えられる。その際に問題となるのは，BはXに対して本件新株発行について直接伝えてはおらず，Aに対してXへの連絡を依頼したにとどまること（AがXに連絡し，その上でXがこれを了承したか否かをBは直接知らないこと）である。Aは既に他界しているため，Y社としては，BがAに対して本件新株発行について連絡し，Xがこれを了承したことを立証することはかなり困難であろう。Y社としては，従前から出社日・出社時間の不規則なXへの連絡・説明はAを通じて行うことが少なくなく，AはXの代理人の位置

---

24) 大阪高判平成25・4・12金判1454号47頁。

付けであったことを主張するとともに，Xは，Y社の取締役として，平成26年11月に大規模な設備投資が行われたことを知っていたはずであり，当時のY社の財務状況やAの状況等に鑑みると当該設備投資の資金の調達先はBの出資以外にあり得ないことは明らかであるため，本件新株発行を認識していたにもかかわらず，今般の紛争に至るまで何らの異議も述べずにいたことになるが，これはXが本件新株発行を了承していたことに他ならないなどといった主張を行うことになろう。

他方，Xとしては，Aから本件新株発行の話を聞いていないし，了承もしていないと主張することになろう。また，Y社の主張に対しては，Aへの代理権付与を否定し，X自身の認識に応じて，設備投資の実施自体を知らなかった，又は，Bの出資以外にも考えられる設備投資の資金の調達先があったなどとして否認するとともに，Y社の主張は，本件新株発行の時点においてXがこれを了承していたことを推認させるものではないので，主張自体失当であるなどと反論することが考えられる。

この点については，いずれにしても，事実認定の問題に帰着することになろう[25]。

3. 議決権行使禁止の仮処分の申立て

本件においては，BはXを取締役から解任することを仄めかしているが，実際にXの取締役からの解任を議題とする株主総会の招集通知が発せられた場合，Xが新株発行無効の訴えを認容する確定判決を得る前に，Xを取締役から解任する株主総会決議がなされてしまう可能性が極めて高い。そこで，Xとしては，自らの解任決議が可決されるのを阻止するために，新株発行無効の訴えを本案として，本件新株発行により発行された株式（Bが保有する1000

---

[25] なお，Y社の株主であるA，B及びCが本件新株発行に了承していたことをもって，本件新株発行に係る特別決議を経ていたことにならないかが一応問題となるが，株主総会に係る招集手続も取られていないこと，株主全員が書面又は電磁的記録により本件新株発行に同意したわけではなく，書面決議（会社319条）も成立していないことからすれば，当該株主総会特別決議を経ていたと認定されることにはならないと思われる。

株）に係る議決権の行使を禁止する仮処分（民保23条2項）を申し立てることが考えられる。

　当該仮処分の保全の必要性の判断に当たっては，株主総会において議決権が行使されることにより回復し難い損害が生じることの疎明が必要となるところ，その判断に当たっては株主総会における決議事項が重要であり，①会社の経営権の所在に変動を生じさせるおそれのある決議事項である場合（取締役の選解任等），及び，②会社の経営にとって特に重要な決議事項である場合（事業譲渡，解散，合併等）には，保全の必要性は原則として肯定されるものと解される[26]。本件では，取締役の解任決議に係る議決権行使が問題となっているため，上記①に当たり，保全の必要性は認められる可能性が高い。

　議決権行使禁止の仮処分命令がなされると，本件のように株式の存否について争いがある事案では，議決権行使を禁止された株式は定足数には算入されないものと解される。また，議決権行使禁止の仮処分命令に違反して，議決権行使がされた株主総会決議については，決議取消事由があると解すべきであろう[27]。

---

26)　類型別会社訴訟Ⅱ 891頁［飯畑勝之＝岡部弘＝布目貴士］。
27)　類型別会社訴訟Ⅱ 894頁［飯畑＝岡部＝布目］。

第6章

MBOに関する紛争

【Case 10-1】 MBO

　Pは大学時代からパソコンのプログラミングを趣味としていたところ，大学卒業と同時にアプリ制作会社であるＹ社（本店所在地千代田区。3月決算。単元株式数100株。普通株式のみ発行）を立ち上げ，自らはその代表取締役に就任した。Ｙ社は，斬新なアプリを次々に開発することで順調に業績を拡大し，平成25年にはジャスダック上場も果たした。現在のＹ社の株主構成は，Ｐが発行済株式総数の60％を保有しており，他に発行済株式総数の5％以上を保有する株主はおらず，Ｘを含め少数株主が多数いるという状況である。ところが，Ｙ社は，上場後は，短期的な業績を重視しがちとなり，これまで得意としていた斬新なコンセプトのアプリを生み出すことができなくなったことで，平成26年3月期以降，業績は下降する一方だった。そのような中，Ｐは，証券会社であるＡ社から，Ｙ社を買収することに興味を持っているファンドがいるという話を持ちかけられたため，Ａ社の担当者と面談して具体的な話を聞くこととした。当該面談でＰはＡ社の担当者から，Ｙ社の買収に興味を持っているファンドとはＢ社であり，Ｂ社としては，Ｙ社においてＭＢＯを実施して非上場化し，Ｂ社が過半数の議決権を握りつつも，これまで通りＰには代表取締役として経営にあたってもらいながらＹ社の企業価値を高めることを計画していると知らされた。Ｐとし

ては、自らが引き続きY社の経営者として残ることができ、かつ、非上場化によってより大胆な経営ができるようになるのであれば、B社の提案を受け入れてもよいと考え、P及びB社が出資して設立するC社（非上場会社）がY社の株式を公開買付けで取得し、その後、残る少数株主からY社株式を取得することによりY社をC社の完全子会社として、Y社の上場を廃止する方向でB社と交渉を開始した。

Ⅰ．MBO の概要

1．MBO とは

　本件でPはマネジメント・バイアウト（以下「MBO」という）を通じてY社を新たに設立するC社の完全子会社とすることを企図している。MBOは、文字通り、マネジメント（経営者）が自己の経営する会社をバイアウトする（買収する）取引であり、買収対象となる会社が上場会社の場合は、上場廃止・株式非公開化（ゴーイングプライベート）を伴うのが普通である。経営陣の自己資金に加えて、投資ファンド等からの出資金や金融機関からの借入金をもって買収資金とすることも多い。本件と同様に、MBOを行う目的は、株式市場からの短期的な圧力を回避して中長期的な視野に立脚した大胆な経営戦略を実行する体制を整備すること等にある場合が多いとされる。

　MBOは、対象会社の取締役が買収者の立場において株式を取得することから、対象会社の取締役としての立場と買収者としての立場が併存することになり、当該取締役と株主との間に潜在的に利益相反が生じるという問題がある。そのため、以下に述べるMBOの手続においては、このような利益相反を回避するための方策も検討されている[1]。

---

[1] 経済産業省は、MBOに関する公正なルールのあり方を提示する目的で、「企業価値の向上及び公正な手続確保のための経営者による企業買収（MBO）に関する報告書」及び「企業価値の向上及び公正な手続確保のための経営者による企業買収（MBO）に関する指針」を策定しているが、これらについてはⅥ.2.(1)で触れる。

2. MBOにおける主な手続

(1) 公開買付け

　本件のように，MBOに際しては，その手続の一環として公開買付けが実施されることが多い。実務上公開買付けが実施される理由としては，後述する少数株主が保有する株式の取得（スクイーズアウト）のための合併や全部取得条項付種類株式の取得等を決議する株主総会において，確実に議案を可決するための議決権を確保すること等が挙げられている[2]。

(2) 少数株主のスクイーズアウト

　本件でC社がY社株式に対して公開買付けを実施しても，通常はY社株式の全てを取得することはできないので，これに引き続いてY社はスクイーズアウトを行う必要がある。実務上様々なスクイーズアウトの手法が検討されてきたが，本件同様，これまでは一般的に(a)全部取得条項付種類株式を利用する方法（詳細は後述する）が採用されてきた。

　なお，これ以外の方法としては，(b)C社を吸収合併存続会社，Y社を吸収合併消滅会社として，現金を対価とした吸収合併を行い，少数株主からY社株式を取得する方法や，(c)C社を株式交換完全親会社，Y社を株式交換完全子会社として，現金を対価とした株式交換を行い，少数株主からY社株式を取得する方法も考えられる[3]。また，平成26年改正後の会社法施行後においては，(d)C社が公開買付けを通じてY社株式の90%以上を取得した場合には，C社が少数株主に対して売渡請求（会社179条1項）をする方法や，(e)反対株主による株式買取請求（会社182条の4）等の救済手段が設けられたことを受

---

2) 長島・大野・常松法律事務所編『公開買付けの理論と実務〔第3版〕』（商事法務，2016年）310頁。

3) これらの手段は，合併や株式交換が税務上非適格合併や非適格株式交換に該当し，対象会社の資産に課税が発生し得るという難点があると指摘されてきたため，実務上は本件のように全部取得条項付種類株式の利用等の他の方法によってスクイーズアウトが行われるケースがほとんどである（もちろん，非適格合併・非適格株式交換を利用する方が，税務上メリットがある場合もあるため，個別案件ごとに税務の専門家と相談する必要がある）。

けて，Y社が株式の併合（会社180条1項）を行う方法（端数株式を作り出す手法として，全部取得条項付種類株式ではなく株式併合を利用するが，その点以外は(a)の方法と実質的に同じであり，種類株式が出てこない分，手続的にはわかりやすい）が採られており，近時は，公開買付届出書において，株式の90％以上を取得した場合には売渡請求を行い，それに満たなければ株式併合を行うという並列表記をすることが主流になっている。

(3) MBO 資金のファイナンス

PによるMBO及びC社による公開買付けを実施するためには，当然，そのための資金が必要となるが，前述のとおり，その資金を公開買付者（本件でいえばC社，ひいてはP及びB社）が金融機関等からの借入れ等を通じて準備することが多い。このような買収形態は，レバレッジド・バイアウト（LBO）と呼ばれる。LBOの場合，公開買付けのための借入れの資金を，公開買付者の信用ではなく，買収される対象会社（本件でいえばY社）の資産を担保に借り入れ，さらに借入れに係る債権回収を促進するために，金融機関から対象会社と公開買付者の合併を要求されることが多い。

Column⑧　近時のキャッシュ・アウト事情

　公開買付けを前置した二段階買収事案において，二段階目の買収スキームとして現金対価のスクイーズアウト（いわゆるキャッシュ・アウト）が行われる場合，従前，その手法としては全部取得条項付種類株式の取得スキームが利用されることが実務上一般的であった。他方，平成27年5月1日に改正会社法が施行され，株式等売渡請求の制度が創設されるとともに，株式の併合をキャッシュ・アウトに用いることを念頭に置いた制度改正が行われると，新たにキャッシュ・アウトとして利用可能な制度の選択肢が広がることとなった。現在の実務では，キャッシュ・アウトとして全部取得条項付種類株式の取得の制度が利用されることは少なく，公開買付けの結果，①公開買付者の保有する対象会社の議決権の合計数が対象会社の総株主の議決権の数の90％以上となり，公開買付者が対象会社の特別支配株主となる場合には株式等売渡請求が，②公開買付者の保有する対象会社の議決権の合計数が対象会社の総株主の議決

権の数の90％未満にとどまる場合には，株式併合が利用される事案が主流となっている。

　まず，株式等売渡請求では，全部取得条項付種類株式の取得や株式併合を用いたキャッシュ・アウトとは異なり，対象会社の株主総会決議や，端数処理手続を要しないため，キャッシュ・アウトの完了までのスケジュールを短縮することが可能である。また，同制度では，株式に加えて，新株予約権についても売渡請求の対象とすることが可能であるため，対象会社が新株予約権を発行している場合であっても他の手当を要することなくキャッシュ・アウトが可能となる。そのため，同制度を利用できる場合（上記①の場合）には，株式等売渡請求がキャッシュ・アウト手法の第一の選択肢となることは自然であると思われる。

　他方，同制度を利用できない場合（上記②の場合），全部取得条項付種類株式の取得を利用するか，株式併合を利用するかが問題となるが，一般的には，税務上のメリットや，手続のわかりやすさ等の観点から，株式併合を選択することが望ましいといえる場合が多い。なお，このようなキャッシュ・アウトの選択の考慮要素については，改正会社法の施行に伴って出された文献においても多く指摘されていたところである。

　また，二段階買収を予定している公開買付けの場合，スクイーズアウト手法としていずれの制度を利用する予定であるかは公開買付届出書にも記載されることになるところ，改正会社法の施行前後の過渡期，すなわち，未だ新設されたキャッシュ・アウト制度が完全には「実証」されていない時期においては，3つの制度を併記するような事案も見受けられた（JWDホールディングス株式会社による日本風力開発株式会社を対象者とする公開買付けに関して提出された平成27年3月24日付公開買付届出書）。もっとも，その後，実務上株式等売渡請求・株式併合がキャッシュ・アウトとして利用される事案が出始めると，冒頭に記載したように，公開買付届出書上でも，二段階買収のスキームとして株式等売渡請求又は株式併合を用いる予定である旨記載される事案が増加するに至っている。

　こうして，文献の潮流や，いわば「実務の流れ」に影響を受け，新たなキャッシュ・アウト実務が構築され，定着するに至ったのである。なお，平成28年12月8日に自由民主党及び公明党により公表された平成29年度税制

改正大綱により，スクイーズアウトに関する税制にも変更が加えられることが公表されている。すなわち，これまで，合併や株式交換の手法については，その対価として金銭等を交付した場合，適格要件を満たさなくなり課税が生じてしまうことを理由に，現金交付型の合併や株式交換がキャッシュ・アウトの手法として利用されることは少なかった。他方，今回の税制改正により，一定の要件の下で現金交付型の合併や株式交換も適格要件を満たすこととなり，税制改正以降はこれらの制度がキャッシュ・アウトの手法として利用されることも想定される。また，従来，連結納税を導入している企業にとっては，全部取得条項付種類株式，株式併合及び株式等売渡請求を利用して3分の2以上を保有する子会社を完全子会社化した場合，子会社の有する資産について時価評価課税の対象となることや，繰越決算金が切捨てになるといった税務上のデメリットが大きく，連結納税導入企業が公開買付けを行う際のスクイーズアウト手法について検討する際，この点が厄介な問題となることが多かった。今回の改正によって，これらの手法によるスクイーズアウトが組織再編税制の一環として位置付けられることになり，適格要件を充足した場合には連結納税加入時における時価評価課税制度や繰越欠損金の切捨ての適用対象外とされることになるため，連結納税導入企業にとってはスクイーズアウト手法の選択の幅が広がることとなるであろう。これらの税制改正は，平成29年10月1日以後に行われるスクイーズアウトに適用されることになるが，今後のスクイーズアウト実務に新たな影響を与えることになると思われ，今後の動向が注目される。

【Case 10-2】 スクイーズアウトの手続

P及びB社は，平成27年10月半ばに，公開買付価格を1株2000円としてY社株式全株についてC社を通じて公開買付けを行うことをY社取締役会に提案した（当時のジャスダックにおけるY社株式の市場株価は1株1400円であった）。当該提案を受けた後，Y社は久々に新作のアプリがヒットしたことを受けて，業績を上方修正する旨公表したため，Y社株式の市場株価は最大1株1840円まで上昇した。これ

を踏まえて，Y社は，監査法人作成の株式価値算定書，第三者委員会作成の意見書及び法律事務所のアドバイスを取得して，同提案を検討した。平成27年11月4日，C社は1株2000円を公開買付価格としてY社株式全株について公開買付けを行うことを取締役会で決議して公表し，同日Y社も取締役会において，C社の公開買付けに賛同することを決議し，その旨を公表した。

翌5日から開始された公開買付けを経て，公開買付期間の末日である同年12月17日において，C社はY社株式の88%（Pが保有していた分を含む）を取得し，Xを含む少数株主の株式比率は12%となった。そこで，C社は，少数株主からY社株式を取得するため，平成28年1月27日を基準日として，同年2月17日にY社に臨時株主総会及び種類株主総会を開催させ，Y社は，①現在発行している株式を全部取得条項付種類株式とするために必要な定款変更を行うこと，及び②当該全部取得条項付種類株式を，平成28年3月24日を取得日として取得することを決議した。

Y社の少数株主の1人であるXは，平成26年11月30日にY社株式700株を，平成28年1月29日に300株をそれぞれ取得し，合計1000株を保有している。Xは，公開買付価格が低すぎると考えて公開買付けに応募せず，また，上記臨時株主総会及び種類株主総会に先立ち，Y社に対し全ての決議に反対する旨を書面で通知し，両株主総会当日も出席の上全ての決議に反対したが，上記決議はC社を含む株主の賛成によって全て可決された。その結果，Y社は平成28年3月24日をもって全部取得条項付種類株式を全て取得し，その対価として，C社にのみY社株式を割り当て，Xを含む少数株主に対しては1株2000円として保有株式数に応じた現金が交付されることとなった。

II. 公開買付け及びその後の全部取得条項付種類株式を利用するスクイーズアウトの手続

1. 公開買付けの手続の概要[4]

　公開買付けは会社法だけでなく，独占禁止法，金商法や金融商品取引所の適時開示に関する規則等，様々な法令やルールを遵守した上で実施する必要があるため，公開買付けに携わる関係者は弁護士，公認会計士や証券会社等の専門家に相談をしながら手続を実施していくことになる。そして，MBO には前述のとおり利益相反の問題があるため，対象会社においては独立性の高い委員から構成される第三者委員会を組成してその助言を求めることもある。以下，本件における公開買付けの手続を概観する。

　まず，公開買付けを実施することを決議した C 社は，上場会社ではないため適時開示義務を負わないが，上場会社でなくともインサイダー規制（金商167条参照）への配慮として，自発的に記者クラブ等へ公表文を発表することが通例である。他方，Y 社は，公開買付けの公表と同時又は直後に，これに賛同する旨の取締役会決議を行い[5]，その事実について適時開示を行い（有価証券上場規程402条1号 y），C 社が公開買付開始公告を行った後10営業日以内に意見表明報告書を提出する（金商27条の10第1項，同令13条の2第1項）。

　その後，C 社の公開買付開始公告（金商27条の3第1項）によって公開買付期間[6]が始まると，C 社は，公開買付代理人（証券会社）を通じて株主からの株式の応募を受け付ける。そして公開買付期間が終了した後，遅滞なく応募株式について決済が行われるが，C 社は公開買付期間の末日の翌日に公開買付け

---

[4] 紙幅の関係上，公開買付けに係る手続の概要を述べるにとどめ，全ての手続を網羅的に記載していない点に留意されたい。

[5] P は自ら買収者としての立場に立つことから，会社に対する忠実義務を誠実に履行することが困難である一面もあるため，Y 社の取締役会において，P は特別の利害関係（会社369条2項）を有することを理由として議決には加わらないことが無難であると考えられる。

[6] 公開買付期間は，公開買付公告を行った日から起算して20営業日以上60営業日以内の期間で実施する必要がある（金商27条の2第2項，同令8条1項）。

の結果について公告又は公表を行い，公開買付報告書を提出する（金商27条の13第1項・2項）。なお，本件では公開買付けを通じてC社はY社株式を5％超保有することとなるため，大量保有報告書（金商27条の23第1項・27条の25第1項）等の書類の提出が必要となり，Y社においても，親会社や主要株主の異動が生じたとして遅滞なく臨時報告書（金商24条の5第4項）や主要株主等の異動に関するプレスリリースを行う必要がある。

Column⑨　公開買付けとスケジュールの決め方

　EDINETで開示されている公開買付届出書や，適時開示がなされている公開買付けのプレスリリースを見ると，公開買付けの実施時期に関する規則性は特にないようにも思われる。もっとも，その裏では，法令の定めに様々な事情が絡んで各種スケジュールが組まれているのが実情である。

　まず，公開買付けを行う期間は，法令上，20営業日以上60営業日以内の範囲で，公開買付者が決定することとされている。親会社による子会社株式の公開買付けや，MBO事案等，公開買付けに関し利益相反性がある案件においては，公開買付期間を最短期間の20営業日よりも長めに設定し，比較的長期の公開買付期間を設定することにより他の買付者からの買付機会を確保するとともに，株主の応募の判断機会を確保しているなどとして，公正性担保措置の一環として記載する例も多い。また，公開買付期間の設定について留意が必要なのが，公開買付期間を延長しなければならない場合があることである。すなわち，公開買付けの開始時に財務局に提出した公開買付届出書の内容に不備があったり，公開買付開始後に公開買付届出書において開示すべき事情が発生した場合には，公開買付届出書の訂正届出書を提出することが必要になる。そして，訂正届出書を提出した場合，当初予定していた公開買付期間の満了日が過ぎても，訂正届出書を提出してから10営業日が経過する日までは公開買付期間を終了できず，公開買付期間を延長しなければならないこととされている。すなわち，公開買付期間を延長せずに訂正届出書の提出が可能なのは，公開買付期間満了日の11営業日前までということになる。公開買付者としては，当初の公開買付期間を前提にその後のスケジュールを組んでいるのが通常であり，延長は避けたいと考えるのが通常である。そのため，予め，可能な限り公開買

付期間の延長をしないで済むように全体のスケジュール調整がされることとなる。

　このようなスケジュール調整においてしばしば考慮されるのが，対象者側の決算情報の公表（決算発表）のタイミングである。上場会社であれば，3か月ごと（四半期ごと）に決算発表をしており，これが公開買付期間内に行われる場合には，（必ず公開買付届出書の訂正届出書を提出する必要があるかは検討の余地があるものの，少なくとも，決算発表の内容によっては，）訂正届出書の提出が必要になる可能性がある。なお，決算発表は対象者の株価の動きに大きく影響を与え得るため，特に株価が上がる方向に働く内容の決算発表が公開買付期間中に行われるような場合，そもそも公開買付け実施のタイミングの適切性に疑義が生じる可能性も否定はできない。そのため，このような決算発表を見据えて，公開買付けを決算発表と同時に公表する，あるいは決算発表後に公開買付けを実施するという対応を行う事例も少なくない。

　このように，規則性がないように見えても，実際上は，公開買付者・対象者側それぞれのコーポレート・アクション等，様々な考慮要素を踏まえて，これに応じたスケジュールが組まれているのである。

2. 全部取得条項付種類株式を利用するスクイーズアウトの手続の概要

　本件でY社は全部取得条項付種類株式を利用して少数株主をスクイーズアウトする方法を選択しているが，以下では当該方法の概要を述べる。

　まず，①Y社は種類株式発行会社（会社2条13号）ではないことから，種類株式発行会社となるため，Y社の定款の一部を変更し，これまで発行していた株式に加えて，会社法108条1項に規定される内容を有するA種種類株式を発行できるようにする。次に，②Y社がこれまで発行していた株式を，株主総会決議を経ればA種種類株式を対価として全て取得できる全部取得条項付種類株式とする定款変更を行う。そして，③Y社は，変更されたY社定款及び会社法171条に基づき，取得日を平成28年3月24日とし，C社のみがA種種類株式の交付が受けられ，かつ，少数株主に割り当てられる端数株式

の合計数が1株以上となるような比率で，対価としてA種種類株式を交付する代わりに全部取得条項付種類株式を取得する旨の株主総会決議を行う。なお，Y社は種類株式発行会社となったため，②については種類株主総会決議[7]も経る必要がある（会社111条2項1号・324条2項1号）[8]。

　これらの株主総会決議及び種類株主総会決議を経た後に，取得日が到来すると，Y社は全ての全部取得条項付種類株式を取得し，それと引き換えに，当該全部取得条項付種類株式を保有していた株主に対してはA種種類株式が交付されることになるが，あらかじめC社にのみA種種類株式が交付されるように全部取得条項付種類株式及びA種種類株式の交換比率が設定されているため，C社以外のXを含む少数株主に対しては，形式的にはA種種類株式1株に満たない端数が割り当てられる。Y社は，そのような端数株式の合計数に相当する株式について，競売に付すか，裁判所の許可を得て任意売却を行い，当該株式の対価を少数株主に交付することになるが（会社234条），通常は裁判所の許可を受けて任意売却を選択することになる。この任意売却の際の買主について会社法上特段の定めはないが，Y社をC社の完全子会社とすることの目的を達成するために，本件ではC社やY社が買主となり，Xを含む少数株主の端数株式の合計数を買い取った上で，当該少数株主に対して少数株主が保有していた全部取得条項付種類株式数に応じた対価を交付することになろう。なお，この任意売却の対価は，実務上は少数株主に1株あたり公開買付価格と同額の金銭が交付できるような金額に設定されることが一般的である。

---

[7]　全部取得条項付種類株式を保有している株主が種類株主総会に出席すべき種類株主になるため，株主構成に実質的な違いはない。

[8]　平成26年の会社法改正によって，全部取得条項付種類株式を取得する株式会社が行うべき手続として，一定の書面又は電磁的記録を開示する必要がある事前開示手続（会社171条の2第1項），事後開示手続（会社173条の2第1項・2項），株主に対して全部取得条項付種類株式を取得することを通知若しくは公告する手続（会社172条2項・3項）又は対象会社が振替株式発行会社である場合は通知に代わる公告手続（社債株式振替161条2項）が新設された。

【Case 10-3】 MBO に対する少数株主の救済制度

> X は, Y 社が上場してわずか 3 年ほどで非上場化され, 自らが保有する Y 社株式を失うことにはとても納得できずにいる。そこで, X は何らかの対抗手段がないかと検討を始めた。

III. MBO における少数株主の救済制度

1. 各種救済制度

少数株主である X のように, MBO を通じて強制的に株式を失う株主にとってとり得る手段は, 大きく分けて, ①差止請求を行うことも含め, 取引の有効性を争う方法, ②対価の公正性を争う方法, ③対象会社の取締役の責任を追及する方法, 及び④公開買付者及びその関係者に対する責任を追及する方法がある[9][10]。

まず, 本件で①取引の有効性を争う方法としては, 全部取得条項付種類株式の取得等に係る Y 社の株主総会決議に関して, C 社という特別利害関係人が議決権を行使したことにより著しく不当な決議がされたとして, 株主総会決議取消しの訴えを提起することが考えられる (会社 831 条 1 項 3 号)[11]。

次に, ②対価の公正性を争う方法としては, X は株式買取請求制度 (会社

---

9) 長島・大野・常松法律事務所編・前掲注 2) 330 頁。
10) これまでスクイーズアウトが略式株式交換・略式合併といった略式組織再編を通じて行われる場合には, 少数株主は差止請求権 (平成 26 年改正前会社 784 条 2 項) を行使することも可能であったが, 平成 26 年の会社法改正によって, 新たにスクイーズアウトに利用できるようになった売渡請求制度 (新設) や株式併合に加え, 略式組織再編以外の全部取得条項付種類株式の取得においても差止請求が可能となった (会社 179 条の 7・182 条の 3・171 条の 3・784 条の 2 等)。なお, スクイーズアウトについて, 取引の有効性自体を争う方法によって無効とされた事例は, 手続自体に遺漏があった場合を除き, 公表された限りにおいてはないようである。
11) 株主総会において著しく不当な決議がされたというためには, 全部取得条項付種類株式を用いて少数株主を排除する目的があるというだけでは足りず, 少なくとも, 少数株主に交付される予定の金員が, 当該会社の株式の公正な価格に比して著しく低廉であることを必要とするとした事例として, 東京地判平成 22・9・6 判タ 1334 号 117 頁参照。

116 条・117 条等）や取得価格決定申立制度（会社 172 条等）を利用することが考えられる。取得価格決定申立制度の詳細については 3. 及び Ⅵ. において詳述する。

　また、③対象会社の取締役の責任を追及する方法としては、X は本件でスクイーズアウトに関与した Y 社の取締役である P 等に対して損害賠償請求（会社 429 条 1 項、民 709 条）をすることが考えられる。これについても、Ⅵ. において詳述する。

　そして、④公開買付者及びその関係者の責任を追及する場合には、X はスクイーズアウトを実施した C 社及びその関係者である B 社等に対して、不法行為に基づく損害賠償請求（民 709 条）をすることが考えられる。しかしながら、公開買付者等において株主の損害の発生に向けた故意・過失が認められることは、通常は困難であろう。

2. 手続の選択

　前項で述べたとおり、少数株主の救済措置としては複数の手段が考えられるが、本件で X は、自らが保有していた Y 社株式を強制的に取得されてしまうことに納得していない。どうせ強制的に取得されてしまうのであれば、より高額な対価で取得してもらいたいと考えるならば、X としては、上記②の対価の公正性を争う方法として、株式買取請求又は取得価格決定申立てのいずれかを選択することになるであろう[12]。

---

[12]　株式買取請求又は取得価格決定申立てのいずれを選択するかについて、平成 26 年の会社法改正前は、株式買取請求の買取りの効力は代金支払時に生じるとされていたところ、株式の買取りの効力発生前に全部取得条項付種類株式の取得日が到来して買取価格決定の申立人適格を喪失することがあり得たため、株主は取得価格決定申立てを行うべきであると解されてきたが（最決平成 24・3・28 民集 66 巻 5 号 2344 頁）、平成 26 年改正後の会社法において、株式買取請求の買取りの効力は定款変更の効力発生日に生じるとされ（会社 117 条 6 項）、買取価格は事後的に確定すればよいことになったため、株主が株式買取請求（及び買取価格決定申立て）と取得価格決定申立てのいずれかを選択できるようになった（神田秀樹編『論点詳解 平成 26 年改正会社法』〔商事法務、2015 年〕229 頁参照）。

3. 取得価格決定申立て（会社172条）の手続

(1) 申立人適格

　取得価格決定申立てを行うためには，Xは，本件のように，Y社の株主総会に先立ってY社による全部取得条項付種類株式の取得に反対する旨をY社に対して通知し，かつ，株主総会の場においても，当該取得に反対しなければならない[13)14)]（会社172条1項1号）。また，Xは，取得日の20日前の日である平成28年3月4日から取得日の前日である同月23日までの間にY社の本店所在地を管轄する東京地方裁判所に申立てをしなければならない（会社868条1項）。

　そして，本件ではXは保有するY社株式1000株のうち，平成26年11月30日に700株を，平成28年1月29日に300株をそれぞれ取得している。MBOを行う旨の案件公表日又は株主総会基準日以降に株式を取得した株主が申立てを行っても，権利濫用にあたらず申立人適格は認められると解されているため[15)16)]，Xは，案件公表日である平成27年11月4日及び株主総会基準日である平成28年1月27日以降に取得した300株を含め，保有する1000株全てについて申立人適格が認められる。

(2) 利害関係参加人としての会社

　会社法172条の取得価格決定申立ての申立人は株主に限られているため，Y社は，当然に当事者として応訴することになるわけではない。Y社が申立手続に関与するためには，「裁判の結果により直接の影響を受ける」者として，裁

---

13) 本件でXは議決権を行使できるが，議決権を行使することができない株主についても取得価格決定申立てを行う申立人適格は認められている（会社172条1項2号）。
14) 裁判所において取得価格決定申立事件の審理が終結する直前までの間に個別株主通知がなされることを要する（最決平成22・12・7民集64巻8号2003頁参照）。
15) 東京地決平成27・3・4金判1465号42頁，東京地決平成27・3・25金判1467号34頁。
16) 申立人適格が認められるのはあくまで取得される全部取得条項付種類株式の株主に限定され，その他の種類の株式を保有する株主には申立人適格はないことについて，会社法コンメ(4)103頁［山下友信］参照。

判所に対して利害関係参加許可申立て（非訟21条2項）を行い，裁判所の許可を得た上で手続に参加することが必要となる[17]。

(3) 非訟事件としての性格

取得価格決定申立事件は非訟事件であるため，その手続は非公開であり，職権探知主義が採用される（非訟49条1項）。もっとも，審問の期日が開かれ，関係者の陳述の聴取がされ（会社870条2項4号），決定に理由が付される（会社871条）という当事者主義的な一面もある。それに加えて，手続の透明性及び当事者の予測可能性といった観点から，当事者主義的に手続を行うべきとの見解もあり，例えば東京地方裁判所の商事専門部（民事第8部）の非訟係においては，可能な限り当事者主義的な運用がなされている。

なお，取得価格決定申立事件には，上記のとおり職権探知主義が適用されるため，裁判所が決定することができる株式の取得価格は，理論的には当事者の主張に左右されないが，実務的には当事者が主張する価格の範囲の中で決定されることが多いようである。

(4) 申立費用

申立費用は，原則として各自負担とされ（非訟26条1項），裁判所の裁量により手続費用の全部又は一部を負担させることができる者の範囲は，当事者，利害関係参加人，裁判を受ける者となるべき者，裁判により直接利益を受ける者に限定されている（同条2項）。

(5) 複数の同種事件が係属した場合

取得価格決定申立て（会社172条）は，株式を強制的に取得されることに不満を持つ複数の少数株主によって申し立てられることが想定されるが，申立ては個々の株主ごとになされるため，裁判所による取得価格の決定の効力は，当

---

17) 会社は「裁判を受ける者となるべき者」に該当するとして，利害関係参加の申出（非訟21条1項）を行って手続に参加することになるとの見解もある（松田亨＝山下知樹編『実務ガイド 新・会社非訟』〔金融財政事情研究会，2014年〕278頁参照）。

該申立てをした株主にのみ及ぶ[18]。そのため，本件でも仮にX以外に取得価格決定申立てを行った株主がいた場合でも，当該X以外の株主が申し立てた事件の決定はXが申し立てた事件における裁判所の判断を拘束しない。

このように，それぞれの申立手続が独立して存在するため，複数の手続は当然には併合されず[19]，あくまで裁判所の裁量によって複数の事件が併合されるか否かが検討される（非訟35条1項）[20]。もっとも，特段の事情がない限り，一般的には審問及び裁判は併合して行われている[21]。

(6) 仮払手続

本件でXが取得価格決定申立てを行った場合，Y社は，Xに対して，裁判所の決定した価格に加えて，取得日である平成28年3月24日の翌日を起算日とする当該価格に対する年6分の利息も支払う必要がある（会社172条4項）。取得価格決定申立てをされたY社としては，裁判所による決定があるまでは，株主に対して会社が公正と認める額を支払うことができるため（同条5項），利息の発生を抑えるために，Xに対して直ちに1株2000円に相当する価額を支払うことになるであろう[22]。

【Case 10-4】 取得価格決定申立手続，「公正な価格」の意義

本件においては，Y社は小規模な監査法人から株式価値算定書を取得していたが，Xが調査した結果，当該監査法人は公認会計士資格を有す

---

[18] 会社法コンメ(4)110頁［山下］。
[19] 同じ裁判所において近接した時期に別々の決定が出された例として，東京地決平成21・4・17金判1320号31頁，東京地決平成21・5・13金判1320号41頁。
[20] 松田＝山下編・前掲注17)212頁。
[21] 類型別会社非訟111頁［難波孝一］。
[22] 平成26年の会社法改正前は，改正後と異なり，会社法上明文がなかったため，株主と仮払合意ができない場合，会社から一方的に公正と考える価格を株主に対して支払うことにより当該価格に対する利息の支払を免れることができることに疑義があった。

> るB社元従業員が中心となって設立された監査法人であり，B社が投資する他の多くの案件で助言を行っており，B社との親密な関係が推認できた。そのような事情の下，Xは，公開買付価格を決定するに至るプロセスに問題があり，また，Y社が公開買付け公表前に公表した業績の上方修正を踏まえれば，1株2000円ではなく，少なくとも1株3000円が対価として適切であるとして取得価格決定申立てを行った。Y社は，裁判所の許可を得て，この取得価格決定申立事件の手続に参加した。

Ⅳ. 取得価格の決定

1. 総論

反対株主の株式買取請求制度（会社116条1項）等では「公正な価格」が買取価格として法定されていることに比べ，取得価格決定申立制度（会社172条。制度の概要についてはⅢ.3.を参照）では，「株主は，……裁判所に対し，株式会社による全部取得条項付種類株式の取得の価格の決定の申立てをすることができる」とだけ規定されており，裁判所が裁量の下で決定する価格の基準については何ら定められていないが，会社法172条1項の「取得の価格」とは「公正な価格」を意味すると解されている[23]。そこで，本件取得価格決定申立てにおいても，反対株主の株式買取請求制度と同様にY社株式の「公正な価格」が問題となる。

2. 公正な価格

(1) 価格決定の枠組み

㈦ 「公正な価格」の意義

取得価格決定申立制度における「公正な価格」について，最決平成21・5・

---

[23] 最決平成21・5・29金判1326号35頁。

29 金判1326号35頁の補足意見は「取得価格決定の制度が，経営者による企業買収（MBO）に伴いその保有株式を強制的に取得されることになる反対株主等の有する経済的価値を補償するものであることにかんがみれば，取得価格は①MBOが行われなかったならば株主が享受し得る価値と，②MBOの実施によって増大が期待される価値のうち株主が享受してしかるべき部分とを，合算して算定すべき」と述べ，実務においても，(a)株式の客観的価値（上記①に対応）と(b)MBOの実施によって増大が期待される価値のうち株主が享受してしかるべき部分（上記②に対応）（プレミアムと呼ばれる）を合算して公正な価格を算定するという説明がなされることが多い[24]。そして，従来，裁判所が「公正な価格」を決定するに当たっては，上記(a)(b)の価格をどのように算定するかという点を中心に争われてきたが（従来なされてきた議論の詳細は(3)で述べる），近時の最高裁決定（(イ)参照）によって，「公正な価格」の判断手法は大きく変わるものと思われる。

(イ) 近時の最高裁決定（最決平成28・7・1）を受けた「公正な価格」の判断手法の変化

最決平成28・7・1金判1497号8頁（以下「平成28年最高裁決定」という）は，本件のように，多数株主が公開買付けを行った後，全部取得条項付種類株式を利用して少数株主をスクイーズアウトした場合における「公正な価格」について，「独立した第三者委員会や専門家の意見を聴くなど多数株主等と少数株主との間の利益相反関係の存在により意思決定過程が恣意的になることを排除するための措置が講じられ，公開買付けに応募しなかった株主の保有する上記株式も公開買付けに係る買付け等の価格と同額で取得する旨が明示されているなど一般に公正と認められる手続により上記公開買付けが行われ，その後に当該株式会社が上記買付け等の価格と同額で全部取得条項付種類株式を取得した場合には，上記取引の基礎となった事情に予期しない変動が生じたと認める

---

[24] 後述のとおり，(b)の部分の算定手法が確立されていないため，「公正な価格」が(a)の部分の算定の基礎となる市場株価以上であるという意味はあるものの，それを超えて，「公正な価格」の算定作業にあたり，(a)と(b)に分解して考えることの有用性については，疑問がないわけではない。

に足りる特段の事情がない限り，裁判所は，上記株式の取得価格を上記公開買付けにおける買付け等の価格と同額とするのが相当である」と判示した。この最高裁決定に照らすと，裁判所は，まず，公開買付価格が公正な手続により設定されたかについて審理し，公正な手続により設定されたと認められた場合には，取引の基礎とした事情に予期しない変動が生じたと認めるに足りる特段の事情のない限り，「公正な価格」は，公開買付価格と同額であると判断し，反対に，公正な手続によって公開買付価格が定められたとはいえない場合には，裁量の下で「公正な価格」を決定するという手順を踏むことになろう。

　平成28年最高裁決定によれば，会社は公正な手続によって公開買付価格を設定すれば，少数株主から取得価格決定申立てをされたとしても，公開買付価格と同額の価格を基礎とする仮払（Ⅲ.3.(6)）をすることによって，それ以上の支払を求められることはなくなる。そのため，MBOを実施する会社は，公開買付価格を設定するに当たって公正な手続を適切に履行したことを疎明できるような手続を踏み，資料を残すことが従来にも増して重要になったといえる。他方，株主側から見ると，取引の基礎となった事情に予期しない変動が生じたと認めるに足りる特段の事情があるという例外的な場合を除けば，公正な手続によって公開買付価格が定められたとはいえない場合にだけ，「公正な価格」が公開買付価格と異なるという判断を得られるにとどまることになる。そのため，取得価格決定申立てを行うかどうかの判断に当たっては，まずは手続が公正でないことを基礎付ける事情が存在するか否かを検討する必要がある。

(2)　手続の公正性

　(1)(イ)で述べたとおり，今後，本件のような事案における取得価格決定申立事件においては，平成28年最高裁決定を受けて，手続の公正性が認められるか否かが一次的な争点になると思われる。平成28年最高裁決定は，手続が公正であるか否かをどのように判断するかについて明確な規範は立てていないが，(1)(イ)に引用した判決文によれば，少なくとも，「独立した第三者委員会や専門家の意見を聴くなど多数株主等と少数株主との間の利益相反関係の存在により意思決定過程が恣意的になることを排除するための措置が講じられ」たこと，

及び,「公開買付けに応募しなかった株主の保有する上記株式も公開買付けに係る買付け等の価格と同額で取得する旨が明示されているなど一般に公正と認められる手続により」公開買付けが行われたことが認められる事案においては,手続の公正性が認められることになろう。これらの文言はなお抽象的であるが,平成28年最高裁決定が判示する事実関係の概要に照らせば,同決定は,①対象会社の公開買付けに関する意思決定過程から公開買付者と関係の深い取締役を排除し,公開買付者との関係がないか,関係の薄い取締役の全員一致の決議に基づき意思決定をしたこと,②選任した法務アドバイザーや財務アドバイザーから助言を受け,財務アドバイザーから株式価値算定書を受領し公開買付価格は妥当である旨の意見を得たこと,③有識者から構成される第三者委員会から,公開買付価格は妥当であると認められる上,株主等に対する情報開示の観点から特段不合理な点は認められないなどの理由により,公開買付けに対する応募を株主等に対して推奨する旨の意見を表明することは相当である旨の答申を受けた上で,対象会社が同答申のとおり公開買付けに対する意見を表明したことといった事実を基礎として,手続の公正性を認めたものと思われる[25]。これ以外にどのような事実が手続の公正性を基礎付けるかは平成28年最高裁決定からは明らかではないが,これまでの裁判例[26]から,例えばフェアネス・オピニオンを取得している場合には,そのことも手続の公正性を基礎付ける事実となるであろう。

(3) 株式価値の算定方法

平成28年最高裁決定を踏まえて,本件でも,上記のとおり手続の公正性が認められるか否かが一次的な争点になるであろう。Y社が株式価値算定書を取

---

[25] 本文中の①〜③は,平成28年最高裁決定の事案がそのような事実関係であったことを示しただけであり,これらの事実関係が存しない場合(例えば,取締役会決議が全員一致でなかった場合)には手続の公正性が認められないという趣旨ではない。

[26] 東京高決平成28・3・28金判1491号32頁では,取引条件の正当性についてフェアネス・オピニオンを求める実務慣行は必ずしも定着していないため,これを求めなかったとしても手続の公正性に欠けることにはならないと判示しつつ,フェアネス・オピニオンを求めることで手続の客観性が高まることが指摘されている。

得した監査法人は，公認会計士資格を有するB社元従業員が中心となって設立された監査法人であり，B社が投資する他の多くの案件で助言を行っていたことをもって手続の公正性が否定されるかは明らかでないが，仮にこれが否定された場合又は取引の基礎とした事情に予期しない変動が生じたと認めるに足りる特段の事情が認められる場合には，裁判所が裁量の下で「公正な価格」を決定することになる。その場合，(1)(ア)で述べたとおり，株式の客観的価値とMBOの実施によって増大が期待される価値のうち株主が享受してしかるべき部分を合算して「公正な価格」を判断するという，以下において述べる従来の実務に沿った判断手法が採用されることになるものと思われる。

(ア) 株式の客観的価値

(i) 判断枠組み

本件のように全部取得条項付種類株式を利用したスクイーズアウトを行ったMBO事例における株式の客観的価値の算定方法については，これまでの裁判例から，原則として次のようにまとめることができる[27]。すなわち，(a)市場株価が当該企業の客観的価値を反映していないと認められる特別の事情がない限り，全部取得条項付種類株式の取得日に近接した市場株価を基礎として[28][29]，(b)市場における偶然の要素による株価の変動を排除するため，一定期間の市場株価の平均値を採用するが，(c)スクイーズアウトに先行して行われる公開買付け公表後の株価は，MBOの実施を前提とする公開買付価格による影響を受けていることから，公開買付け公表後の期間は算定の基礎から除外す

---

[27] 阿南剛「スクイーズアウト型組織再編における対価の適正性」神田秀樹＝武井一浩編『実務に効く M&A・組織再編判例精選』（有斐閣，2013年）186頁。なお，近年，回帰分析を用いた判断を行う裁判例もある（前掲東京地決平成27・3・4，東京高決平成27・10・14金判1497号17頁）が，それぞれの上級審において，回帰分析を用いることについて制限的な判断を下されている（前掲東京高決平成28・3・28，平成28年最高裁決定の補足意見）。

[28] 対象会社が債務超過の状態にあるとき，これを解消する具体的な見通しのなかった経営状態，潜在的収益力や投資家の評価等を踏まえて，市場株価を基準とせずに第三者算定機関の算定した株式価値を客観的価値とした裁判例がある（東京地決平成25・9・17金判1427号54頁参照）。

[29] 平成28年最高裁決定の補足意見においても，「公正な手続等を通じて買付け等の価格が定められたとは認められない場合には，裁判所が取得価格を決定することになるが，その算定方法は市場株価分析によらざるを得ないこともあろう」と指摘されている。

る[30]）。

　上記の判断枠組みによれば，本件で市場株価がY社の客観的価値を反映していないと認められる特別の事情がない限り，上記(c)のとおり，C社が公開買付けを行うこと及びY社がそれに賛同することを公表した平成27年11月4日以降の期間は算定の基礎から除外する必要があるため，同月3日以前の一定期間のY社株式の市場株価の平均値をもってY社株式の客観的価値を判断することになる。

　実務上，多くの事例では公開買付け公表日の直前1か月間の市場株価の平均値が採用されており，Xも，Y社による業績の上方修正の公表（以下「本件上方修正公表」という）を受けたY社株式の株価上昇効果が希薄化しないよう，1か月よりも長い期間の平均値を採用すべきと主張することはないであろう。他方，MBO等の会社の非公開化が実施されることが公表される前に業績の上方修正が公表され，対象会社の市場株価が急激に上昇したといった事情等がある場合においては，3か月や6か月といったより長い期間の市場株価を平均化すべきとする裁判例も存在する[31]。そのため，本件では，本件上方修正公表後にY社株式の市場株価が急激に変動したといえる事情等がある場合，Y社が，1か月よりも長い期間の市場株価の平均値（Xが主張するよりも低い平均株価）がY社株式の客観的価値であると主張するであろう。

(ii)　当事者の立証方法・専門委員の活用

　上記(ア)において述べたとおり，本件において，公正な手続によって公開買付価格が決定されたと認められない場合又は取引の基礎とした事情に予期しない変動が生じたと認めるに足りる特段の事情が認められる場合には，X及びY

---

30)　MBOを計画する経営者が自己の利益を最大化するため自社の株価をできる限り安値に誘導するおそれがあるとして，MBO公表より前の時点である，MBO準備開始以降の株価も客観的価値の算定の基礎から除外すべきとした裁判例（大阪高決平成21・9・1判タ1316号219頁）があるが，他方で，抽象的な危険性のみをもってMBO準備開始以降の株価まで排除することは実態から乖離している等の批判もある（十市崇「サンスター事件大阪高裁決定の検討(下)」商事法務1881号〔2009年〕15頁）。

31)　東京地決平成25・1・30判例集未登載（コージツ事件。商事法務1990号47頁），東京地決平成25・7・31資料版商事法務358号148頁。

社それぞれがY社株式の客観的価値を主張することになるが、Ⅲ.3.(3)においても述べたとおり、取得価格決定申立事件は非訟事件であっても当事者主義的な運用がなされる側面があるため、本件でも、まずX及びY社がそれぞれの主張を根拠付ける証拠を収集し、提出することになる。これに関し、Y社からは、Y社が主張する株価（公開買付価格）が適切であることを根拠付ける、専門家（公認会計士等）が作成した意見書や株式価値算定書等が証拠として提出されることがある。他方、そもそもY社株式の価値を評価するために必要な情報はY社側に偏在している上に、資力の問題から、Xは専門家に意見書等を作成してもらうことを依頼し難い場合も少なくない。そのため、Y社が公開買付価格の決定に使用した株式価値算定書等（Y社が積極的に提出しない場合）やその前提資料であるY社の事業計画等をY社から入手したいと考え、XがY社に対して、当該株式価値算定書や事業計画等を提出するよう求めることもある。これに対して、事業計画等には企業秘密が含まれていることを理由として、あるいは、開示を求められた資料が第三者との間の守秘義務に服している場合には、当該守秘義務を理由として、Y社が提出に消極的になることもある。そのような場合には、例えば事業計画等の一部をマスキングして提出したり、Xが守秘義務を負うことを当事者間で合意したりした上で、Y社が資料の提出を行うこともある[32]。

また、当事者から提出された証拠のみでは公正な価格を判断できないと裁判所が考えた場合、鑑定に付すこともある。もっとも、鑑定には通常多額の費用がかかることや、裁判所が気軽に自らの疑問点を解消するような目的に適した制度でもないため[33]、専門委員制度（非訟33条）の活用も検討されるであろ

---

[32] 非訟事件手続では、文書提出命令違反について、民事訴訟法のような真実擬制（民訴224条1項等）は認められず（非訟53条1項）、過料の制裁があるにとどまることもあり（同条3項）、文書提出命令に関する審理に時間と労力を費やすことを避けつつ、充実した審理を円滑に行うため、当事者からの任意の提出を促すような裁判所の手続指揮がなされることが少なくない（松田＝山下編・前掲注17）218頁参照）。

[33] 最終的には鑑定人が出した価格と当事者が主張する価格との差異に応じて鑑定費用を比例配分するのが公平と解されている（東京高決平成22・5・24金判1345号12頁、東京地決平成20・3・14判時2001号11頁）。

う。非訟事件手続法上の専門委員は，民事訴訟法上の専門委員（民訴92条の2第1項）と異なり，意見を述べることができるため，例えば本件においても，裁判所，X，Y社及び専門委員を交えた打合せにおいてY社提出の意見書等について意見交換を行い，主張や証拠を整理することで当事者や裁判所の事案に対する理解を深め，鑑定を行うことまで本当に必要かどうかを裁判所が検討できるようにすることもある。

(イ) MBOの実施によって増大が期待される価値のうち
株主が享受してしかるべき部分の価格

MBOの実施によって増大が期待される価値のうち，株主が享受してしかるべき部分の価格（プレミアム）については，「①MBOの目的や実施後の事業計画から予測される収益力や業績についての見通しのほか，②利益相反関係に配慮した措置，買付価格についての交渉の有無，経過，旧経営陣の立場等に照らし，MBOが，いわゆる独立当事者間（支配従属関係にない当事者間）において，第三者機関の評価を踏まえ合理的な根拠に基づく交渉を経て，合意に至ったなどと評価し得る事情があるか，また③適切な情報開示が行われた上で，対象会社に対する株式公開買付けが成立し，株主総会において全部取得条項付種類株式の発行と取得が承認されるなど，一般に公正と認められる手続によってMBOの一連の手続が行われたと認められるかなど」諸事情を総合考慮して当該価格が決定されるべきとした事例もあるが[34)35)]，他方で，「考慮すべき要素は，複雑多岐にわたる反面，これらがすべて記録上明らかになるとは限らないこと，会社法172条1項が取得価格の決定基準については何ら規定していないことを考慮すると，会社法は取得価格の決定を，記録に表れた諸般の事情を考

---

34) 東京高決平成22・10・27資料版商事法務322号174頁。もっとも，この高裁決定においては，MBOに至る経緯やその目的，相手方株式の客観的価値の試算は示されているものの，MBOの実施後の相手方の事業計画から予測されるその収益力や業績についての具体的な見通し，将来のキャッシュフロー計画が明らかにされず，また，MBOの実施後に増大が期待される価値のうち既存株主に対して分配されるべき部分を客観的かつ一義的に算出する評価方法は未だ確立されているとは言い難いことを理由に，最終的には，他のMBO事例を参照して，MBOの実施によって増大が期待される価値のうち，株主が享受してしかるべき部分の価格が決定されている。

慮した合理的な裁量に委ねたものと解するのが相当」であるとして、明確な考慮要素を示さずに裁判所が価格を決定した事例もある[36)37)]。いずれにせよ、裁判所が把握できた諸事情が総合考慮された上で、株主が享受してしかるべき部分の価格が判断される点には変わりない。

V. 上訴制度

　裁判所は、Y社株式の取得価格について理由を付した決定を行う（会社871条）。当該決定に対しては即時抗告が認められており（会社872条5号）、X又はY社は、裁判所の決定に対して不服がある場合には、裁判の告知を受けた日から2週間以内に即時抗告を申し立てる必要がある（非訟67条1項・2項）。なお、即時抗告には執行停止の効力が認められているため（会社873条）、即時抗告がなされた場合、裁判所が決定した価格でXに対して対価が支払われることはない。

---

35) 他には「増加価値分配価格は、『MBOの実施によって増大が期待される価値』を買収者と反対株主に分配したうちの反対株主に分配される1株当たりの株式価値である。また、『MBOの実施によって増大が期待される価値』は、『MBO実施後の増大が期待される対象会社の企業価値を前提とした株式価値』から、MBOが行われない場合の対象会社の企業価値を前提とした株式価値（ナカリセバ価格）を差し引いたものである」とし、「MBO実施後の増大が期待される対象会社の企業価値を前提とした株式価値」を、将来の事業計画や収益予測を基礎とするDCF法に基づき決定した事例がある（大阪地決平成24・4・13金判1391号52頁）。

36) 東京高決平成24・12・28判例集未登載（平成24年(ラ)第1033号／同第1123号）。この高裁決定においては、上記のとおり裁判所の合理的な裁量に基づき判断されると判示した上で「そうすると、1株当たり395円という本件公開買付の価格は、本件株式の客観的価値に77％以上の高額のプレミアムを付したものということができ、今後の株価の上昇に対する期待を十分評価したものといえる上、抗告人会社が法律事務所の助言を得て、本件委員会における協議・検討を経て、大和証券による株式価値の算定等を参考にしつつ、Gプランニングとの交渉も行われた結果、本件買付価格が1株当たり395円と決められた過程に特段の問題はうかがわれず、本件公開買付に大多数の株主（買付予定数の約97.2％）が応じたこと等を考慮すると、本件株式の取得価格は、1株当たり395円と定めるのが相当である」と判示する。

37) MBO報告及びMBO指針（いずれもVI.2.(1)で説明する）においても、株主が受けるべき部分の価値について、「プレミアムが何％以上であれば妥当である」といった一義的・客観的な基準を設けることは困難であるとされている。

【Case 10-5】　MBO における取締役の責任，取得価格決定申立制度との関係

> 　Xによる価格決定申立事件において，取得価格を1株2500円と定める決定が出された。これに対して，Y社による全部取得条項付種類株式の全部取得により1株2000円（公開買付価格と同額）で株式を取得されていたZは，公正な価格よりも低い価格でY社株式を手放すことを余儀なくされたとして，Pを含むY社取締役に対して何らかの責任追及をしたいと考えた。なお，本件では，Y社が取得した株式価値算定書の公正性に疑義があったことに加え，Y社は平成27年10月半ばにP及びB社から公開買付提案を受けた後，同月下旬に本件上方修正公表を行っていたが，Zは，Y社が，本件上方修正公表の際，市場株価が公開買付価格である1株2000円を上回ることがないよう業績を不当に低く見積もったのではないかと疑っていた。

VI. 取締役の責任

1. 総論

　本件においては，結果としてY社が設定した公開買付価格よりも高い価格が公正な価格であると判断されたため，Zとしては，より高い価格でY社株式を売却できたにもかかわらず1株2000円で売却したことにより，本来得られたはずの利益を失ったとして，Pを含むY社取締役に対して損害賠償請求（会社429条1項，民709条）をすることが考えられる38)。以下では，本書の目的に照らして，ZによるPを含むY社取締役に対する会社法429条1項に基

---

38)　取締役に対する責任追及を行う場合，会社法429条1項及び民法709条に基づく請求が併存し得ることについては第4章 I.2.(1)を参照。

づく損害賠償請求の可否について検討する。

2. 会社法429条1項の責任

(1) MBOを行うこと自体と善管注意義務との関係

　Zは，そもそもY社や株主と利益相反関係に立つPがMBOを実施したこと自体が，取締役として負う善管注意義務に違反すると主張するかもしれない。

　この点に関連して，東京高判平成25・4・17判時2190号96頁（以下「レックス事件」という）は，前提として，取締役がMBOによりその経営する会社を買収しようとする場合にも，当該取締役は，善管注意義務や忠実義務を免れず，例えば，取締役が，職務上の地位を利用し，会社の犠牲において自己又は第三者の利益を図るためにMBOを行うことが忠実義務に反することは明らかであると判示する[39]。もっとも，平成19年に企業価値研究会が公表した「企業価値の向上及び公正な手続確保のための経営者による企業買収（MBO）に関する報告書」（以下「MBO報告」という）及び経済産業省が公表した「企業価値の向上及び公正な手続確保のための経営者による企業買収（MBO）に関する指針」（以下「MBO指針」という）によれば，MBOは，規模の拡大等により企業内部のインセンティブ構造が複雑化した企業が，ベンチャー企業的な単純なインセンティブ構造への回帰を企図するものとして位置付けることが可能であり，経営者及び株主間のエージェンシー問題[40]の解決を図り得ること，市場における短期的圧力を回避した長期的思考に基づく経営の実現や，株主構成が変更されることによる柔軟な経営戦略の実現，「選択と集中」の実現等が図られること，MBOを契機とした従業員等の士気の向上が見込まれること，企業のライフサイクルの中で，上場を継続することが適さなくなった場合に，MBOにより非上場化し，各企業に適した資本関係を実現する意義があること，

---

[39]　そのような取締役によるMBOを阻止し得なかった他の取締役及び監査役についても，それぞれ善管注意義務違反の問題が生じ得るとも判示されている。

[40]　レックス事件において，「『エージェンシー問題』とは，企業所有者である株主が経営を取締役に委任しているエージェンシー関係において両者の利益が一致しない問題をいう」とされている。

株主にとって市場株価以上の株式売却の機会が提供されることといった経済的意義があり，有効に活用すれば企業価値の向上に大きく資すると評価され，近年我が国のMBO事例は増加していることが認められている。そこで，レックス事件は，MBO報告及びMBO指針が挙げるMBOの経済的意義や社会的評価に照らして，「取締役が，MBOの経営上の効用に着目し，会社の企業価値を向上させて会社の利益を図るためにMBOを行うことは，関係法令に違反し，又は，会社の経営状況その他諸般の事情を考慮した経営判断として著しく不合理と認められるなどの事情がない限り，許容されるものであり，取締役及び監査役の善管注意義務が直ちに問題となるものではない」とも判示している。そのため，PがMBOを実施したこと自体が直ちに善管注意義務違反を構成するという主張が認められる可能性は低いであろう。

(2) 公正価値移転義務
(ア) 判断枠組み

　レックス事件では，たとえ企業価値の向上を目的としていること等によって，MBOを行うこと自体が善管注意義務違反を構成しなくとも，取締役は善管注意義務の一環として，MBOに際し，公正な企業価値の移転を図らなければならない義務（以下「公正価値移転義務」という）を負うとされているため[41]，本件でもこの公正価値移転義務違反の有無の検討が必要となる。株主に移転されるべき「公正価値」とは，(a)企業価値を基礎とする買収価格を発行済株式総数で除して求められる価格に株主が保有する株式を乗じた価格，及び，(b)MBOに際して実現される価値のうち旧株主に帰属すべき価値（プレミアム）の合計であり，取締役が企業価値を適正に反映しない安価な買収価格でMBOを行い，旧株主に帰属すべき企業価値を取得したときは，公正価値移転義務（善管注意義務）違反を構成すると解されている[42]。

---

41) なお，レックス事件においては，取締役は会社の売却価格を最大限に高める注意義務も負っていると元株主から主張されたが，当該主張は，米国デラウェア州の判例法上，MBOに際して取締役が負うとされている「レブロン義務」を根拠とする主張であって，我が国で行われたMBOに直ちに妥当するものではないとして否定されている。

本件では公開買付価格である1株2000円が「企業価値を適正に反映しない安価な買収価格」であるか否かが問題となるが（株主が提起した取得価格決定申立てにおいて，公開買付価格よりも高い価格での決定が出されたとしても直ちに任務懈怠を構成しないことについてはⅦ.参照），Zは，Y社が1株2000円というC社提案の公開買付価格に賛同した際に参考とした株式価値算定書はB社と関係の深い監査法人が作成したことを指摘して，Y社が依拠した株式価値算定書を作成した監査法人の中立性は保たれていないと主張することになるであろう。Zとしては，これ以外にも，監査法人がY社株式の価値を算定した際に用いた手法が不適切であったこと[43]等の，本件公開買付価格が適正でなかったことを裏付ける事情の主張立証を試みることとなる。

そして，本件で公開買付価格が適正でなかったと認定された場合には，公正価値移転義務に違反したPを含むY社取締役には少なくとも重大な過失が認められ，適正な価格との差額を損害とする会社法429条1項に基づく損害賠償請求が認められる可能性が高くなるであろう。

---

[42] 他方，レックス事件の原審である東京地判平成23・2・18判時2190号118頁では，MBOにおいては取締役に必然的に利益相反的構造が生じることを指摘した上で，取締役には株主の共同の利益に配慮する義務があり，当該義務に違反したか否かは「当該MBOが企業価値の向上を目的とするものであったこと及びその当時の法令等に違反するものではないことはもとより，当該MBOの交渉における当該取締役の果たした役割の程度，利益相反関係の有無又はその程度，その利益相反関係を回避あるいは解消するためにどのような措置がとられているかなどを総合して判断するのが相当」と判示し，手続面を考慮する判示内容となっている。もっとも，手続に着目するか，買収価格の公正性に着目するかの違いはあまり大きくないとする見解もある（飯田秀総「レックス・ホールディングス損害賠償請求事件高裁判決の検討(上)」商事法務2022号〔2014年〕9頁）。なお，公正価値移転義務を前提とした場合であっても，企業価値の移転に係る公正な手続として想定される手続の一部が欠け，あるいは一部の手続に瑕疵があったとしても，最終的に公正な企業価値の移転がされていると認められれば，全体としては公正な手続が執られたと評価すべき場合はあり，仮に個々の行為に善管注意義務違反が認められたとしても，損害の発生がないことになり，損害賠償義務は発生しないと判示する裁判例もある（大阪高判平成27・10・29金判1481号28頁）。

[43] レックス事件においては，算定書作成会社が作成した株式価値算定書は市場株価法，DCF法及び類似会社比準法を併用していたところ，MBO報告及びMBO指針において複数の算定方法を併用することが推奨されていることを述べた上で，当該株式価値算定書の内容を妥当と判断している。

(イ) 株主総会で賛成を得ていることの位置付け

レックス事件は、株主総会において、適正な情報が株主に伝えられた上で、一定の公開買付価格によるMBOに賛成することが決議された場合には、たとえその公開買付価格が客観的には適正な企業価値を下回る場合でも、特段の事情のない限り、公正価値移転義務違反を構成しない余地があるとする。もっとも、(3)のとおり、本件でY社が業績を不当に低く見積もっていたならば、情報が適正に開示されていなかったとして、仮にY社株主総会で公開買付価格に賛成する旨の株主総会決議がされたとしても、直ちにPを含むY社取締役の責任が回避されるわけではない。

(3) 適正情報開示義務

レックス事件は、当時MBOを行う取締役が当然に負う特別な情報提供義務の存在は否定したものの、会社と取締役とは、委任の関係に立つものであり、個別の事案の具体的な事情の下で、MBOに関し、取締役に一定の情報提供義務[44]が生じる場合は当然あり得る（民645条）と判示した上で、「MBOの場合でなくても、一般に、会社の業績等に関する情報開示を行うときには、取締役は、当該情報開示を適正に行うべき義務を、善管注意義務の一環として負っていると解される（証券取引法5～22条参照）」と判示した（以下、これらの義務を「適正情報開示義務」という）[45)46]。

本件では、Y社が業績の上方修正を公表する際、市場株価が公開買付価格を上回ることがないよう業績を不当に低く見積もったという事実が裁判所によって認定されたならば、Pを含むY社取締役の適正情報開示義務違反が認

---

44) レックス事件においては、MBOを実施する場合、取締役が、当然に、その実施に至ったプロセス、当該時期にMBOの実施を選択した背景・目的、MBOが成功した場合の業績予測、MBOを実施しなかった場合の業績予測、MBO価格設定の根拠や交渉経過、株主が当該MBOについて反対をする場合の取扱いや、当該株主が取り得る手段等について、株主に対して、株式を売却するか否かの選択にとって強圧的な効果が生じないよう十分に配慮した充実した説明をすべき義務と説明されている。
45) レックス事件においては、結論として、適正情報開示義務違反は認定されたものの、それと因果関係のある損害がないとして、請求自体は棄却されている。

められるであろう。その場合，適切に情報開示をしていたならばY社株式の市場株価が，平成27年11月4日以前の最高値である1840円を超え，1株2000円を超える価格で公開買付けを行わなければ株主が当該公開買付けに応募しなかったであろうと認定するに足りる事情があり，かつ，適正情報開示義務の違反についてPを含むY社取締役に故意又は重大な過失が認められる場合には，ZはPに対して，当該差額を損害として，会社法429条1項に基づき損害賠償請求ができる。

Ⅶ．取得価格決定申立制度との関係

本件においては，ZがPを含むY社取締役に対して会社法429条1項に基づく損害賠償を求めているが，証拠収集の困難性等から，実際には株主が取締役の任務懈怠を立証することは必ずしも容易ではない。そのため，実務的には，取得価格決定申立て等において公正な価格に基づく対価の支払いを受けることが，株主が権利保護のためにもっとも利用しやすい手段であると思われる。

また，これまでは，本件のように，取得価格決定申立制度で，公開買付価格よりも高い価格が公正な価格であるとされた場合であっても，それによって直ちに取締役の任務懈怠が認められるわけではないと考えられてきた。すなわち，

---

46) レックス事件においては，「善管注意義務の一環として，株式公開買付けにつき会社として意見表明をするときは，当該意見表明において，株主が株式公開買付けに応じるか否かの意思決定を行う上で適切な情報を開示すべき義務を負っていたと解するのが相当」とも判示されている。そして，当該事件においては，公開買付け公表前に業績の下方修正に関するプレスリリースが行われていることについて，当該プレスリリース自体は適正情報開示義務違反を構成しないものの，当該プレスリリースが諸般の事情によって株価操作ではないかと疑われても当然といえるだけの理由があることを認定した上で，株主に対してより充実した説明が必要であったことを理由として，公開買付けに対する賛同意見を表明する際に補足説明を行わなかったことについて適正情報開示義務違反を認めている。このような判示内容に対しては，金融商品取引法でも証券取引所規則でも明確に開示が求められていない事項について裁判所が開示義務を課すと，MBO取引に対して強い萎縮効果をもたらすとして，反対する意見もある（田中亘ほか〔座談会〕レックスHD事件高裁判決の意義と実務への影響（下）」ビジネス法務14巻1号〔2014年〕61頁〔田中発言〕参照）。また，公正価値移転義務と適正情報開示義務とを区別すべきか否か検討を要するとする見解もある（山本爲三郎「判批」金判1434号〔2014年〕6頁）。

レックス事件においても，取得価格決定申立事件で公正な価格が決定されたとしても，それは公正価値移転義務違反の有無について判示されたわけではなく，あくまで会社法172条1項に基づく取得価格決定の制度の趣旨を踏まえた裁判所の合理的な裁量により判断されたものであり，当該取得価格決定申立事件の内容は，直ちに公正価値移転義務違反の判断に結びつかないと解されてきた。

　しかし，今後は，「公正な価格」に関する判断手法を示した平成28年最高裁決定が取締役の任務懈怠の判断に与える影響について検討を要する。すなわち，MBOの先例やMBO指針等により，会社がMBOに際して一般的に踏むべき手続は相当程度明らかになってきている。そして，平成28年最高裁決定が手続の公正さを認めるに当たって言及する事情は，上記の一般的に踏むべき手続の範囲を超えるものではない。そのため，平成28年最高裁決定の判断枠組みの下，取得価格決定手続において，公開買付価格よりも高い価格が公正な価格であると判断された場合，取引の基礎となった事情に予期しない変動が生じたと認めるに足りる特段の事情があった場合を除いて，会社は先例やMBO指針等に照らして一般的に踏むべき手続を適切に履行しなかった部分があるという点でイレギュラーな事案であることとなる。そのような場合に，一般的に踏むべき手続を適切に履行しなかった取締役について任務懈怠が認定される可能性は低くないように思われる。Ⅳ.2.において，取得価格決定制度に関して述べたとおり，MBOを実施する会社は，公開買付価格を設定するに当たって公正な手続を適切に履行したことを疎明できるような手続を踏み，資料を残すことが従来にも増して重要になったといえるが，それは，当該会社の取締役が責任を負うことを回避するという観点においても重要なことといえよう。いずれにしても，平成28年最高裁決定を受け，取締役の責任について今後もレックス事件の考え方が妥当するかどうかについては，今後の裁判例の蓄積が待たれる。

Column⑩　「公正な価格」に関する裁判例

　公開買付けを行い，全部取得条項種類株式を利用してスクイーズアウトしたMBO事案における「公正な価格」の判断手法は，平成28年最高裁決定によって大きく変化すると思われることは，本文で述べたとおりであるが，ここ

では平成 28 年最高裁決定以前の裁判例の流れを概観してみたい。

まず，東京高決平成 20・9・12 金判 1301 号 28 頁（本文で言及した最決平成 21・5・29 の原審）は，(a)株式の客観的価値と(b)プレミアムを合算して「公正な価格」を算定するという判断枠組みを提示し，会社法は取得価格の決定を裁判所の合理的な裁量に委ねたとして，「公正な価格」を，当事者が決定した公開買付価格ではなく，(a)公開買付公表後 6 か月間の終値の平均値に(b) 20%のプレミアムを付加した価格と算定した。この決定の結論を是認した最高裁決定には，上記判断枠組を認めた田原睦夫裁判官の補足意見が付され，この補足意見が価格決定に当たって規範的な機能を有するようになった。

その後の下級審の審理においては，(a)株式の客観的価値と(b)プレミアムの額が具体的に争われ，裁判所が積極的に裁量権を行使して，公開買付価格よりも高い価格を「公正な価格」と認定する裁判例が出るようになった。

裁判所が公開買付価格よりも高い価格を「公正な価格」と認定した理由は様々であるが，例えば，大阪高決平成 21・9・1 判タ 1316 号 219 頁は株価の下方誘導が疑われることを理由とし，東京高決平成 22・10・27 資料版商事法務 322 号 174 頁は利益相反関係や少数株主への強圧性が排除されたとはいえないことを理由とし，大阪地決平成 24・4・13 金判 1391 号 52 頁は公開買付価格が算定機関の算定結果の下限価格を下回っていたことを理由とし，大阪高決平成 24・1・31 金判 1390 号 32 頁は公開買付価格の算定に当たり増加が期待される価値の一部を含めなかった会社側の評価に誤りがあることを主な理由とするものであった。

他方で，裁判所が「公正な価格」を公開買付価格と同額として認定した裁判例も，札幌高決平成 22・9・16 金判 1353 号 64 頁，東京高決平成 24・12・28（平成 24 年（ラ）第 1033 号等），東京高決平成 25・10・8 金判 1429 号 56 頁，東京地決平成 25・9・17 金判 1427 号 54 頁等が存在する。これらの裁判例は，公開買付価格に(a)株式の客観的価値と(b)プレミアムの額を足し合わせた額が含まれていることを判断の基礎として挙げている。

そして，平成 28 年最高裁決定の原々審である東京地決平成 27・3・4 金判 1465 号 42 頁も，同様の判断枠組みに沿った上で，(a)株式の客観的価値の判断において，買収計画の公表後株式の取得日までの市場全体の株価上昇を踏まえて補正した価格を「公正な価格」と算定した。原審も原々審の判断を是

認したが，平成28年最高裁決定は，本文記載のとおりに判示して判断を覆した。

　新たな考え方を示した平成28年最高裁決定は，上で述べたように短期間で蓄積されてきた従来の裁判例の流れに大きな一石を投じたものといえよう。この変化は，裁判所の審理のあり方に影響を与えるだけではなく，代理人が裁判で果たすべき主張立証の指針や，M&A実務における会社及び取締役の行為規範にも影響を与えることになると思われる。平成28年最高裁決定の射程がどの範囲まで及ぶかについては，今後，個々の事案において様々な議論がなされるであろうし，そのような事案についての裁判例の蓄積の中で裁判所の考え方が徐々に明らかになっていくことになろう。先例的意義を有する判例の影響は，かくも大きいものである。

第7章

買収防衛策を巡る紛争

【Case 11-1】 買収防衛策総論

　Y社は情報処理サービス等を行っている取締役会設置会社（かつ監査役会設置会社）であって，その普通株式を東京証券取引所市場第二部に上場している。Y社の発行可能株式総数は8000万株であり，発行済株式総数は2000万株（全て普通株式）である。また，Y社においては単元株制度が採用されており，単元株式数は100株である。

　X社は，日本株への投資を目的としてケイマン諸島法に基づき設立された米国系投資ファンドである。X社は，近年，日本企業に対する投資活動を積極的に行っており，これまでにも，日本企業に対して敵対的買収を行い社会の耳目を集めたほか，いわゆるアクティビスト株主としても有名な存在となっている。

　X社[1]は，Y社の株価が低迷していることに着目し，平成23年8月以降，株式市場において，Y社が発行する普通株式を買い進め，平成25年7月頃にはその保有割合は5％を超え，大量保有報告書が提出されるに至った。その後，同年12月1日の時点で，X社は，合計300

---

1) 実際は，X社のような投資ファンド運営会社自体が株式の買付けを行う例は少なく，株式等の買付けを行うことのみを目的として投資ファンド運営会社が設立した会社を通じて株式の買付けを行うことが多いが，本書では事案を単純化するため，X社が株式の買付けを行った想定としている。

万株（保有割合15％）を保有するに至り，Y社の筆頭株主となった。
　Y社は，X社が平成25年7月以降に買付けのペースを急に上げていることを受けて，X社の意図を確かめるため，X社の代表者に対し面会を求め，同年12月13日，会談を行った。なお，従来Y社とX社との間に取引関係等はなく，当該会談が両社にとって最初の接触であった。その際，X社は，今後もY社の株式を買い増していきたいとは言うものの，Y社の経営にどう関与するつもりなのかについては，Y社が繰り返し尋ねても，話をはぐらかすばかりであった。
　Y社は，X社のこれまでの他社に対する投資活動を踏まえると，X社がY社の株式の買増しを続け，Y社の経営に大きな影響力を有するようになることに危機感を抱き，X社によるY社株式の買増しに関する対応策について弁護士に相談した。

I．敵対的買収と買収防衛

1．買収防衛策総論

　Y社は，X社がY社の株式の買集めを行い，今後も買増しを行うことを検討していることを受けて，弁護士に対応策を相談している。
　本来，Y社のような上場会社の株式の取得は，法令や規則を遵守している限り基本的には自由であり，株式の取得によって企業の支配権を獲得することも自由である。他方で，投資家の投資目的によっては，上場会社の企業価値や株主共同の利益にとって好ましいものではないと受け止められることもありうる。例えば，いわゆるグリーンメイラー等，他の株主の利益や上場会社の企業価値を犠牲にし，自己の利益を図ることを目的として企業買収を仕掛ける買収者がこれに当たるであろう。このような場合，株主に対して善管注意義務を負う取締役が，上場会社の企業価値ないし株主共同の利益を守るために，上場会社にとって好ましくない者による買収（いわゆる敵対的買収[2]）に対して，防衛策を講じることがある。

このような場合の伝統的な防衛策としては，第三者割当てが挙げられる。これは，敵対的買収者が現れた場合に，会社が新株や新株予約権を現経営陣に友好的な第三者[3]に対して割り当てるものである。このような第三者割当てには，いわゆる主要目的ルールが適用され（Ⅱ.2.において後述するニッポン放送事件高裁決定参照），状況によっては不公正発行として発行の差止めが認められてしまう可能性がある。

2000年代半ば以降，本件のような場合には，敵対的買収者による買収が（本格的に）開始される前にいわゆる事前警告型買収防衛策を導入する選択肢が検討されるようになった。事前警告型買収防衛策とは，買収者の買収提案についての情報収集と一定の検討期間の確保を目的として，上場会社の取締役会が買収者に対し買収後の事業計画等の情報提供を求め，買収者の対応によっては，差別的な内容の新株予約権を株主に無償割当発行するなどの対抗措置を講ずることがあることを，事前に公表するという防衛策である。このような買収防衛策を導入することによって，株主が買収提案に応じるかどうかについて必要な情報に基づいて検討した上で判断する機会を確保できることになる。

2. 金融商品取引法上の規制との関係

実際に大規模な株式の取得が行われる場合，とりわけ買付け後の株券等所有割合が3分の1を超える場合には，原則として，当該買付け行為に対して金融商品取引法（以下「金商法」という）上の公開買付規制（同法27条の2以下）が適用される。

この点，平成18年の証券取引法（現在の金商法）の改正によって，株主・投資家が買収提案を検討するに当たっての情報収集と検討期間確保のための制度が整備されることとなった。具体的には，検討期間確保の観点から，対象会社

---

2) 「敵対的買収」とは，買収対象となる会社の現経営陣が反対する買収のことを指すので，必ずしも会社（ひいては株主）にとって好ましくない者による買収と同義ではないが，本書では，説明の便宜のため，会社（ひいては株主）にとって好ましくない者を敵対的買収者と呼び，これによる買収を敵対的買収と呼ぶこととする。

3) このような第三者割当先は，白馬の騎士になぞらえて「ホワイトナイト」と呼ばれることがある。

による意見表明報告書の提出に公開買付開始公告が行われた日から10営業日の猶予が認められたこと（金商27条の10第1項，金商令13条の2第1項）に加え[4]，公開買付期間が30営業日を下回る場合の対象会社による30営業日までの延長要請権（金商27条の10第2項2号，金商令9条の3第6項）や，対象会社から公開買付者に対する質問権（金商27条の10第2項1号）が認められたこと等である。実際にも，これらの金商法上の制度が整備されたことを理由として，同様の目的を掲げる事前警告型買収防衛策を廃止する企業も増加する傾向にある。

他方で，公開買付規制は市場での買い上がりには適用にならないこと，公開買付規制が適用となる3分の1に満たなくても20％程度以上保有されると経営への影響が相当程度生じること等から，事前警告型買収防衛策の存在意義が失われたわけではなく，今もなお事前警告型買収防衛策を導入・更新している企業も相当数存在する。

Column⑪　M&A実務と多種多様な法源

「M&A」や「企業法務」といった場合，関係しそうな法源としては，まずは会社法を思い浮かべる方が多いのではないだろうか。しかしながら，M&A案件が始まってから終結するまでの間には，会社法に限らず，各種法令や金融商品取引所の規則のほか，関係官庁によるガイドライン等に至るまで，実に多種多様な「法源」（裁判所を拘束する厳密な意味での法規範だけでなく，事実上の規範を含めてこの言葉を用いる）が関わることが珍しくない。

例えば，本書でも題材の1つとして取り上げている公開買付けの場面を想定してみよう（以下では主に他社株公開買付けの場合を想定する）。まず，公開買付けに関わる法令だけでも，金融商品取引法，同法施行令及び発行者以外の者による株券等の公開買付けの開示に関する内閣府令が存在し，さらには，公開買付けの際に提出する公開買付届出書の記載内容は発行者以外の者による株券等の公開買付けの開示に関する内閣府令の第2号様式における記載上の

4）　敵対的買収に係る公開買付けの場合，実務上は，公開買付開始公告が行われた後即座に意見を留保する旨の意見表明報告書が提出され，後に意見表明報告書の訂正報告書を提出することによって実質的な意見が述べられることが多い。

注意に詳細な規定がされている。また，公開買付けに伴って親会社の異動や主要株主の異動が生じる場合等，臨時報告書の提出を要する場合には，企業内容等の開示に関する内閣府令が問題となり，大量保有報告書の提出に関しては株券等の大量保有の状況の開示に関する内閣府令等も参照することが必要となる。さらに，公開買付けを実施する場合，公開買付者又は対象会社が上場会社である場合には，金融商品取引所の規則に沿った適時開示も必要となり，金融商品取引所の適時開示ルールについても参照が必須となる。また，公開買付けの実務的な疑問点等は，公開買付けの規制官庁である金融庁が公開している「株券等の公開買付けに関するQ&A」についてもしばしば参照される（同様のQ&Aは大量保有報告についても存在する）。このような明文化された「法源」に加えて，実務上，公開買付届出書については財務局，適時開示書類については金融商品取引所から，それぞれ記載内容の指導を受けることとなり，実務的には，こうした指導もいわば「法源」の1つである。

　公開買付けを前置する二段階買収事案においては，公開買付け成立後，少数株主の締め出し（いわゆるスクイーズアウト）の手続に進むことになる。スクイーズアウトの方法としてどの手法を選択するかにかかわらず，これらの手法は会社法が規律しており，この段階に至ると，会社法の世界に入ることになる。この場合にも，大量保有報告書の提出や適時開示等，会社法以外の上記に掲げた「法源」は常につきまとうこととなる。スクイーズアウトに不満のある少数株主から法的手続が提起された場合には，会社法に加えて民事訴訟法や非訟事件手続法等の民事手続法も関係してくることとなる。

　上記に挙げたものは一例に過ぎないが，このように，M&A案件が開始してから終結に至るまでには，多種多様な「法源」が関わることとなる。このような案件を取り扱う弁護士は様々なルールに常に目を光らせておくことが要求される。

【Case 11-2】　買収防衛策の内容，買収防衛策を巡る裁判例

　　Y社は，弁護士の助言を踏まえ，事前警告型買収防衛策を導入する方

向で検討を行い，平成 25 年 12 月 27 日，取締役会において，不適切な者によって Y 社の財務及び事業の方針の決定が支配されることを防止し，Y 社の企業価値・株主共同の利益に反する大規模買付行為がされることを抑止するとともに，Y 社の株式の買収が行われた際に，Y 社取締役会が株主に代替案を提案し，株主が大規模買付行為に応じるか否かを判断するために必要な情報や時間を確保し，又は交渉を行うこと等を可能にすることを目的として，大規模買付ルール（以下「本件大規模買付ルール」という）を導入すること及び同ルールの有効期間は，直近に開催される株主総会の終結時までとし，同株主総会において同ルールの更新の承認を得るべく，その更新の可否を議題とすることを併せて決議した。本件大規模買付ルールの概要は以下のとおりである。

〈本件大規模買付ルール〉
　1　本件大規模買付ルールの対象となる大規模買付者
　　　Y 社の発行する株券等の，買付者を含む株主グループの議決権割合が 20％以上となる買付行為（以下「大規模買付行為」という）を行おうとする者
　2　意向表明書の提出
　　　大規模買付者は，大規模買付行為を開始する前に，Y 社に対し，大規模買付者の名称，住所，設立準拠法，代表者の氏名，国内連絡先及び大規模買付行為によって達成しようとする目的の概要を明示し，本件大規模買付ルールに定められた手続を遵守することを約束する旨を記載した法的拘束力のある書面（以下「意向表明書」という）を提出する。
　3　必要情報リストの交付
　　　Y 社の取締役会は，意向表明書を受領した後 10 営業日以内に，大規模買付者に対し，Y 社の取締役会が大規模買付者の大規模買付行為の内容を検討するために必要と考える情報（以下「必要情報」という）の提供を要請するリスト（以下「必要情報リスト」という）を交付する。

4　分析検討期間

　　Y社の取締役会は，必要情報の提供を受けた日から起算して60営業日以内の期間（以下「分析検討期間」という）に，外部専門家の助言を受けるなどしながら，必要情報の分析・検討を行い，Y社の取締役会としての意見を取りまとめて公表する。

5　対抗措置

①　Y社の取締役会は，大規模買付者が本件大規模買付ルールを遵守しなかった場合，会社法その他の法律及びY社の定款の下で可能な対抗措置のうち，そのときの状況に応じ最も適切と判断した手段を選択し，これを発動することがある（この対抗措置には，大規模買付者及びその関係者以外の者のみが行使できることを内容とする差別的な新株予約権の無償割当てを含むが，具体的な対抗措置として新株予約権の無償割当てを行う場合，対抗措置としての効果を勘案した行使期間，行使条件及び取得条項等を設けることがある。）。

②　Y社の取締役会は，大規模買付者が本件大規模買付ルールを遵守している場合には，原則として，大規模買付行為に対する対抗措置を発動しない。ただし，Y社の取締役会は，大規模買付行為が，例えば以下のアからエのいずれかに該当し，その結果としてY社の企業価値ひいては株主共同の利益を著しく損なうと判断した場合には，例外的に対抗措置を発動することがある。

　ア　真に当社の経営に参加する意思がないにもかかわらず，ただ株価をつり上げて高値で株式を会社関係者に引き取らせる目的で行う大規模買付行為（いわゆるグリーンメイラーである場合）

　イ　当社の経営を一時的に支配して当社の事業経営上必要な知的財産権・ノウハウ・企業秘密情報・主要取引先や顧客等を当該大規模買付者やそのグループ会社等に移譲させるなど，いわゆる焦土化経営を行う目的の大規模買付行為

　ウ　当社の経営を支配した後に，当社の資産を当該大規模買付者

やそのグループ会社等の債務の担保や弁済原資として流用する予定の大規模買付行為
    エ　当社の経営を一時的に支配して当社の事業に当面関係していない不動産，有価証券など高額資産等を売却処分させ，その処分利益をもって一時的な高配当をさせるかあるいは一時的な高配当による株価の急上昇の機会を狙って株式の高値売り抜けをする目的の大規模買付行為
6　特別委員会の設置
  ①　Y社の取締役会は，大規模買付行為に対して対抗措置を発動するか否かを判断する場合，その判断の公正性を確保するため，事前に，Y社の業務執行を行う経営陣から独立した者のみから構成される特別委員会に対して対抗措置の発動の是非等について諮問する。特別委員会は，外部専門家の助言を受ける等しながら意見を取りまとめ，Y社の取締役会に対して対抗措置の発動が適当か否か等について勧告する。特別委員会は，勧告に際し，対抗措置の発動に関してあらかじめ株主意思の確認を得るべき旨の留保を付すことができる。
  ②　Y社の取締役会は，特別委員会による勧告をY社株主に開示した上で，当該勧告を最大限尊重して，対抗措置の発動に関して決議を行う。
  ③　また，Y社の取締役会は，(a)特別委員会が対抗措置の発動に関してあらかじめ株主総会の承認を得るべき旨の留保を付して対抗措置の発動勧告を行った場合，又は(b)大規模買付行為によるY社の企業価値ひいては株主共同の利益に対する侵害が認められるか否かが問題となっており，かつ，Y社の取締役会が善管注意義務に照らしY社株主の意思を確認することが適切と判断する場合には，株主総会を招集し，対抗措置の発動その他当該大規模買付行為に関するY社株主の意思を確認することができる。Y社の取締役会は，株主総会を開催する場合には，株主総会の決議に従い対抗措置の発動等に関する決議を行う。

> Y社は，平成26年6月24日に開催された定時株主総会において，本件大規模買付ルールの更新の可否を議題として取り上げたところ，X社は反対したものの，同株主総会に出席した株主の過半数（75％）の賛成をもって可決された。

Ⅱ．買収防衛策の内容

1．買収防衛策の設計

　Y社の本件大規模買付ルールは，いわゆる事前警告型買収防衛策に該当するものであるが，事前警告型買収防衛策といっても，その内容には様々なバリエーションが存在する。買収防衛策を設計するに当たっては，行政庁による指針や，過去の裁判例等が考慮されることになる。行政庁の指針としては，経済産業省及び法務省による平成17年5月27日付け「企業価値・株主共同の利益の確保又は向上のための買収防衛策に関する指針」（以下「買収防衛指針」という）が存在するほか，関連するものとして，経済産業省が主宰する企業価値研究会が取りまとめた平成20年6月30日付け「近時の諸環境の変化を踏まえた買収防衛策の在り方」（以下「企業価値報告書」という）が存在する。

2．買収防衛策を巡る裁判例

　それでは，過去の裁判例では，買収防衛策に関し，どのような判断がなされているであろうか。以下，日本技術開発事件決定（東京地決平成17・7・29判時1909号87頁），ニッポン放送事件高裁決定（東京高決平成17・3・23判時1899号56頁），ブルドックソース事件最高裁決定（最決平成19・8・7民集61巻5号2215頁）について概観するが，これらの裁判例は，いずれも有事になって突如講じられた対抗措置が問題となった事案であって，本件事例のような平時に事前警告型買収防衛策が導入されていた事案ではないことには留意する必要がある。

まず，日本技術開発事件は，公開買付け直前に緊急導入した事前警告型買収防衛策に基づき対抗措置を発動した事案である。裁判所は，企業の経営支配権に係る争いがある場合に，現経営陣と敵対的買収者のいずれに経営を委ねるべきかの判断は，株主によってされるべきであるところ，取締役会は，株主が適切にこの判断を行うことができるよう，必要な情報を提供し，かつ，相当な考慮期間を確保するためにその権限を行使することが許されるといえ，経営支配権を争う敵対的買収者が現れた場合において，取締役会において，当該敵対的買収者に対し事業計画の提案と検討期間の設定を求め，当該買収者と協議してその事業計画の検討を行い，取締役会としての意見を表明するとともに，株主に対し代替案を提示することは，提出を求める資料の内容と検討期間が合理的なものである限り，取締役会にとってその権限を濫用するものとはいえないとした上で，合理的な要求に応じない買収者に対しては，相当な手段をとることが許容される場合も存するとし，この事件では対抗措置の発動差止めを認めなかった。

　次に，ニッポン放送事件は，買収者が発行済み株式総数の約35％を時間外取引にて取得したのに対抗して，対象会社の取締役会が友好的な第三者に対して対象会社の株式の過半数取得を可能とする新株予約権の大量発行を行おうとした事案である。裁判所は，①会社の経営支配権に現に争いが生じている場面において，株式の敵対的買収によって経営支配権を争う特定の株主の持株比率を低下させ，現経営者又はこれを支持し事実上の影響力を及ぼしている特定の株主の経営支配権を維持・確保することを主要な目的として新株予約権の発行がされた場合には，原則として不公正発行に該当するとした上で，②株主全体の利益の保護という観点から新株予約権の発行を正当化する特段の事情がある場合には，例外的に，経営支配権の維持・確保を主要な目的とする発行も不公正発行に該当しないとし，③当該「特段の事情」として，4つの類型（いわゆる東京高裁4類型[5]）を挙げ，それに当たる場合には，対象会社の取締役会は，対抗手段として必要性や相当性が認められる限り，経営支配権の維持・確保を主要な目的とする新株予約権の発行を行うことが正当なものとして許されると解すべきであるとし，この事件では要件を満たさないとして発行差止めを認め

た。

そして，ブルドックソース事件は，買収者が対象会社の発行済株式の全てを取得することを目的として公開買付けを開始したのに対し，対象会社は，株主総会の特別決議を経て，買収者らが割り当てられた新株予約権を行使することができない旨の差別的行使条件の付された新株予約権の株主無償割当てを行った事案である。最高裁は，会社の企業価値が毀損され，会社の利益ひいては株主共同の利益が害されることになるような場合（「必要性」の要件）には，その防止のために当該株主を差別的に取り扱ったとしても，当該取扱いが衡平の理念に反し，相当性を欠くものでない限り（「相当性」の要件），これを直ちに株主平等原則の趣旨に反するものということはできないとした。その上で，必要性の要件については，会社の企業価値が毀損され，会社の利益ひいては株主共同の利益が害されることになるか否かについては，最終的には株主自身により判断されるべきとして，大多数の株主の賛成があったこと等を理由に，これを認めた。また，相当性の要件については，対象会社が，公開買付価格を基準とした対価をもって買収者に対して割り当てられた新株予約権を取得し，買収者に経済的損失が発生していないこと等を理由に，これを認めた（ブルドックソース事件最高裁決定の内容については，後記Ⅳ.1.(2)も参照）。

3. Y社の買収防衛策の内容

本件で，Y社が導入した買収防衛策である本件大規模買付ルールについて

---

5) 株式の敵対的買収者が，(a)真に会社経営に参加する意思がないにもかかわらず，ただ株価をつり上げて高値で株式を会社関係者に引き取らせる目的で株式の買収を行っている場合（いわゆるグリーンメイラーである場合），(b)会社経営を一時的に支配して当該会社の事業経営上必要な知的財産権，ノウハウ，企業秘密情報，主要取引先や顧客等を当該買収者やそのグループ会社等に移譲させるなど，いわゆる焦土化経営を行う目的で株式の買収を行っている場合，(c)会社経営を支配した後に，当該会社の資産を当該買収者やそのグループ会社等の債務の担保や弁済原資として流用する予定で株式の買収を行っている場合，(d)会社経営を一時的に支配して当該会社の事業に当面関係していない不動産，有価証券など高額資産等を売却等処分させ，その処分利益をもって一時的な高配当をさせるかあるいは一時的高配当による株価の急上昇の機会を狙って株式の高価売り抜けをする目的で株式買収を行っている場合など，当該会社を食い物にしようとしている場合。

は，導入時はＹ社の取締役会限りで決議しているが，同ルールの更新の可否を株主総会に委ねている。株主意思の確認については，上記の裁判例を踏まえ，実務上は買収防衛策の導入時に株主総会の決議[6]を得るとともに，買収防衛策自体に有効期間を設け，更新時に株主総会で再度更新の可否を決議することが多い。この点は，買収防衛指針においても，買収防衛策は，適法性及び合理性を確保するために，導入に際して目的，内容等が具体的に開示され，株主等の予見可能性を高めるとともに（事前開示の原則），株主の合理的な意思に依拠すべきである（株主意思の原則）とされているほか，前記のとおり，ブルドックソース事件最高裁決定において株主意思が重視されていることなども影響していると思われる。本件のＹ社においては，Ｘ社によるＹ社株式の買増しが現実的に行われる可能性がある状況下にあったため，導入時こそＹ社の取締役会限りでこれを決議しているが，直近の株主総会までを有効期間とし，更新の可否を株主総会に委ねることで，株主意思の確認に配慮したと言えるであろう。

　また，本件大規模買付ルールでは，「２　意向表明書の提出」から「４　分析検討期間」までは，株主の判断のための時間・情報や大規模買付者との協議交渉機会の確保を目的としていると考えられる。「５　対抗措置」に関してはＹ社の企業価値ひいては株主共同の利益を著しく損なうと判断される場合の例として，前述したニッポン放送事件高裁決定の東京高裁４類型が挙げられており，裁判例を意識した設計がされている[7]。

　さらに，本件大規模買付ルールでは，原則として特別委員会の勧告を発動の条件にしつつ，株主意思の確認を経ることが適切である場合には，株主総会を招集して株主意思を確認することができるとされているが，これは取締役会の

---

[6]　当該株主総会決議は，定款変更（特別決議）により定款内に買収防衛策の根拠規定を置く場合と，株主総会の普通決議で買収防衛策を承認する場合（この場合，当該承認決議は会社法上の株主総会決議事項ではなく，いわゆる勧告的決議に該当することになると思われる）のいずれもが考えられる。

[7]　実際にも，東京高裁４類型は多くの事前警告型買収防衛策で企業価値を毀損する場合の例として挙げられている。なお，Ｙ社の本件大規模買付ルールでは，大規模買付行為が例えば東京高裁４類型に該当し，その結果として企業価値ひいては株主共同の利益を著しく損なう場合には対抗措置を発動することがあるとしているが，これら以外の対抗措置発動条件を追加で掲げる例も少なくない。

行為が恣意的な判断に基づくものではないことを担保しようとしているものということができる。

【Case 11-3】 対抗措置の発動に関する紛争

> 　平成26年12月26日，X社はY社に対し，公開買付けの方法によりY社の発行済株式全てを対象とする大規模買付行為（以下「本件大規模買付行為」という）を行う可能性がある旨，及び，その買付けに際しては本件大規模買付ルールに定められた手続を遵守する旨を記載した同日付け意向表明書を提出した。
>
> 　その後，Y社取締役会は，本件大規模買付ルールに従い，特別委員会の承認を得た上で，X社に対し，必要情報リストを交付し，平成27年2月20日，X社から回答書の提出を受けた。回答書には，①X社は，日本において会社を経営したことはなく，現在その予定もないこと，②X社が現在のところY社を自ら経営する予定はないこと，③Y社の経営陣にY社の企業価値向上に向けた提案を行う具体的予定は現在のところないこと，④X社はY社の支配権を取得した場合における事業計画や経営計画を現在のところ有していないこと，⑤Y社の行う事業について質問の大部分については，現在のところY社の日常的な経営を行うことを意図していないため回答する必要がないと考えることなどが記載されていた。
>
> 　Y社取締役会は，平成27年2月20日から本件大規模買付ルールによる分析検討期間に入り，同日開催された取締役会において，特別委員会に対して，①X社から提案を受けている本件大規模買付行為がY社の企業価値又は株主共同の利益に対して与える影響，②Y社取締役会において，本件大規模買付行為に反対し，これを中止すること，及びX社が当該中止要請を受け入れない場合には，対抗措置の発動を求める議案を株主総会に提出することの是非，③対抗措置を発動する場合のその内容について特別委員会に諮問することを決議し，同委員会に諮問した。

特別委員会は，平成 27 年 4 月 15 日に Y 社の取締役会に対し，①X 社から提案を受けている本件大規模買付行為は，Y 社の企業価値又は株主共同の利益に対して悪影響を与える可能性があり，その悪影響は軽微でない可能性がある，② Y 社の取締役会において，X 社から提案を受けている本件大規模買付行為に反対し，X 社に対してこれを中止する旨を要請すること，及び，X 社が当該中止要請を受け入れない場合には，対抗措置の発動を求める議案を株主総会に提出し，株主の意思を確認することが相当である，③対抗措置の内容としては，新株予約権無償割当てとすることが相当である，④ Y 社において，上記の株主の意思を確認するに際しては，X 社に対し，本件大規模買付行為の概要及び実施理由について，直接株主に対して説明するための機会を与えることが相当である，⑤ X 社を除く Y 社株主のうち過半数の株式を有する株主が当該議案に賛成した場合には，X 社においては，株主総会の決議の結果を厳に尊重し，直ちに Y 社株式の買増しを中止すべきであるとの勧告をした。

Y 社は，この勧告を受けて，同日，取締役会において，X 社に対し本件大規模買付行為の中止を要請する（以下「本件中止要請」という）ことについて Y 社の株主の承認を求める議案（第 1 号議案），及び，X 社が本件中止要請を受け入れず，本件大規模買付行為を開始した場合には，Y 社株主総会は，Y 社取締役会に対し，対抗措置として，以下の条件の新株予約権無償割当てを行う旨を勧告する旨の議案（第 2 号議案）を定時株主総会に提出することを決議し，株主に対し，株主総会の招集通知を発した。なお，Y 社の定款には，新株予約権の割当てを株主総会決議事項とする旨の定めはない。また，当該新株予約権無償割当てによって X 社以外に割り当てられた全ての新株予約権が行使された場合，X 社の株式保有割合は現在の 15％ から 4.2％ まで低下する。

　ア　割当ての方法及び割当先

　　　基準日の最終の株主名簿に記載された株主に対して，Y 社株 1 株につき 3 個の割合で本件新株予約権を割り当てる。

　イ　効力発生日

取締役会が定める日（ただし，Ｘ社による本件大規模買付行為開始から相当期間が経過した後の日とする。）
ウ　本件新株予約権の目的である株式の種類及び数
Ｙ社普通株式。本件新株予約権１個の行使によりＹ社が交付する数（割当株式数）は１株とする。
エ　本件新株予約権の行使に際して出資される財産の価額
本件新株予約権の行使によりＹ社がその普通株式を新たに交付する場合における株式１株当たりの払込金額は，１円とする。
オ　本件新株予約権を行使することができる期間（行使可能期間）
取締役会が定める日（ただし，上記効力発生日より後の日とする。）
カ　本件新株予約権を行使するための条件（行使条件）
Ｘ社及びその関係者は「非適格者」として本件新株予約権を行使することができない。
キ　本件新株予約権の取得の事由及び取得の条件（取得条項）
Ｙ社は，取締役会が別途定める日（ただし，行使可能期間の初日より前の日とする。）をもって，本件新株予約権（ただし，非適格者の有する新株予約権を除く。）を取得し，その対価として，本件新株予約権１個につき当該取得日時点における割当株式数のＹ社普通株式を交付することができる。
Ｙ社は，取締役会が別途定める日（ただし，行使可能期間の初日より前の日とする。）をもって，本件新株予約権（ただし，非適格者の有する新株予約権に限る。）を無償で取得することができる。
ク　本件新株予約権の譲渡制限
譲渡による本件新株予約権の取得については，Ｙ社取締役会の承認を要する。

そして，平成27年６月26日に開催された株主総会（以下「本件株主総会」という）において，Ｘ社を除く株主の90％の賛成により，上記両議案を可決する旨の本件決議がなされた（以下，第１号議案に係る決

議を「本件株主総会決議1」，第2号議案に係る決議を「本件株主総会決議2」という）。この決議を受けて，Y社は，X社に対し，本件大規模買付行為を中止するよう要請した。

　これに対して，X社は，①本件株主総会決議2を受けて行われるであろう新株予約権無償割当ての差止めの仮処分の申立てを行うとともに，②本件株主総会決議2の無効確認請求訴訟，及び，③本件株主総会決議1の無効確認請求訴訟を提起した。

Ⅲ．X社の選択した手続に係る形式的要件・訴訟要件

　X社は，①本件株主総会決議2を受けて行われるであろう新株予約権無償割当ての差止めの仮処分の申立てを行うとともに，②本件株主総会決議2の無効確認請求訴訟及び③本件株主総会決議1の無効確認請求訴訟を提起している。後述のとおり，各手続について，形式的要件・訴訟要件を欠くと判断されるおそれがあることなどから，X社は，考えられる法的手続を広く提起しているものと考えられる。そこで，Y社としては，各手続において，まずは形式的要件・訴訟要件を欠くと主張していくことになろう。以下，本件株主総会決議ごとに形式的要件・訴訟要件の有無について検討する。

1．本件株主総会決議2について

(1) 新株予約権無償割当ての差止めの仮処分の申立て（①）

　X社が本件大規模買付行為を開始した場合には，Y社取締役会により，本件株主総会決議2の内容に沿った新株予約権無償割当てがなされることが予想される。そして，他の株主は新株予約権を行使し新株の交付を受けると思われるが，X社は取得条項により新株予約権を奪われることにより，X社の持株比率は低下させられて経済的損害を被り，最終的には買収が実現できなくなるであろう。このような事態を防ぐため，X社としては，本件株主総会決議2を受けて行われるであろう新株予約権無償割当てがなされないように，その差

止めを求めたものと考えられる。

　そもそも，新株予約権の発行については，法令・定款違反又は著しく不公正な方法による発行について差止めできる旨の規定（会社247条）があるが，無償割当てに関し，差止めを認める明文の規定はないため，新株予約権の無償割当てについて差止請求をすることが可能であるか，という点が問題となる。この点については，新株予約権無償割当てが株主の地位に実質的に変動を及ぼすときには，会社法247条の類推適用により差止めが可能であると解されているため（東京地決平成19・6・28金判1270号12頁），X社は新株予約権無償割当てが株主の地位に実質的変動を及ぼすものであると主張してくるであろう。これに対し，Y社としては，新株予約権無償割当てが株主の地位に実質的変動を及ぼすことを否定することは困難であろう。

　次に，新株予約権の無償割当ての差止めを求めるに当たっては，差止めの対象を特定する必要がある。新株予約権無償割当ての差止めを求める仮処分を申し立てる場合には，一般的には，「相手方が〇年〇月〇日の取締役会決議に基づいて現に手続中の新株予約権無償割当ての発行を仮に差し止める」といった形で特定をするが，本件株主総会決議2は，取締役会に対し，一定の条件で新株予約権無償割当てを行う旨を勧告することを内容とするものにすぎず，まだ差止めの対象とすべき新株予約権無償割当てに係る取締役会決議がなされていない。そのため，差止めの対象をどのように特定するかが問題となる。X社としては，例えば「平成27年6月26日付けの株主総会における第2号議案を承認する旨の決議を受けて取締役会が行う新株予約権無償割当ての発行」などという形で特定を試みることが考えられるが，Y社としては，差止めの対象が不特定であると争うことが考えられる。

　また，新株予約権無償割当てに関する取締役会の決定がなされていない段階で差止請求をすることができるかという点も問題となる。新株発行の差止請求に関しては，新株発行の意思が外部に示されたとき[8]以後は，差止めを請求す

---

[8]　武藤春光「新株発行差止の仮処分」判タ197号（1966年）85頁は，「新株発行の意思が外部に示されたとき」の具体例として，株式申込証の作成や特定銀行との払込取扱契約の締結などを挙げる。

ることができると解されており9），これとパラレルに考えれば，新株予約権無償割当てについても割当ての意思が外部に示されたとき以降，差止めが可能であるということになる。本件では，Y社取締役会が，本件株主総会決議2に従わない可能性は低いことから，本件株主総会決議2をもって，Y社の新株予約権無償割当ての意思が外部に示されたものとして，その段階で差止請求をすることが認められる可能性はあろうが，未だ差止請求をすることは認められないと判断される可能性もあろう。

(2) 本件株主総会決議2の無効確認請求訴訟（②）

(1)のとおり，設例の段階における新株予約権無償割当ての差止めの仮処分の申立ての可否は議論の余地があり，新株予約権無償割当てに係る取締役会決議がないことを理由として，差止めの対象が不特定である，又は，差止請求が可能な段階に至っていないと判断され，形式的要件を欠くものとして却下決定がされる可能性は否定できない。そのため，X社としては，上記差止めの仮処分の申立てが却下される場合に備えて，本件株主総会決議2の無効確認請求訴訟を提起したのであろう。

この場合，まず，本件株主総会決議2に関する新株予約権無償割当ての差止めの仮処分の申立てが行われているにもかかわらず，本件株主総会決議2の無効確認請求訴訟を提起することについて確認の利益が認められるかが問題となる。この点，確認の訴えの補充性により10)，（無効確認請求訴訟の裁判所が）上記差止めの仮処分の申立ては形式的要件を満たすものと判断する場合には，確認の利益は否定されよう11)。

（無効確認請求訴訟の裁判所が）上記差止めの仮処分の申立てが形式的要件を満たさないものと判断する場合であっても，Y社としては，確認の利益は，判決をもって法律関係等の存否を確定することが，その法律関係等に関する法律上の紛争を解決し，当事者の法律上の地位ないし利益が害される危険を除去

---

9) 類型別会社訴訟Ⅱ 568頁［森純子］。
10) 高橋宏志『重点講義民事訴訟法(上)〔第2版補訂版〕』（有斐閣，2013年）365頁。

するために必要，適切である場合に認められると解されているところ[12]，本件株主総会決議2は，Y社株主総会の権限ではない新株予約権無償割当て[13]について，取締役会に対し，新株予約権無償割当てを行う旨を勧告する旨の決議であるため，このような決議の無効を確認することについては，確認の利益は認められないと主張することが考えられる。この点について，セゾン情報システムズ vs. エフィッシモ事件判決（東京地判平成26・11・20判時2266号115頁）は，「株主総会の権限外の事項について決議がされた場合であっても，意思決定機関としての株主総会の決議が効力を生じたかどうかを確定することを求める訴えを許容する実益が存する場合があることは否定しがたく，この点について，株主総会の決議が上記の事項〔株主総会の権限内として会社法に規定されている事項及び定款で定めた事項〕についてされたか否かのみをもって，確認の利益の有無を判断することは相当とは解されない」とした上で，「株主総会の決議が無効であることの確認を求める訴えは，当該決議が会社法295条2項所定の事項に関してされたものであるかどうかにかかわりなく，当該決議の法的効力に関して疑義があり，これが前提となって，当該決議から派生した法律上の紛争が現に存在する場合において，当該決議の法的効力を確定することが，上記紛争を解決し，当事者の法律上の地位ないし利益が害される危険を除去するために必要かつ適切であるときは，確認の利益があるものとして許容される

---

11) X社としては，①の手続において，現時点で差止めを求めることはできないと判断され，形式的要件を欠くものとして却下決定を受け，②の手続において，現時点で差止めを求めることができるとして，確認の利益を欠くものとして却下判決を受けるという矛盾判断がなされることは避けたいはずである。もっとも，①の手続は仮処分申立てであり，②の手続は訴訟であることから，併合審理はされないため，矛盾する判断がなされるおそれを完全に排除することはできない。①の手続において，形式的要件を欠くものとして却下決定を受けた場合には，当該決定を②の手続において書証として提出するなどして，矛盾する判断がされるおそれを事実上低減させるような訴訟活動をすることになろう。
12) 最判昭和47・11・9民集26巻9号1513頁，最判平成16・12・24判時1890号46頁等参照。
13) 取締役会設置会社において，株主総会は，会社法に規定する事項及び定款で定めた事項に限り，決議をすることができるとされているところ（会社295条2項），会社法上，公開会社における新株予約権の割当ては，取締役会決議事項とされており（会社241条3項3号），また，Y社には新株予約権の割当てを株主総会決議事項とする旨の定款の定めはないため，本件株主総会決議2は会社法295条2項所定の事項以外についての株主総会決議である。

と解するのが相当である」として，確認の利益が認められる可能性を示している。本件では，本件株主総会決議2の内容に沿った新株予約権無償割当てが行われた場合には，X社は持株比率を低下させられて，Y社の買収を実現できないおそれがある。本件株主総会決議2が何らかの対抗措置をとることを勧告するなどといった抽象的な株主総会決議であればともかく，本件株主総会決議2においては，新株予約権無償割当ての内容は具体的に示されているし，Y社取締役会が，本件株主総会決議2に従わない可能性は低いことから，現時点でX社の危険は具体化しているものという評価もありうるところである。そのため，未だ不確定ではあるが，設問の段階で本件株主総会決議2の無効を確認することは，当該決議から派生した紛争を解決し，X社の法律上の地位ないし利益が害される危険を除去するために必要かつ適切であると判断される可能性はあるといえよう。

2. 本件株主総会決議1について

　X社としては，本件株主総会決議1においてY社からX社に対して中止要請がされていることにより，X社に対してY社株式を売却することを避ける株主が出てくるという影響を排除するため，上記中止要請を承認した決議の無効についても確認請求訴訟を提起したものと考えられる。

　しかしながら，X社に対してY社株式を売却することを避ける株主が出てくるという影響は，本件株主総会に出席したY社株主の大多数が本件中止要請を承認することを求める旨の議案に賛成したという客観的事実によるものと思われ，決議の法的効力とは無関係ではないかという疑問がある。また，中止要請には本件大規模買付行為を禁止する法的効力はないし，中止要請の決議の無効を確認したとしても，対抗措置である新株予約権無償割当ての発動の可能性が消滅したり，減少したりするといった事情はないことから，本件株主総会決議1の無効を確認することによって本件大規模買付行為が妨げられるおそれを除去することはできないであろう[14]。本件株主総会決議2がなされている本件においては，X社によるY社の買収に関する紛争は，本件株主総会決議2の無効確認請求又は新株予約権無償割当ての差止請求により，直接的に解決

されるようにも思われる。以上のことからすれば，結論としては，本件株主総会決議1の無効確認請求については，確認の利益を欠くものとして，訴え却下の判断がされる可能性が高いものと思われる。

Ⅳ. 差止事由・無効事由の有無

　X社は，①新株予約権無償割当ての差止めの仮処分の申立てにおいては，会社法247条に定められる差止事由として，新株予約権無償割当てが(a)法令に違反すること（同条1号。本件では特に定款違反の事情はない）及び(b)著しく不公正な方法により行われるものであること（同条2号）を主張するものと考えられる。また，②本件株主総会決議2の無効確認請求訴訟においては，無効事由として株主総会決議の内容が法令に違反するか否かが問題となるが，X社は，その具体的な内容として，当該決議を受けて行われるであろう新株予約権無償割当てが差止事由のある違法なものであることを主張するものと思われる。Ⅲ.2.のとおり，③本件株主総会決議1の無効確認請求訴訟においては，訴えの利益を欠くと判断される可能性は高いが，仮に本案の審理に入った場合には，本件中止要請を決定した決議の内容が法令に違反するかが問題となる。この場合，X社は，その具体的内容として，Y社がX社による買収を妨害することが違法であると主張するものと思われるが，その内容は①②における主張と実質的には同じものになるであろう。

　したがって，いずれの申立て・請求に関しても，実体審理においては，本件株主総会決議2を受けて行われるであろう新株予約権無償割当てが(a)法令に違

---

14) セゾン情報システムズ対 vs. エフィッシモ事件判決は，本件株主総会決議1と同様の中止要請に関する決議の無効確認請求訴訟について，「多数の被告株主が本件中止要請をすることについて承認を求める旨の議案に賛成した本件決議の無効確認を求める本件においては，本件決議の法的効力がないことを確定したとしても，被告が対抗措置を発動する可能性は消滅しないし，その可能性が減少するものでもないから，被告株式の買増しが妨げられているという状況を除去することはできない。したがって，多数の被告株主が株主意思を表明したにとどまる本件決議の無効確認を求める訴えは，本件決議の法的効力を確定することが，当該決議から派生した現在の法律上の紛争を解決し，原告らの法律上の地位ないし利益が害される危険を除去するために必要かつ適切であるとはいえないから，確認の利益を欠く」と判断した。

反するか，及び(b)著しく不公正な方法により行われるものであるかが問題となる。

1. 法令違反について

(1) 株主平等原則と新株予約権無償割当てとの関係

　本件株主総会決議2を受けて行われる新株予約権無償割当ての内容は，行使条件及び取得条項の点で，非適格者と適格者とを差別的に取り扱う内容となっている。この点について，前掲ブルドックソース事件最高裁決定は，「新株予約権無償割当てが新株予約権者の差別的な取扱いを内容とするものであっても，これは株式の内容等に直接関係するものではないから，直ちに株主平等の原則に反するということはできない」としつつも，「株主は，株主としての資格に基づいて新株予約権の割当てを受けるところ，法278条2項は，株主に割り当てる新株予約権の内容及び数又はその算定方法についての定めは，株主の有する株式の数に応じて新株予約権を割り当てることを内容とするものでなければならないと規定するなど，株主に割り当てる新株予約権の内容が同一であることを前提としているものと解されるのであって，法109条1項に定める株主平等の原則の趣旨は，新株予約権無償割当ての場合についても及ぶというべきである」と判示し，新株予約権無償割当ての場合にも株主平等原則の適用があることを明らかにしている。

　そこで，X社としては，新株予約権無償割当ての内容が株主平等原則（会社109条）に違反することを理由に，法令違反の主張をすることが考えられる。

(2) 本件において新株予約権無償割当てが株主平等原則の趣旨に違反するか

　ブルドックソース事件最高裁決定は，新株予約権無償割当てが株主平等原則の趣旨に違反するか否かについて，「株主平等の原則は，個々の株主の利益を保護するため，会社に対し，株主をその有する株式の内容及び数に応じて平等に取り扱うことを義務付けるものであるが，個々の株主の利益は，一般的には，会社の存立，発展なしには考えられないものであるから，特定の株主による経営支配権の取得に伴い，会社の存立，発展が阻害されるおそれが生ずるなど，

会社の企業価値がき損され，会社の利益ひいては株主共同の利益が害されることになるような場合には，その防止のために当該株主を差別的に取り扱ったとしても，当該取扱いが衡平の理念に反し，相当性を欠くものでない限り，これを直ちに同原則の趣旨に反するものということはできない。そして，特定の株主による経営支配権の取得に伴い，会社の企業価値がき損され，会社の利益ひいては株主共同の利益が害されることになるか否かについては，最終的には，会社の利益の帰属主体である株主自身により判断されるべきものであるところ，株主総会の手続が適正を欠くものであったとか，判断の前提とされた事実が実際には存在しなかったり，虚偽であったなど，判断の正当性を失わせるような重大な瑕疵が存在しない限り，当該判断が尊重されるべきである」と判示した。

　まず，「必要性」の要件（会社の企業価値が毀損され，会社の利益ひいては株主共同の利益が害されること）については，本件では，X社を除く株主のうちの90％の賛成により，本件株主総会決議1及び2がなされており，X社以外のほとんどの既存株主がX社による経営支配権の取得がY社の企業価値を毀損し，Y社の利益ひいては株主共同の利益を害することになると判断したものということができる。そして，本件株主総会の手続に適正を欠く点は特になく，また，本件大規模買付ルールに基づきX社から提出された回答書の内容や特別委員会の意見も踏まえて，上記の判断がなされたものと考えられ，当該判断にその正当性を疑わせるような重大な瑕疵はない。したがって，上記株主総会の判断は尊重されるべきであり，「必要性」の要件については問題がないということになろう。

　次に，「相当性」の要件（当該取扱いが衡平の理念に反し，相当性を欠くものでないこと）については，X社は，新株予約権に行使条件及び取得条項が付されていることにより当該新株予約権を行使することも，取得の対価を受けることもできず，その持株比率が大幅に低下することになる。しかしながら，X社は，株主総会等の場で買収防衛策の発動を争う機会があったにもかかわらず，自らの提案が他の株主の支持をほとんど得られなかったものといえる。また，X社は，公開買付けを開始していない現時点では，買収を撤回・中止することが可能である。このように，X社に買収防衛策の発動による持株比率の希

釈化という損害を回避できる可能性（X社にとっての「損害回避可能性」）が保証されている本件では，X社に対し，金員等の交付を行わない旨定めていることをもって，直ちに「相当性」の要件を充足しないと判断すべきではないであろう[15]。

2.「著しく不公正な方法」の判断

(1)「著しく不公正な方法」の意義

　X社としては，新株予約権無償割当てによって割り当てられた新株予約権を行使できず，また，X社以外の株主が当該新株予約権を全て行使すれば，X社の株式保有割合が著しく低下することになるため，当該新株予約権無償割当ては支配権の維持を主要な目的とするものであり，「著しく不公正な方法」（会社247条2号類推）であると主張することが考えられる。

　この点，新株発行の場合には，「著しく不公正な方法」の判断に当たって，いわゆる主要目的ルール（新株発行を決議するに至った複数の目的ないし動機のうち会社の支配権の維持・争奪目的等の不当な目的が資金調達の必要等の正当な目的よりも優越し，これが新株発行の主要な目的であると認められる場合には「著しく不公正な方法」による新株発行であると判断するルール）が適用される点は第5章Ⅲ．で述べたとおりである。新株予約権無償割当ての場合にも，主要な目的が支配権維持を目的とするものであるか否かを判断する点において変わりはない。募集新株予約権の第三者割当発行の事案であるが，前掲ニッポン放送事件高裁

---

[15]　なお，前記のとおり，ブルドックソース事件最高裁決定では，対象会社が，公開買付価格を基準とした対価をもって買収者に対して割り当てられた新株予約権を取得し，買収者に経済的損失が発生していないこと等を理由として相当性の要件が認められたものの，企業価値報告書は，「買収提案が株主共同の利益を毀損するかどうかという実質判断が株主の意思に基づくものであると認められるような場合には，発動についての必要性の要件は満たされると考えられるが，さらに相当性の要件を満たすことが求められると考えられる。その観点からは，買収者は，取締役の選解任等を巡り株主総会等の場で買収防衛策の発動を争い，そこで自らの提案が自分以外の株主の多数の支持を得られないときに，買収者に買収を撤回・中止する時間が残っていること等によって，買収防衛策の発動による持株比率の希釈化という損害を回避できる可能性（買収者にとっての「損害回避可能性」）が必要である。そして，買収者にとって，このようなプロセスが保証されている場合には，買収者に対して金員等の交付を行う必要はないと考えられる」としている。

決定も，会社の経営支配権に現に争いが生じている場面において，株式の敵対的買収によって経営支配権を争う特定の株主の持株比率を低下させ，現経営者又はこれを支持し事実上の影響力を及ぼしている特定の株主の経営支配権を維持・確保することを主要な目的として新株予約権の発行がされた場合には，原則として不公正発行に該当すると判断しているほか，新株予約権無償割当てが行われたブルドックソース事件最高裁決定も，株主に割り当てられる新株予約権の内容に差別のある新株予約権無償割当てが，会社の企業価値ひいては株主共同の利益を維持するためではなく，専ら経営を担当している取締役等又はこれを支持する特定の株主の経営支配権を維持するためのものである場合には，その新株予約権無償割当ては原則として著しく不公正な方法によるものと解すべきであると判示している。

(2) **本件へのあてはめ**

ブルドックソース事件最高裁決定では，新株予約権無償割当てが緊急の事態に対処するための措置であること，買収者に対して新株予約権の価値に見合う対価が支払われること等を理由に，同事件の下で行われた新株予約権無償割当てが「著しく不公正な方法」に該当しないことについて比較的簡潔に結論付けられている。

この点，本件においても，新株予約権無償割当てが「著しく不公正な方法」に該当するというX社の主張に対するY社の反論は，1.(2)と大部分が重なると思われる。すなわち，Y社としては，新株予約権無償割当ては，特別委員会の意見も踏まえた上で[16]，株主の多数によって賛成されたものであり，Y社取締役らの経営支配権維持を目的とするものではないこと，及び，買収者の経済的損失の点に関しては，前述のとおり公開買付けを開始していない現時点

---

[16] なお，特別委員会が採用されている買収防衛策は多く存在するが，実際上特別委員会の存在が対抗措置発動の場面においてどのように考慮されるかは裁判例上明らかではない。もっとも，取締役会と利害関係を有しない第三者的立場である限り，その存在意義は取締役会の恣意的な判断を防ぎ取締役会の判断の公正性を担保する点にあると考えられることから，本件の事情の下では特別委員会の意見・勧告を踏まえていることもY社が主張すべき一事情ということになろう。

では買収を中止・撤回することが可能であり，経済的損失の回復が重視されたブルドックソース事件とは事情が異なること等を主張していくことになろう。

第8章

企業買収関係の紛争

【Case 12-1】 基本合意書

　X社は，東証一部上場企業であり，中心事業である健康食品事業において国内最大級の事業規模を誇る企業である。Y社も，東証一部上場企業であり，通信販売を専門として健康食品を含む広範な商品の販売事業を展開してきたが，長期間にわたり採算性よりも事業範囲の拡大を優先したため，不採算事業を多く抱えるに至り，大幅な経営改革の必要性に迫られていた。PはY社の取締役であり，社長直轄プロジェクトであるY社の経営改革プロジェクトにおいて中心的な役割を担っていた。業界内では，不採算事業の他社への売却を含むY社の経営改革プロジェクトによって，Y社の業績には若干の好転がみられるものの，長年の放漫経営のつけは大きく，Y社単独で行う経営改革のみによってY社が再び収益力を回復できるかについては予断を許さない状況であるとみられていた。

　そのような中，X社は，Y社社長の指示を受けたPから内々に，「X社との間で組織再編を視野に入れた包括的な経営統合を行いたいと考えているが，検討する意思はあるか。」という申入れを受けた。X社は，この申入れを受けて速やかに検討した結果，Y社と経営統合を行うことによって，自社の弱みの1つである通信販売部門を強化し，健康食品事業において競業他社との間で優位に立てるメリットが大きいと考え，

Y社の提案に応じ、経営統合に関する交渉を開始することとした。X社とY社は、平成26年1月21日、経営統合を目的とする基本合意書（以下「本件基本合意書」という）を締結して、同日プレスリリースにて公表した。

本件基本合意書には、「甲〔注：X社〕及び乙〔注：Y社〕は、本件経営統合に関する検討及び本件デュー・ディリジェンスの結果を踏まえ、誠実に協議の上、平成27年1月31日までに本件経営統合の詳細な条件を規定した最終契約書を締結するものとする。」との条項（以下「本件最終契約協議条項」という）のほか、本件経営統合をX社を完全親会社、Y社を完全子会社とする株式交換の方法で行うこと、及び交換比率は両社の企業価値を勘案して今後協議により定めることも規定された。さらに、「甲及び乙は、平成27年1月31日まで、直接又は間接を問わず、第三者に対し又は第三者との間で本基本合意書の目的と抵触し得る取引等についての情報提供や協議を行わないものとする。」との条項（以下「本件独占交渉条項」という）も規定された。なお、本件基本合意書には、これらの条項の法的拘束力や効力に関する規定は置かれなかった。

Ⅰ．基本合意書の概要

1．基本合意書の位置付け

　M&A取引を検討している当事者は、まずは秘密保持契約を締結し、それぞれが有する秘密情報を第三者の目に触れることなく交換できる状況を設定し、交渉の準備を行うが、それに加え、今後、株式譲渡契約や合併契約等、取引の最終契約を締結することを目指して、交渉の初期の段階で、その時点における当事者の合意事項を確認し、取引の主要な点や交渉の進め方について合意するために、基本合意書を締結することが多い。基本合意書に規定する内容は案件の内容によってそれぞれ異なるが、一般的によく定められる条項としては、①

予定している取引の内容，②予定取引価格・条件，③最終契約の締結及び取引が実行されるタイミングを含めた取引のスケジュール，④当事者が実施するデュー・ディリジェンス（買収監査），⑤独占交渉権[1]，⑥秘密保持義務，⑦当事者間の誠実交渉義務等がある。さらに，（本件では規定がなかったが）基本合意書の各条項のうちどの範囲に，どのような内容の法的拘束力をもたせるかについても，規定を置くことがある。法的拘束力に関する規定を置く場合，特に未だ初期的な交渉段階にとどまっているときには，少なくとも最終契約の内容に直結する取引の内容や予定取引価格・条件（上記①や②）には法的拘束力をもたせない旨，明文で規定することも多い。

2. 基本合意書締結後の流れ

　当事者間で基本合意書が締結された後には，当該基本合意書に基づき，当事者による本格的なデュー・ディリジェンスが実施され，M&A取引を実行した場合に当事者にとって支障となる事由がないかを確認し，本件基本合意書における本件最終契約協議条項に規定されているように，当該デュー・ディリジェンスの結果を踏まえて最終契約の交渉が行われる。なお，株式譲渡取引の場合には，一般的に買主が売買対象会社に対するデュー・ディリジェンスを実施するが，本件のように株式交換による経営統合の場合には，買収対価が現金ではなく株式であり，完全子会社となる会社の株主が完全親会社となる会社の株式を取得することになるので，両社がそれぞれ相手方についてデュー・ディリジェンスを行うことも少なくない。

---

1) 基本合意書締結後に行われるデュー・ディリジェンスや契約交渉に際しては，社内においてプロジェクトチームを組成し，相当量の人的リソースを投入する必要があることに加え，法律事務所や会計事務所などの外部アドバイザーを起用し，やはり相当額の金銭的リソースを投入する必要がある。そのため，M&A取引において相手方にそれだけの人的・金銭的リソースを投入させるための「誘因」として，基本合意書において一定期間の独占交渉権が定められることが多い。

【Case 12-2】　独占交渉義務条項に基づく差止請求

　X社は，本件基本合意書を締結後，Y社との間で最終契約を締結するための交渉を行い，経営統合の大枠については概ね話がまとまりつつあった。しかし，平成26年3月下旬に交換比率についての具体的な交渉が本格化すると，Y社は，様々な理由をつけてY社の企業価値を極端に高く評価した交換比率を提示し，さらに経営統合後のY社の運営に対するX社の介入を制限し，Y社の運営の独立性の保証を要求するなどして，強硬な交渉態度をとるようになった。X社は，Y社に対して実施したデュー・ディリジェンスの結果を踏まえるとY社の提示した交換比率はY社の企業価値を極端に過大視したものであり，またY社の運営体制について一定の配慮はするものの，Y社の求めるような水準で運営の独立性を認めては，経営統合の効果を十分に上げられないことを粘り強く説明したが，Y社は頑としてX社の説明を聞き入れず，交渉は膠着状態に陥った。X社は説明に全く耳を傾けようとしないY社の交渉態度の急な硬化に不信感を持ち始めていたところ，健康食品事業において国内第2位の事業規模を有するW社（東証一部上場）がY社との経営統合に興味を持っているらしいという噂を耳にした。X社は，Y社に対してW社との接触の有無を尋ねたが，Y社からは「W社との接触は一切ない。しかし，X社が我々の要求をのまないのであれば，当社は他社との取引を検討せざるを得ない。当社に関心を示す企業は，W社も含め何社もあるはずである。」との回答があった。

　その後もX社とY社との間の交渉の膠着状態が継続していたところ，平成26年4月16日に，突如としてY社から交渉を打ち切り，経営統合の話は白紙にするとの一方的な通知がX社に送られてきた。その通知の翌日の新聞朝刊に，Y社とW社が経営統合に関する協議を進めている旨の報道がなされた。この新聞報道によれば，W社とY社の経営統合後，W社の通信販売部門をY社の通信販売部門に統合して再編し，再編後の通信販売部門についてはY社出身者の主導で運営する計画であるとされていた。これを受けて，同日，Y社及びW社は，それ

それ経営統合について協議を進めていることは認めつつも，現段階で決定した事項はない旨のプレスリリースを出した。

　Y社がW社と経営統合に関する交渉をしていることが明るみになったことを受けて，X社は，Y社とW社との経営統合を阻止するために，仮処分を申し立てることにした。

Ⅱ．情報提供又は協議を行うことの差止めを求める仮処分

1．本件基本合意書の条項違反を理由とする仮処分の申立て

　本件では，X社は，Y社がW社と交渉を開始したことは，本件基本合意書の本件独占交渉条項に違反するとして，①Y社がW社に対して，X社とY社の経営統合に抵触する取引に係る情報を提供すること，及び，②Y社及びW社の間での経営統合に関する交渉を差し止める仮処分を申し立てることが考えられる。このように基本合意書の独占交渉条項に基づく差止請求がなされた事件としては，UFJグループの協働事業化を巡る仮処分事件（最決平成16・8・30民集58巻6号1763頁。以下「住信・UFJ事件」という）が著名である。

2．UFJグループの協働事業化を巡る仮処分事件を踏まえた検討

(1) 各審級における判断内容

　住信・UFJ事件は，住友信託銀行がUFJ信託銀行を初めとするUFJグループ3社との間で，UFJ信託銀行の一定の営業及びこれに関する一定の資産・負債の移転等から成る事業再編とUFJグループとの業務提携（最高裁決定では，併せて「本件協働事業化」と呼ばれている）に関して基本合意を締結して交渉をしていたところ，UFJグループ3社が基本合意を白紙撤回し，三菱東京フィナンシャル・グループに対して経営統合の申入れを行ったため，住友信託銀行がUFJグループ3社に対し，本件協働事業化に係る取引に関する三菱東京フィナンシャル・グループに対する情報提供又は協議を行うことを差し止める仮処分を申し立てたという事件である。同事件における地裁[2]，高裁[3]及び最

高裁[4]の各決定は，三者三様の理由により結論を導いているため，以下，まずは各審級における判断内容を概観する（便宜上，以下，住友信託銀行を「X'」，UFJ グループを「Y'」という）。

まず，地裁決定は，「一般に，当事者間で権利義務を定めた一定の合意内容を証する書面が作成された場合には，特段の事情がない限り，当事者は当該合意内容に拘束される意思を有していたと推認するのが相当である」と判示し，基本合意の法的拘束力を認めた上で，独占交渉権を定めた条項（本件でいえば本件独占交渉条項）は，X' が一定期間，第三者の介入なく，Y' との交渉を行いうる権利を保障したものであり，Y' の行為によりこれが侵害され，Y' が第三者との統合交渉を実施した場合には，X' に著しい損害又は急迫の危険が生じることは明らかであり，これを避けるため，仮処分を発令する必要があるとして，X' の申立てを認めた。

これに対し，高裁決定は，独占交渉権を定めた条項は法的拘束力を有し差止請求権発生の根拠となり得るとしつつも，基本合意は当事者が相互に信頼関係を維持して本件協働事業化の実現のために誠実に努力することが大前提となっているが，事実関係に照らせば，X' と Y' との間の信頼関係は既に破壊され，かつ，最終合意の締結に向けた協議を誠実に継続することを期待することは既に不可能となったものと理解せざるを得ないとして，独占交渉義務を定めた条項は，その性質上将来に向かってその効力が失われており，被保全権利が存在しないとして，地裁決定を取り消し，X' の仮処分申立てを却下した。

そして，最高裁決定は，独占交渉義務に関する条項は，X' と Y' の協働事業化に関する最終的な合意の成立に向けての交渉と密接不可分なものであり，その交渉を第三者の介入を受けないで円滑かつ能率的に行い，最終的な合意を成立させるためのいわば手段として定められたものと位置付けた上で，今後，X' と Y' が交渉を重ねても，社会通念上，上記の最終的な合意が成立する可能性が存しないと判断されるに至った場合には独占交渉義務に関する条項に基づく

---

2) 東京地決平成 16・7・27 金判 1199 号 9 頁。
3) 東京高決平成 16・8・11 金判 1199 号 8 頁。
4) 前掲最決平成 16・8・30。

債務が消滅すると判示しながら，認定された事実関係の下では，協働事業化に関する最終合意が成立する可能性は相当低いが，いまだ流動的な要素が全くなくなってしまったとはいえないから，Y'の独占交渉義務に関する条項に基づく債務は消滅していないと判示した。しかし，最高裁決定は，Y'が独占交渉義務に関する条項に違反することによってX'が被る損害は，最終合意の成立によりX'が得られるはずの利益相当の損害ではなく，X'が第三者の介入を排除して有利な立場でY'と交渉を進めることにより，X'とY'との間で本件協働事業化に関する最終的な合意が成立するとの期待が侵害されることによる損害とみるべきであるとした上で，この損害は事後の損害賠償によっては償えないほどのものとまではいえないこと，上記最終的な合意が成立する可能性は相当低いこと，Y'に対する差止めが認められた場合にY'が被る損害はY'の現在置かれている状況からみて，相当大きなものと解されること等を総合考慮した結果，保全の必要性の要件を欠くとして，Y'の抗告を却下した。

上記各決定を一覧表にまとめると，下表のとおりである。

	Y'の債務（独占交渉義務条項の法的拘束力）及びX'の差止請求権（被保全権利）	保全の必要性	結論
東京地裁	○	○	認容
東京高裁	○→× （もともとは法的拘束力のある条項だが，少なくとも審理終結日の時点においては効力を失っていた）	判断せず	却下 （地裁決定取消，申立て却下）
最高裁	○[5] （法的拘束力のある条項であり，審理終結日の時点においてなお効力は消滅していない）	×	却下 （高裁決定を維持）

本件において，Y社は，X社の仮処分申立てに対し，住信・UFJ事件の最高裁決定及び高裁決定に基づき，そもそも被保全権利が認められない（本件独

占交渉義務条項は既に効力を失った），保全の必要性が認められないなどと反論することが考えられる。以下においては，各論点について X 社がどのように再反論していくべきかを検討する。

(2) 独占交渉義務条項の法的拘束力と差止請求権の存否

地裁決定は，独占交渉義務を定める条項は差止請求権の根拠となるとして差止めを認めたが，高裁決定は，独占交渉義務を定める条項は差止請求権の根拠となりうるとしながら，X'・Y' 間の信頼関係は既に破壊され，かつ，最終合意の締結に向けた協議を誠実に継続することは既に不可能となったため，遅くとも審理終結日の時点において，独占交渉義務を定める条項は将来に向かってその効力を失ったとして，被保全権利（差止請求権）の存在を認めなかった。さらに，最高裁決定も，一般論として，社会通念上，最終合意が成立する可能性が存しないと判断されるに至った場合には，独占交渉義務は消滅すると判示しているが，当該事案については，最終合意が成立する可能性が存しないとまではいえないとして，独占交渉義務の消滅を否定した。

そもそも住信・UFJ 事件の事案は，独占交渉期間が約 2 年間と定められており，通常の M&A の実務に照らすと異例に（あるいは通常必要と考えられる以上に）長期にわたっていたため，その 2 年間の独占交渉期間中，無限定に法的拘束力を認め続けることに裁判所としても躊躇を感じるような事案であったことには留意すべきと思われる。つまり，独占交渉義務を定める条項が協働事業化に関する最終的な合意の成立に向けての交渉と密接不可分なものであり，その交渉を第三者の介入を受けないで円滑かつ能率的に行い，最終的な合意を成立させるためのいわば手段として定められたものであるとすれば，もともと約 2 年間という独占交渉期間が，最終的な合意成立という目的との関係で，手段として過度に長期なものであったわけであって，高裁決定及び最高裁決定は，それ以上交渉を続けても，社会通念上，最終的な合意が成立する可能性が存し

---

5) ただし，志田原信三・最判解民事篇平成 16 年度(下)533 頁は，独占交渉条項に基づく債務の存否については判断されているものの，当該条項に基づく差止請求権の存否については判断されていないと指摘している。この点については，後述する。

ないと判断されるに至った場合にまで法的拘束力を認める必要はないという形で，契約解釈上独占交渉期間を適切な水準にまで短縮する余地を残したものとも見うる。

そこで，Ｘ社としては，本件においては，社会通念上，最終合意が成立する可能性が存しないとはいえないことを主張・疎明することになろう。主張・疎明の対象としては，例えば，Ｘ社・Ｙ社の交渉の進捗状況（既に合意できた事項や近く合意ができそうな事項がどの程度あるか，未解決の事項がどの程度あるか，鋭い対立点がどの程度あるか等），交渉開始からの経過時間（基本合意書締結後まだ約3か月しか経過しておらず，独占的交渉期間のうちまだ4分の3が残っていること等），Ｘ社としては引き続きＹ社と最終合意に向けて交渉する強い意向を有しており，現に膠着状態打開に向けて真摯に交渉していたこと（各回の交渉でのやりとり，Ｘ社の交渉チーム体制，交渉の頻度等），客観的な競争環境に照らせば，Ｙ社にとって，なおＸ社との経営統合の途を模索するのが合理的な選択肢たりえること，Ｙ社に残りの独占的交渉期間を使ってＸ社と協議を継続する時間的余裕が最早なく，至急他社との経営統合を合意する必要があるほど同社の経営状態に切迫性がないことなどが考えられる。

なお，前述のとおり，住信・ＵＦＪ事件の最高裁決定に関する調査官解説では，独占交渉条項に基づく債務の存否については判断されているものの，当該条項に基づく差止請求権の存否については判断されていないと指摘されている。そのため，Ｘ社の仮処分申立てにおいては，本件独占交渉条項が当然に差止請求権の根拠になるか否かも論点となりえ，学説上も肯定・否定の両説が存在する[6]。

肯定説は，損害の算定が困難であって，実損の損害賠償では独占交渉条項の目的の達成に十全ではないことや，独占交渉条項の主眼は相互の交渉の確保が

---

6) 肯定説として沖野眞已・平成16年度重判解（ジュリ1291号）68頁，否定説として田山輝明「契約締結過程での独占交渉権等の合意の効力」中東正文編『ＵＦＪ vs. 住友信託 vs. 三菱東京——Ｍ&Ａのリーガルリスク』（日本評論社，2005年）101-104頁がある。なお，住信・ＵＦＪ事件の高裁決定は，当該事案の独占交渉義務条項について差止請求権の根拠となりうると判示している。

主眼であるとすると，第三者との交渉を禁止し，相手方の事前の現実の交渉を促す方がその目的に沿うと考えられることを主な根拠とする。契約条項の解釈としても，不作為義務を明文で定めた場合において，同義務に法的拘束力を認めるのであれば，間接強制が可能な限度で本旨債務の履行を強制できると解するのが自然であろう。

　他方，否定説は，独占交渉条項の目的は相手方がこれに違反した場合の信頼利益の補償にあるという理解の下，契約の自由ないし取引の自由との関連で考えても，契約締結の意思を喪失した一方当事者に対して，相当な長期間にわたって他の者との契約締結協議を禁止することは妥当ではなく，基本合意書を根拠として，損害賠償義務を超えて，不作為請求の強制執行力まで認めることは行きすぎであることを主な根拠とする。

　ただし，独占交渉条項に基づく差止請求権はおよそ認めないという立場をとらないとすると，最高裁決定が判示するように，今後，交渉を重ねても，社会通念上，最終的な合意が成立する可能性が存しないと判断されるに至った場合には独占交渉義務に関する条項に基づく債務自体が消滅するわけであるから，交渉のステージによって，①独占交渉条項に基づく義務のうち損害賠償請求権も差止請求権も認める段階，②独占交渉条項に基づく義務のうち損害賠償請求権は認めるが，差止請求権は認めない段階，③独占交渉条項に基づく義務一切が消滅した段階，の三段階があることになる。しかし，最高裁決定は，②と③を切り分ける基準は示しているものの，①と②を切り分ける基準には触れておらず，そもそも合理的な基準があり得るのかも含めて不明な点が多く，当事者の予測可能性を害するように思われる。

　逆に独占交渉条項に基づく差止請求権はおよそ認めないという立場をとるとすると，独占交渉条項に合意して交渉を開始した初期に同条項に違反すれば，損害額は小さく，かつ，同条項に違反しなくても結局破談になっていた可能性が否定しにくくなるので因果関係の立証も困難となるため，早期の契約違反を促すような帰結になってしまい，それが契約当事者の合理的意思解釈と合致しているのかについては，疑問が残るように思われる。しかも，否定説をとった場合に，独占交渉条項について差止請求権を付与する旨契約書上明文で合意し

ている場合に結論が変わるのかどうかについては明確でない。独占交渉条項の目的は相手方がこれに違反した場合の信頼利益の補償にあるという理解が否定説の前提となっていることを重視すれば，差止請求権を付与する旨の明文規定がある場合には，明文規定がない場合と異なり，差止めを認めることが論理的一貫性を有しているように思われるが，他方，否定説は，契約の自由ないし取引の自由との関連で考えても，契約締結の意思を喪失した一方当事者に対して，相当な長期間にわたって他の者との契約締結協議を禁止することは妥当ではないという価値判断を根拠としていることを重視すれば，差止請求権を付与する旨の明文規定の有無は結論に影響しないという帰結が論理的一貫性を有しているように思われる。

なお，Ⅳ.に述べるとおり，本件独占交渉条項については会社法の観点からの問題提起もなされている。

Column⑫　差止請求権

　本文で言及したとおり，住信・UFJ事件の最高裁決定に関する調査官解説は，同決定においては，独占交渉条項に基づく債務の存否については判断されているものの，当該条項に基づく差止請求権の存否については判断されていないと指摘している。確かに，同決定は，独占交渉条項に基づく債務が消滅していないと述べた直後に保全の必要性の議論（結論は否定）に移っており，差止請求権の存否については言及されていない。そして，調査官解説は，当該事件を担当した最高裁の裁判所調査官（裁判官の命を受けて，事件の審理及び裁判に関して必要な調査その他他の法律において定める事務をつかさどる者〔裁57条〕）が執筆した文献であり，これが実務に及ぼす影響は大きい。そのような文献で上記指摘がなされているとなれば，法曹としては，独占交渉条項に基づく差止請求権が認められない場合があることが含意されているのではないかと受け止めることが自然であろう。かくして，独占交渉条項に基づく差止請求権の有無という論点が生じる。

　しかしながら，住信・UFJ事件の独占交渉条項のように，一定の行為をしない旨が明記された不作為条項について，これに基づく差止請求権が認められないとする明文上の根拠は，見当たらない（不作為債務の強制履行に係る民法

414条3項にも，そのような制約の根拠となるような文言はない）。また，契約の自由を根拠として独占交渉条項に基づく差止請求権を否定する見解に対する疑問点は，本文で述べたとおりである。他に，理屈としては，独占交渉条項を設けた当事者意思を探求して，差止請求権まで認める合意があったかを判断するという見解もあり得ようが，一定の行為をしない旨が明記された条項を合意している以上，損害賠償請求権のみならず，いわば本旨債務の履行を求めるものである差止請求権を発生させることが通常の当事者意思ではないかと思われるし，そもそもこのような微妙な認定問題によって差止請求権の有無を判断するという見解が法的安定性の観点から適切かという問題もある。このように考えていくと，ひょっとすると，調査官解説の上記指摘は，住信・UFJ事件の最高裁決定は仮処分特有の要件である保全の必要性によって結論を導いたものであり，差止本訴においては差止請求権の有無を虚心坦懐に審理・判断しなければならない旨を注意的に明らかにしたものに過ぎないのではないかとも思えてくる。

　いずれにせよ，この論点に係る裁判所の判断は，今後この論点が正面から問われる事案において明らかにされることになる。もっとも，そのような事案とは，独占交渉条項に基づく差止本訴か，差止仮処分において保全の必要性が満たされる場合であろうが，一般的な独占交渉条項の期間は比較的短いので，これに基づく差止本訴が提起される可能性は低い上，住信・UFJ事件の最高裁決定を前提とすると保全の必要性が満たされるハードルは低くないため，この論点が正面から問われる事案が出てくる可能性はあまり高くはなさそうである。そのような状況の下，独占交渉条項に基づく差止請求事件を受任した弁護士は，この論点について裁判所が判断を下す場合に備え，序章で述べたとおり，当該案件についての判決がその後の実務に大きな影響を与え得ることまで見越して裁判所が判断を行うであろうことを踏まえた上で，説得的な訴訟活動をすべく考えを巡らせることとなる。

(3) 保全の必要性（民保23条2項）

(ア) 債権者の損害

　保全の必要性の有無は，諸般の事情を総合考慮することによって判断されるが，「争いがある権利関係について債権者に生ずる著しい損害又は急迫の危険

を避けるためこれを必要とするとき」という民事保全法23条2項の文言からすると，債権者の損害が第一次的な考慮要素となる。この点に関して，本件では，基本合意書に本件最終契約協議条項はあるものの，明示的に経営統合に関する最終的な合意をすべき法的拘束力のある義務を当事者が負う旨を定めた規定がなく，最終契約が成立するか否かが今後の交渉に委ねられていることに特徴がある。そのため，X社はあくまで最終契約が締結される期待を有するにとどまると思われる以上，Y社が本件独占交渉条項に違反することでX社が被る損害は，上記最高裁決定における判示と同様に，あくまで経営統合に係る最終契約が成立するとの期待が侵害されるとの損害にとどまるであろう。

(イ) 債務者の損害

本件のような仮の地位を定める仮処分が出された場合には，債務者が損害を被ることも想定される。実務上は，条文上は明記されていないが，保全の必要性の判断に当たって，上記(ア)で述べた債権者の損害に関する事情のほか，債務者が被る損害も斟酌されている。住信・UFJ事件の最高裁決定もそのような見解に立つものである。

本件においては，仮処分が出された場合には，Y社は，平成27年1月31日までの間，第三者との間で，X社との経営統合に抵触しうる取引等についての情報提供や協議を行うことができなくなる。そこで，Y社は，そのような制約を課される場合には，Y社は経営状態の悪化により存続が危ぶまれる，あるいは，そこまでは至らないとしても，重要な取引の機会を逃す，事業運営上必要な融資を得られなくなるなどといった具体的な事情を主張・疎明し，仮処分の発令がY社にとって過大な負担を課すことになることを明らかにしようと試みることが考えられる。また，Y社は，上記(ア)で述べたとおり，仮処分が発令されなかったとしても，X社の被る損害は事後的な損害賠償請求によって償われる性質のものにとどまること等，保全の必要性を認めるに際して消極に働く要素を主張・疎明し，上記最高裁決定の事案との同質性を強調することも考えられる。

他方，本件では，X社とY社の間では取引価格・条件や統合後の運営方法以外の大枠については話がまとまりつつあり，交渉が相当程度成熟していたと

いう評価も可能である。それにもかかわらず，Y社は秘密裏にW社との交渉を進め，W社に乗り換えるという本件基本合意書に著しく反する行動をしていたというY社の行為の悪質性を勘案しなくてよいかという疑問がありうる。そこで，X社としては，X社とY社の交渉の成熟度合等，上記最高裁決定の事案との違いを主張・疎明することによって，本件に最高裁決定の射程は及ばないと主張することが考えられる。

【Case 12-3】 損害賠償請求

> X社はY社に対するW社との交渉差止めの仮処分を申し立てたが，当該申立ては却下された。その後，Y社とW社との間で経営統合に関する交渉が継続された結果，平成27年1月には，Y社とW社との間で経営統合が正式に合意された。
> そこで，X社は，Y社の一連の行為について損害賠償請求を行うこととした。

Ⅲ. 損害賠償請求

1. 法律構成

X社はY社に対して，本件基本合意書を締結したにもかかわらず，W社との間で経営統合に係る交渉を行っていたY社の行為が，本件最終契約協議条項が定める誠実協議義務及び本件独占交渉条項が定める独占交渉義務に違反するものであることを理由として，債務不履行に基づく損害賠償請求をすることが考えられる。

2. 本件最終契約協議条項及び本件独占交渉条項に基づく義務の存否

　本件最終契約協議条項及び本件独占交渉条項に基づく義務の有無，及び，これが後にY社の言動によって消滅したか否かについては，差止請求権の有無に関連して上述したとおりである。住信・UFJ事件の最高裁決定に照らしても，本件では，本件最終契約協議条項に基づく誠実協議義務及び本件独占交渉条項に基づく独占交渉義務の違反が認められる可能性が高いであろう。

3. 損害の範囲

　Y社が本件最終契約協議条項に基づく誠実協議義務及び本件独占交渉条項に基づく独占交渉義務に違反した場合，前述のとおり最終契約が成立するとの期待が侵害されたと認められるであろうが，その場合に債務不履行に基づく損害賠償請求が認められる損害の範囲が問題となる。本件では，この点についても種々の考え方がありえる上，採用される考え方や事実認定によって認められる損害賠償額が大きく異なってくるため，両当事者も損害論について法的主張及び事実の主張・立証を尽くすことになろう。

(1) 最終契約が成立した場合に得られた利益

　X社にとって最も得られる損害賠償額が大きくなるのは，最終契約が成立した場合に得られる利益が損害に当たると認められる場合である。しかし，本件においては，最終契約は締結しておらず，中間的合意である本件基本合意書が締結されているにとどまる。このような場合であっても最終契約が成立した場合に得られる利益が損害と認められるためには，（中間的合意である本件基本合意書所定の）誠実協議義務及び独占交渉義務の履行利益として，最終契約が成立した場合に得られる利益を観念することができなければならない。そのためには，少なくとも，①Y社は最終契約の締結義務を負っていたこと，あるいは，Y社の誠実協議義務及び独占交渉義務違反がなければX社・Y社間において最終契約が締結されていたこと，及び，②その場合の最終契約の内容が

認定される必要がある。X社としては，X社・Y社間の交渉やその背景事情に係る詳細な事実関係を主張・立証することによって上記①・②の主張・立証を試みるとともに，上記②については，最大限Y社に有利な前提をおいた場合の最終契約の内容を主張・立証するなどの工夫を試みることとなろうが，現に最終契約が締結されていない以上，上記①・②の主張・立証が認められるまでのハードルは極めて高いと言わざるを得ない。

この点に関して，住信・UFJ事件に係る損害賠償請求事件（東京地判平成18・2・13判時1928号3頁。以下「住信・UFJ事件（損害賠償）」という）は，Y'が本件協働事業化に関する最終契約を締結する義務を負っていたとは認められないことを前提に，Y'が誠実協議義務及び独占交渉義務を履行し原告との間で本件協働事業化に向けて協議，交渉を継続していたとしても，本件協働事業化に関する最終契約が成立していたことが客観的に確実又は高度の蓋然性があったとは認められないことや，X'とY'の間では事務局や担当者レベルにおいてすら本件協働事業化に関する最終契約の内容も具体的に確定していなかったのであり，その契約の成立を前提とする履行利益というものを観念することはできないことを述べた上で，「本件協働事業化に関する最終契約が締結されていれば原告が得られたであろう利益相当額」は，Y'の誠実協議義務及び独占交渉義務違反と相当因果関係にある損害ということはできないと判示した。

(2) 最終契約が成立した場合に得られた利益の割合的一部

次に，X社としては，「最終契約が成立した場合に得られた利益」に「誠実協議義務及び独占交渉義務違反がなければ最終契約が成立した確率」を乗じた額をもって，誠実協議義務及び独占交渉義務の履行利益であると主張することが考えられる。

しかし，住信・UFJ事件（損害賠償）は，「そもそも，〔①〕本件協働事業化に関する最終契約が成立していない本件においては，その契約が成立していれば原告が得られたであろう利益というものを観念し得ないことは前示のとおりであり，〔②〕原告の主張するような履行利益相当額に最終契約の成立の客観的可能性を乗じて損害額を算出することは，要するに，中間的な合意が成立し

たことなどから独占交渉義務又は誠実協議義務等が発生した場合には，例えば最終契約が成立する可能性について，高度の蓋然性が認められる場合ばかりでなく，わずか数パーセント程度といった，その可能性が極めて低い場合であったとしても，常に，締結されたであろう最終契約の内容を想定して履行利益を算出し，これにわずかな可能性を乗じて相当因果関係のある損害額を算出するというものであり，相当因果関係の解釈として採用し難いものであることは明らかである」(①及び②は著者が追記した) と述べて，最終契約が成立した場合に得られた利益の割合的一部の請求を斥けている。

住信・UFJ事件 (損害賠償) の上記判示は，①と②において，2つの異なる理由を挙げているものと解される。

このうち，①は，締結されたであろう最終契約の内容が特定できない限り，最終契約が締結された場合に得られた利益を認定することができないという意味であれば，正当であろう。これを踏まえて，X社は，上述のとおり，X社・Y社間の交渉やその背景事情にかかる詳細な事実関係を明らかにすることによって，合理的に到達しえたと思われる最終契約の内容を主張・立証することとなろう。

他方，②については，交渉の末に最終契約の内容が確定し，各当事会社の取締役会で承認され，締結されるまでは，最終契約の内容のみならずこれが締結されるか否かも流動的であると考えられているM&Aの実務を考えると，そもそも契約締結の可能性を合理的に算出することは裁判所の能力をもってしても不可能であり，正当な結論と思われるが，民事訴訟法248条の解釈問題として，一部異論もあるところである[7]。

そこで，X社としては，Y社の誠実協議義務及び独占交渉義務違反により，独占交渉が確保された状況において最終契約に向けた交渉をする利益が侵害され，これによって「最終契約が成立した場合に得られた利益」に「誠実協議義務及び独占交渉義務違反がなければ最終契約が成立した確率」を乗じた額の損

---

7) 山本和彦「民事手続法の観点から」金判1238号 (2006年) 10頁は，最終的な合意成立の期待を被侵害利益とした上で，これと相当因果関係が認められる損害として，最終契約が締結された場合の利益の割合的一部を認める可能性を示唆している。

害が発生したことが認められるとして，関連する事情について主張・立証を尽くした上で，仮にX社が主張する数値が立証不十分であった場合には，民事訴訟法248条による相当な損害額の認定がなされるべきであると主張することが考えられる。

(3) 信頼利益

X社としては，上記(1)(2)の主張が認められない場合に備えて，予備的に，信頼利益の賠償請求として，ここまでにかかった費用総額を主張立証することが考えられる。請求する費用としては，法律事務所，会計事務所，投資銀行等のアドバイザーに関する費用のほか，社内で本件取引に従事した人員の出張旅費その他の費用があげられよう。

【Case 12-4】 取締役の責任

> X社はY社に対して，誠実協議義務及び独占交渉義務違反を理由とする損害賠償請求訴訟を提起し，その結果，一定の損害賠償請求が認められたため，Y社はX社に対して判決で認められた損害賠償金を支払った。Y社の株主Qは，Y社が損害賠償責任を負わざるを得なかったことについて，Y社の取締役Pらの責任追及をしたいと考えた。

Ⅳ. 株主代表訴訟

(1) はじめに

QはY社の取締役Pらの任務懈怠を主張し株主代表訴訟（会社847条）を提起することが考えられる。

Qが主張するPらの任務懈怠としては，長期間にわたる独占交渉義務を含む基本合意書を締結したこと，及び，独占交渉義務に違反してW社との交渉を開始したことという大きく2つの方向性が考えられる。

このうち後者は，まさに経営判断原則の適用領域であり，X社に対する損害賠償のみならず，X社との交渉を継続した場合に予想された帰結，X社と経営統合した場合に得られたであろう利益，W社との経営統合によって得られた利益等を含む様々な事実経緯や利益状況について主張立証が尽くされた上で，これらに関するPらの事実認識の過程（情報収集とその分析・検討）における不注意な誤りに起因する不合理さの有無，及び，事実認識に基づく意思決定の推論過程及び内容における著しい不合理さの有無の2点が審査の対象とされることになる[8]。

他方，前者については，住信・UFJ事件及び住信・UFJ事件（損害賠償）では，契約法や民事保全法に基づく議論がなされているにとどまり，会社法に基づく議論はなされていないが，会社法上の権限分配や取締役の善管注意義務といった会社法的観点からの検討が不可欠であるとの見解も述べられているため[9]，以下においては，それらの見解も含めて，前者について検討を進めることにする。

(2) 独占交渉条項を含む基本合意書を締結する権限の所在

会社の取引に関する契約の締結は，通常，取締役ないし取締役会の業務執行権限の範囲内の行為であり，原則としては，経営判断原則が働き，結果として会社に損害が生じたとしても，そのことから直ちに取締役の任務懈怠が認められることにはならない。しかし，M&A 取引に係る独占交渉条項を含む基本合意書の締結については，取締役ないし取締役会の権限の範囲内といってよいか問題となりうると指摘する見解がある。すなわち，本件では，本件独占交渉条項を含む本件基本合意書を締結したことによって，Y社は，平成27年1月31日までの約1年間にわたり，第三者と基本合意の目的と抵触しうる取引等についての情報提供や協議を行うことができず，第三者からX社よりよい条件の提案があったとしても，これに応じることができない。他方，本件のように，

---

8) 類型別会社訴訟 I 239頁 [小川雅敏 = 飯畑勝之]。
9) 手塚裕之「M&A 契約における独占権付与とその限界」商事法務1708号 (2004年) 12頁，近藤光男「取締役の義務と独占交渉権の効力」中東編・前掲注6) 84頁。

Y社が本件独占交渉条項に違反した場合は，X社から差止請求や損害賠償請求を受けるリスクが生じる。したがって，このような条項が含まれる契約を締結することは，合併等，将来的にM&A取引の実施に当たり株主総会決議が必要になる場合，X社以外の会社との取引を行うことはできない（あるいは，そのような取引を行う場合には損害賠償請求を受ける）という条件の下での判断を株主に余儀なくさせる点において，株主の最終的な承認権限を事実上損なうものであり，取締役ないし取締役会は，それに応じるか否かを検討しないことが取締役の善管注意義務違反になるような競合提案がなされた場合は，一定の条件の下で独占交渉義務から免れられるとする条項（fiduciary out 条項と呼ばれる）を設けずに，M&A取引に係る独占交渉条項を含む基本合意書を締結する行為は，取締役ないし取締役会に与えられた権限を逸脱するという見解である[10]。

Qとしては，以上のような見解を前提として，Pらの行為は取締役ないし取締役会の権限を逸脱するものであるとして，Pらの責任を追及することが考えられる[11]。

しかし，独占交渉条項の影響は，独占交渉条項の内容や期間等によって様々であるから，fiduciary out 条項が設けられていないことのみをもって一律に取締役ないし取締役会の権限逸脱とすることは，硬直的に過ぎる。むしろ，実務上は，fiduciary out 条項を定めない代わりに独占交渉期間を短めに設定し，期間が満了すれば別の買主候補に乗り換える余地を確保するのが通常の対応である。そこで，fiduciary out 条項のない独占交渉条項を含む基本合意書の締結を一律に取締役ないし取締役会の権限の範囲外と解すべきではなく，権限の範囲内と解した上で，個別具体的に（経営判断原則の適用を含めて）善管注意義務違反の有無を判断すべきあろう。

---

10) 手塚・前掲注9)17頁以下。
11) なお，この見解を徹底すると，本件独占交渉条項はそもそも無効であるという見解も考えられることになる。X社のY社に対する差止請求及び損害賠償請求においては，Y社において，この見解に基づき本件独占交渉条項が無効であるという主張をする利益があるが，当該主張をすることはY社の取締役ないし取締役会に権限逸脱があったことをY社自らが認めることを意味するため，そのような主張がなされる現実的可能性はあまりないと思われる。

(3) 経営判断原則に基づく検討

　Y社がX社との間で本件独占交渉条項を含む本件基本合意書を締結したことはY社の取締役ないし取締役会の権限の範囲内であると解した場合，経営判断原則が適用される結果，本件基本合意書を締結することは直ちにY社の取締役の任務懈怠に当たるものではない。そこで，独占交渉義務は，一定期間会社に第三者との交渉を禁ずるものであり，会社にとってより有利な相手との交渉の機会を制限する意味を有することを踏まえ，当該事案における独占交渉義務の付与に係る経緯，独占交渉義務の内容等の個別具体的事情に照らして，取締役の善管注意義務違反の有無を検討すべきこととなる。

　本件において，Qは，1年間という長期間にわたりX社以外との交渉を禁止する本件独占交渉条項は，Y社の利益，ひいてはQを含む株主の利益を損なうものであるとして，そのような義務を例外なくY社が負う内容の本件基本合意書を締結することは，Y社取締役としての善管注意義務違反に当たると主張することが考えられる。これに対して，Y社の取締役であるPらとしては，本件独占交渉条項を設けた経緯（例えば，1年間の独占交渉期間を設定しなければ，そもそもX社との間で基本合意書の締結・交渉開始に至らなかったことなど）や当該条項の意義（X社がY社以外の会社との経営統合交渉を開始することによってY社との経営統合への意欲を失うことを避けることなど）を明らかにするなどして，これが経営判断として合理的であったことを主張することになろう。

判例索引

大審院・最高裁判所

大判昭和 6・2・3 民集 10 巻 39 頁	67
大決昭和 6・2・23 民集 10 巻 82 頁	67
最判昭和 30・10・20 民集 9 巻 11 号 1657 頁	27
最判昭和 36・3・31 民集 15 巻 3 号 645 頁	140
最判昭和 36・11・24 民集 15 巻 10 号 2583 頁	38
最判昭和 37・8・28 集民 62 号 273 頁	113
最判昭和 39・5・21 民集 18 巻 4 号 608 頁	67
最判昭和 39・12・11 民集 18 巻 10 号 2143 頁	52
最判昭和 40・9・22 民集 19 巻 6 号 1656 頁	58
最判昭和 41・4・15 民集 20 巻 4 号 660 頁	112
最判昭和 42・3・14 民集 21 巻 2 号 378 頁	27, 60
最判昭和 43・11・1 民集 22 巻 12 号 2402 頁	28
最大判昭和 44・11・26 民集 23 巻 11 号 2150 頁	53, 104, 109, 111, 112
最判昭和 45・1・22 民集 24 巻 1 号 1 頁	38
最判昭和 45・3・26 判時 590 号 75 頁	111
最判昭和 45・11・6 民集 24 巻 12 号 1744 頁	64, 68
最大判昭和 46・10・13 民集 25 巻 7 号 900 頁	58
最判昭和 47・2・3 判時 662 号 83 頁	68
最判昭和 47・6・15 民集 26 巻 5 号 984 頁	111
最判昭和 47・11・9 民集 26 巻 9 号 1513 頁	197
最判昭和 48・5・22 民集 27 巻 5 号 655 頁	93, 113
最判昭和 51・12・24 民集 30 巻 11 号 1076 頁	38
最判昭和 53・4・14 民集 32 巻 3 号 601 頁	60
最判昭和 55・3・18 判時 971 号 101 頁	113
最判昭和 56・5・11 判時 1009 号 124 頁	52
最判昭和 57・1・21 判時 1037 号 129 頁	45
最判昭和 58・12・19 民集 37 巻 10 号 1532 頁	106
最判平成元・9・21 判時 1334 号 223 頁	107
最判平成 5・12・16 民集 47 巻 10 号 5423 頁	123
最判平成 6・7・18 集民 172 号 967 頁	136
最判平成 10・3・27 民集 52 巻 2 号 661 頁	61
最決平成 11・3・12 民集 53 巻 3 号 505 頁	123, 124
最判平成 14・1・22 判時 1777 号 151 頁	84
最判平成 15・3・27 民集 57 巻 3 号 312 頁	135

最判平成 16・7・1 民集 58 巻 5 号 1214 頁 ………………………………… 76
最決平成 16・8・30 民集 58 巻 6 号 1763 頁〔住信・UFJ 事件〕………… 209
最判平成 16・12・24 判時 1890 号 46 頁 …………………………………… 197
最決平成 19・8・7 民集 61 巻 5 号 2215 頁〔ブルドックソース事件〕… 1, 187
最決平成 21・5・29 金判 1326 号 35 頁 ………………………………… 161, 177
最決平成 22・12・7 民集 64 巻 8 号 2003 頁 ………………………………… 158
最決平成 24・3・28 民集 66 巻 5 号 2344 頁 ………………………………… 157
最判平成 24・4・24 民集 66 巻 6 号 2908 頁 ………………………………… 140
最決平成 25・11・21 民集 67 巻 87 号 1686 頁 ……………………………… 138
最判平成 27・2・19 民集 69 巻 1 号 51 頁 …………………………………… 128
最判平成 28・3・4 民集 70 巻 3 号 827 頁 …………………………………… 37
最決平成 28・7・1 金判 1497 号 8 頁 …………………………………… 162, 176

高等裁判所
大阪高判昭和 53・4・11 金判 553 号 24 頁 ………………………………… 63
大阪高判昭和 56・1・30 判時 1013 号 121 頁 ……………………………… 49
東京高判昭和 58・3・29 判時 1079 号 92 頁 ……………………………… 109
東京高判昭和 58・4・28 判時 1081 号 130 頁 ……………………………… 46
東京高決昭和 60・1・25 判時 1147 号 145 頁 ……………………………… 64
名古屋高決平成 7・3・8 判時 1531 号 134 頁 ……………………………… 82
名古屋高判平成 12・1・19 金判 1087 号 18 頁 ……………………………… 16
東京高判平成 12・4・27 金判 1095 号 21 頁 ………………………………… 84
東京高判平成 12・6・21 判タ 1063 号 185 頁 ……………………………… 52
東京高決平成 16・8・4 金判 1201 号 4 頁 …………………………………… 130
東京高決平成 16・8・11 金判 1199 号 8 頁〔住信・UFJ 事件〕…………… 210
東京高決平成 17・3・23 判時 1899 号 56 頁〔ニッポン放送事件〕……… 187
大阪高判平成 18・6・9 判時 1979 号 115 頁 ………………………………… 95
高松高決平成 18・11・27 金判 1265 号 14 頁 ……………………………… 61
大阪高判平成 19・3・30 判タ 1266 号 295 頁 ……………………………… 53
東京高判平成 20・5・21 判タ 1281 号 274 頁 …………………………… 95, 97
東京高決平成 20・6・12 金判 1295 号 12 頁 ………………………………… 17
東京高決平成 20・9・12 金判 1301 号 28 頁 ………………………………… 177
大阪高決平成 21・9・1 判タ 1316 号 219 頁 …………………………… 166, 177
東京高判平成 22・5・24 金判 1345 号 12 頁 ………………………………… 167
札幌高決平成 22・9・16 金判 1353 号 64 頁 ………………………………… 177
東京高決平成 22・10・27 資料版商事法務 322 号 174 頁 ……………… 168, 177
東京高決平成 24・12・28 判例集未登載 ………………………………… 169, 177
大阪高判平成 25・4・12 金判 1454 号 47 頁 ………………………………… 141
東京高判平成 25・4・17 判時 2190 号 96 頁〔レックス事件〕…………… 171

東京高決平成 25・10・8 金判 1429 号 56 頁	177
福岡高判平成 27・1・16 判例集未登載	48
東京高判平成 27・5・19 金判 1473 号 26 頁	15
東京高決平成 27・10・14 金判 1497 号 17 頁	165
大阪高判平成 27・10・29 金判 1481 号 28 頁	173
東京高決平成 28・3・28 金判 1491 号 32 頁	164, 165

地方裁判所

東京地判昭和 28・12・28 判タ 37 号 80 頁	62
東京地判昭和 35・3・18 下民集 11 巻 3 号 555 頁	62
神戸地判昭和 51・6・18 下民集 27 巻 5～8 号 378 頁	62
東京地判昭和 57・12・23 金判 683 号 43 頁	46, 49
東京地判昭和 59・5・8 判時 1147 号 147 頁	109
東京地判昭和 63・2・26 判時 1291 号 140 頁	49
名古屋地判昭和 63・9・30 判時 1297 号 136 頁	46
東京地決平成元・7・25 判時 1317 号 28 頁①事件	127
東京地決平成元・9・5 判時 1323 号 48 頁	128
東京地判平成元・11・13 金判 849 号 23 頁	54
大阪地決平成 2・6・22 判時 1364 号 100 頁	127
高松地判平成 4・3・16 判時 1436 号 102 頁	34
東京地決平成 6・7・22 判時 1504 号 121 頁	82
広島地判平成 6・11・29 判タ 884 号 230 頁	46
東京地判平成 6・12・20 判タ 893 号 260 頁	54
東京地判平成 8・6・20 判時 1572 号 27 頁①事件	79
東京地判平成 8・8・1 商事法務 1435 号 37 頁	45, 46
大阪地判平成 9・3・26 資料版商事法務 158 号 41 頁	33
大阪地判平成 10・3・18 判時 1658 号 180 頁	34
東京地判平成 10・5・14 判時 1650 号 145 頁	89
神戸地判平成 10・10・1 判時 1674 号 156 頁	85
東京地判平成 11・12・24 労判 777 号 20 頁	46
大阪地判平成 12・9・20 判時 1721 号 3 頁	95, 97
大阪地判平成 14・2・19 判タ 1109 号 170 頁	107
東京地判平成 16・3・22 判タ 1158 号 244 頁	85
東京地判平成 16・5・13 金判 1198 号 18 頁	32
東京地決平成 16・6・1 判時 1873 号 159 頁	127, 128
東京地決平成 16・7・27 金判 1199 号 9 頁〔住信・UFJ 事件〕	210
東京地判平成 17・7・7 判時 1915 号 150 頁	24
東京地決平成 17・7・29 判時 1909 号 87 頁〔日本技術開発事件〕	187
東京地決平成 18・2・10 判時 1923 号 130 頁	73

東京地判平成 18・2・13 判時 1928 号 3 頁〔住信・UFJ 事件（損害賠償）〕·················· 220
さいたま地決平成 19・6・22 判タ 1253 号 107 頁···································· 130
東京地決平成 19・6・28 金判 1270 号 12 頁·· 195
東京地判平成 19・12・6 判タ 1258 号 69 頁〔モリテックス事件〕················ 21, 34, 39
東京地決平成 20・3・14 判時 2001 号 11 頁·· 167
札幌地決平成 20・11・11 金判 1307 号 44 頁······································· 130
東京地決平成 21・4・17 金判 1320 号 31 頁·· 160
東京地決平成 21・5・13 金判 1320 号 41 頁·· 160
京都地宮津支判平成 21・9・25 判時 2069 号 150 頁································· 61
東京地判平成 22・1・26 判例集未登載·· 47
東京地判平成 22・9・6 判タ 1334 号 117 頁······································· 156
東京地判平成 23・1・26 判タ 1361 号 218 頁······································· 45
東京地判平成 23・2・18 判時 2190 号 118 頁〔レックス事件〕······················ 173
大阪地決平成 24・1・31 金判 1390 号 32 頁·· 177
大阪地決平成 24・4・13 金判 1391 号 52 頁·· 169
横浜地判平成 24・7・20 判時 2165 号 141 頁······································· 46
東京地決平成 25・1・30 判例集未登載〔コージツ事件〕···························· 166
東京地決平成 25・7・31 資料版商事法務 358 号 148 頁···························· 166
東京地決平成 25・9・17 金判 1427 号 54 頁································· 165, 177
東京地決平成 25・11・26 判例集未登載··· 47
東京地判平成 26・4・17 金判 1444 号 44 頁·· 39
東京地判平成 26・11・20 判時 2266 号 115 頁
　〔セゾン情報システムズ vs. エフィッシモ事件判〕······························· 197
山口地宇部支決平成 26・12・4 金判 1458 号 34 頁································ 130
東京地決平成 27・3・4 金判 1465 号 42 頁······························· 158, 165, 177
東京地決平成 27・3・25 金判 1467 号 34 頁································· 158, 165
東京地判平成 27・7・14 判例集未登載·· 48

事項索引

あ

悪意 …………………………… 53, 85, 111, 137
意見表明報告書 ………………………… 152
著しく不公正な方法による決議 ………… 38
委任状 ……………… 16, 25, 27, 34, 35, 36
　　　――勧誘 ………………………………… 17
　　　――勧誘規制 ……………………… 23
　　　――の閲覧謄写請求 ……………… 36
　　　――の取扱いに関する合意 ……… 25
　　　――の有効性 ……………………… 25
違法行為差止めの仮処分 ………………… 40
インサイダー規制 ……………………… 152
訴えの提起前における証拠収集の
　処分の申立て ………………………… 76
訴えの利益 ……………………… 63, 68, 118
売渡請求 ………………………… 147, 156
MBO ……………………………………… 146
MBO 指針 ……………………………… 171
MBO 報告 ……………………………… 171
LBO ……………………………………… 148

か

会計帳簿 …………………………………… 75
　　　――の閲覧・謄写 ………………… 75
会社提案 …………………………………… 60
買取防衛策 ……………………………… 180
解任によって生じた損害 ………………… 48
確認の利益 ……………………………… 196
株式買取請求 …………………… 147, 156
株式価値算定書 …………… 164, 167, 173
株式交換 ………………………………… 147
株式交換無効の訴え ……………………… 71
株式の併合 ……………………… 148, 156
株主意思の原則 ………………………… 190
株主買取請求 …………………………… 71

株主共同の利益 …………… 14, 180, 189, 201
株主総会
　　　――の受付対応 …………………… 27
　　　――の議事進行 …………………… 28
　　　――のリハーサル ………………… 26
株主総会議事録 ………………………… 141
株主総会決議取消事由 ………… 24, 27, 31
株主総会決議取消しの訴え
　　　………………… 31, 43, 60, 63, 140, 156
　　　――における訴訟物 ……………… 37
　　　――の原告適格 …………………… 38
　　　――の被告 ………………………… 38
株主総会決議不存在確認の訴え
　　　…………………………………… 31, 43, 63
株主総会決議無効確認の訴え
　　　……………………………… 31, 43, 63, 196
株主総会検査役 ………………… 18, 27, 36
　　　――選任の申立て ………………… 18
　　　――の検査報告書 ………………… 36
　　　――の費用及び報酬 ……………… 19
株主総会招集通知 ……………… 13, 14, 27
株主代表訴訟 …………………………… 78, 222
　　　――の原告適格 …………………… 78
　　　――の必要な費用 ………………… 84
　　　――の濫用 ………………………… 82
株主提案 ……………………………… 60, 65
株主提案権 …………………………… 13, 118
　　　――の行使 ………………………… 13
　　　――の濫用 ………………………… 14
株主平等原則 …………………… 33, 189, 200
株主名簿閲覧・謄写請求 ………………… 16
株主名簿閲覧・謄写の仮処分 …………… 17
仮の地位を定める仮処分 …………… 17, 120
仮払手続 ………………………… 160, 163
監査役の同意 ……………………………… 83

監視・監督義務	93, 96, 106, 111	──申出受付票	78
間接強制	214	固有必要的共同訴訟	61

さ

間接侵害行為	109	採決	34
間接損害	112	裁判所調査官	215
企業価値報告書	187	裁量棄却	39
議決権行使		事後開示手続	155
──禁止の仮処分	142	事前開示手続	155
──の基準日	16	事前開示の原則	190
──の方法	24	質疑応答の打切り	33
議決権行使書面	24, 25, 27, 34, 35, 36	社員株主	33
──の閲覧謄写請求	36	釈明権	109
議事整理権	31	重過失	53, 111
基本合意書	206	重要な業務執行の決定	93
キャッシュ・アウト	148	取得価格決定申立て	157, 158, 161
求釈明	77	──の申立人適格	157, 158
吸収合併	147	取得の価格	161
共同訴訟参加	38, 83, 84	守秘義務	73
共同訴訟的補助参加	38	主要目的ルール	130, 181, 202
許可抗告	123, 124	証拠保全	76, 110
グリーンメイラー	180, 189	招集手続の法令違反	38
経営判断原則	62, 87, 223	少数株主	156, 183
計算書類の閲覧・謄本交付請求	76	少数株主権等	78
決議方法が著しく不公正な場合	24, 32	職権探知主義	159
決議方法の法令違反	22, 24, 32, 37	書面投票制度	24
決議要件	60	仕訳帳	75
検査報告書	18	新株発行	
現物出資	121	──の差止事由	127, 129, 139
権利濫用	158	──の無効事由	139
公開買付け	147, 152, 182	──の無効事由の追加	136
公開買付開始公告	152	新株発行差止請求	117
公開買付規制	181	新株発行差止めの仮処分	118, 127
公開買付届出書	148	新株発行により受けるおそれのある	
──の訂正届出書	153	不利益	119
公開買付報告書	153	新株発行不存在確認の訴え	135
公正価値移転義務	172	新株発行無効の訴え	123, 134
公正な価格	161, 176	──の原告適格	136
公正な価額	127	──の出訴期間	134, 136
個別株主通知	14, 78, 158		
──済通知書	78		

——の判決効	137
——の被告適格	136
新株予約権無償割当て	3, 194
——の差止事由	199
——の差止めの仮処分	194
——の無効事由	199
真実擬制	167
審尋	65, 73, 120
審問	159
——の併合	160
信頼の原則	97
信頼の権利	97
信頼利益	222
スクイーズアウト	147, 152, 183
誠実交渉義務	207
正当な理由（取締役の解任）	45
責任追及等の訴え	81
——の提起をしない理由	80
説明義務	32, 33, 37
善管注意義務	
53, 62, 77, 88, 91, 111, 121, 171, 223	
全部取得条項付種類株式	147, 154, 156
専門委員	166
総勘定元帳	75
相当因果関係	111
「相当性」の要件	189, 201
相当な損害額	222
遡及効	40
即時抗告	124, 169
訴訟告知	82

た

第三者委員会	152, 163
第三者割当て	181
退職慰労金	51
対世効	38, 63, 67, 137
代表取締役の解職	117
大量保有報告書	153, 183
断行の仮処分	17

担保提供命令	82, 137
忠実義務	53, 88, 121, 152, 171
調査官解説	213
直接侵害行為	109
直接損害	112
D&O保険	85
定足数	60, 143
提訴請求	78, 79
——の名宛人	80
適時開示	72, 152
適時開示ルール	183
適正情報開示義務	174
デュー・ディリジェンス	90, 207
動議	
会計監査人の出席要求——	32
株主総会提出資料の調査者の選任——	
	31
株主総会の延期・続行の——	32
議案修正——	13, 31
議事進行等に関する手続的——	24, 31
議長不信任——	24, 31
手続的——	16
登記事項証明書	49, 104
東京高裁4類型	188
当事者主義	159
独占交渉権	207
特に有利な金額	122, 127
特別委員会	203
特別抗告	123, 124
特別利害関係人	60, 83, 152, 156
独立社外取締役	98
独立当事者参加	138
取締役	
——の解任	12, 43, 60
——の解任事由	62
——の賞与	48
——の職務執行権限	39
——の職務代行者	64
——の職務代行者の権限	68

——の職務代行者の報酬 ………… 67
　　　——の退職慰労金 ………………… 48
取締役会議事録 ………………… 72, 74
　　　——の閲覧・謄写 ………………… 72
　　　——の閲覧・謄写許可の申立て …… 73
　　　——の閲覧・謄写の仮処分 ………… 73
取締役解任の訴え ………………………… 60
　　　——の原告適格 …………………… 61
　　　——の判決効 ……………………… 63
　　　——の被告 ………………………… 61
取締役としての地位を仮に定める
　　仮処分 ……………………………… 43
取締役任用契約 …………………………… 44
取締役の違法行為の差止請求 …………… 57
取締役の違法行為の差止めの仮処分 …… 57
取締役の職務執行停止の仮処分 …… 40, 64
　　　——の効力 ………………………… 66
取締役の職務代行者選任の仮処分 … 40, 64
　　　——の効力 ………………………… 67

な

内部統制システム構築義務 …………… 92
二段階買収 ……………………… 148, 183
任意売却 ………………………………… 155

は

買収防衛策
　事前警告型—— ……………… 181, 187
買収防衛指針 …………………………… 187
端数株式 ………………………………… 155
「必要性」の要件 ………………… 189, 201
被保全権利 …………………… 17, 121, 210
秘密保持契約 …………………………… 206
表見代表取締役 ………………………… 40
fiduciary out ………………………… 224
フェアネス・オピニオン ……………… 164
不公正発行 ……………… 122, 129, 181, 188
不公正割当て …………………………… 202
不実登記 ………………………………… 40

不真正連帯債務 ………………………… 107
振替株式 ………………………………… 155
プレミアム ……………… 162, 168, 172
文書提出命令 ……………… 77, 110, 167
弁論の併合 ……………………………… 38
法源 …………………………………… 182
補助参加 …………………………… 38, 83
　　　——の利益 ……………………… 84
保全異議 ………………………………… 123
保全抗告 ………………………………… 123
保全取消し ……………………………… 123
保全の必要性
　　　………… 17, 65, 121, 122, 143, 211, 216
ホワイトナイト ………………………… 181

ま

マネジメント・ボード ………………… 98
満足的仮処分 …………………………… 121
名目的取締役 …………………………… 112
モニタリング・ボード ………………… 98

や

役員選任議案 …………………………… 14
　　　——の採決方法 ………………… 15
役員賠償責任保険（D&O保険）……… 85
有価証券報告書 …………………… 72, 76
有利発行 ………………………… 121, 127

ら

利益供与 …………………………… 20, 37
　　　株主による—— ………………… 22
利益相反 …………………………… 146, 152
利益相反関係 …………………………… 162
利害関係参加 …………………………… 158
履行利益 ………………………………… 219
略式合併 ………………………………… 156
略式株式交換 …………………………… 156
臨時報告書 ……………………… 153, 183
レブロン義務 …………………………… 172

会社訴訟・紛争実務の基礎──ケースで学ぶ実務対応
Basics of Corporate Litigation and Disputes : Case Studies of Practical Approach

2017年3月30日 初版第1刷発行

編著者	三 笘 　 裕
	荒 井 紀 充
	中 野 智 仁
発 行 者	江 草 貞 治
発 行 所	株式会社 有 斐 閣

郵便番号 101-0051
東京都千代田区神田神保町 2-17
電話 (03)3264-1311〔編集〕
　　 (03)3265-6811〔営業〕
http://www.yuhikaku.co.jp/

印刷・株式会社暁印刷／製本・牧製本印刷株式会社
©2017, Hiroshi Mitoma, Norimitsu Arai, Tomohito Nakano. Printed in Japan

落丁・乱丁本はお取替えいたします。
★定価はカバーに表示してあります。

ISBN 978-4-641-13762-2

JCOPY　本書の無断複写（コピー）は、著作権法上での例外を除き、禁じられています。複写される場合は、そのつど事前に、(社)出版者著作権管理機構（電話03-3513-6969, FAX03-3513-6979, e-mail: info@jcopy.or.jp）の許諾を得てください。